大 学 问

始 于 问 而 终 于 明

守望学术的视界

韶响难追
近代的思想、学术与社会

REMEMBERANCE OF THE REFINED ART
The Thought, Academia, and Society in Modern China

王锐 著

广西师范大学出版社
·桂林·
GUANGXI NORMAL UNIVERSITY PRESS

韶响难追：近代的思想、学术与社会
SHAO XIANG NAN ZHUI: JINDAI DE SIXIANG XUESHU YU SHEHUI

图书在版编目（CIP）数据

韶响难追：近代的思想、学术与社会 / 王锐著. —— 桂林：广西师范大学出版社，2024.12. —— ISBN 978-7-5598-7581-5

Ⅰ.B25

中国国家版本馆CIP数据核字第2024QU2162号

广西师范大学出版社出版发行

（广西桂林市五里店路9号　　邮政编码：541004）
　　网址：http://www.bbtpress.com

出版人：黄轩庄

全国新华书店经销

深圳市精彩印联合印务有限公司印刷

（深圳市光明新区光明街道白花社区精雅科技园　邮政编码：518107）

开本：880 mm × 1 240 mm　　1/32

印张：12.625　　　　字数：270千

2024年12月第1版　　2024年12月第1次印刷

定价：78.00元

如发现印装质量问题，影响阅读，请与出版社发行部门联系调换。

引言：关于王安石变法的一些思考

王安石在中国历史上的影响已毋庸多言，在现代中国更是少数受到持续关注且热议的历史人物。虽然在其身后，不少坚守正邪二分法的儒家教条主义者时常视其为申韩之徒，批评其大讲功利，有违儒者之道，但王安石致力于正风俗、变科举、兴学校、举人才，文章当中时常以儒家的古圣先贤为榜样，并对历代异端之说多有批评，据此可见，其核心思想依然在儒学框架之内。从儒学史的流变来看，他讲求经世，注重理财，关注边防，心系民瘼，非但没有自外于儒者之道，反而极大丰富了儒家思想的内容。

对此，萧公权在《中国政治思想史》中的评价颇为中肯："宋代政治思想之重心，不在理学，而在与理学相反抗之功利思想。此派之特点在斥心性之空谈，究富强之实务。其代表多出江西浙江。北宋有欧阳修、李觏、王安石，南宋有薛季宣、吕祖谦、陈傅良、陈亮、叶适等。而安石主持新法开'维新'之创局，尤为其中之巨擘。经世致用，本为儒学之传统目的。然先秦汉唐之儒多注重仁民爱物,休养生息之治术。一遇富强之言,即斥为申商之霸术,不以圣人之徒相许。后汉王符荀悦诸人虽针砭衰政,指切时要,然其所论亦不过整饬纲纪,补救废弛诸事。积极有为之治术,固未尝为其想像之所及。至两宋诸子乃公然大阐功利之说,以与仁义相抗衡,相表里,一反孟子董生之教。此亦儒家思想之巨变,与理学家之阴奉佛老者取径虽殊,而同为儒学之革命运动。"①

说起"积极有为",王安石实至名归。他对北宋皇帝说:"夫因循苟且,逸豫而无为,可以侥幸一时,而不可以旷日持久。晋、梁、唐三帝者,不知虑此,故灾稔祸变,生于一时,则虽欲复询考讲求以自救,而已无所及矣!以古准今,则天下安危治乱,尚可以有为。有为之时,莫急于今日。过今日,则臣恐亦有无所及之悔矣。"②宋神宗即位不久,王安石奏进《本朝百年无事札子》,力言北宋王朝当时所面临的政治与经济危机,强调应奋起振作,整顿时局,开展全面的改革。

王安石并非在危言耸听。北宋的建立虽然彻底终结了五代十国的军阀混战局面,但却外有强敌,内有隐忧。关于前者,辽朝自从占领燕云十六州之后对中原地区造成极大的威胁,北宋为谋和平,只能签和约,奉岁币。西夏崛起之后,又使北宋的西北边境出现危机。因此,如何改变军事上的疲软与被动之势,是北宋执政者必须面对的严峻课题。

关于后者,清人赵翼在《廿二史札记》中说:"宋开国时,设官分

---

① 萧公权:《中国政治思想史》上册,台北:联经出版事业公司,2011年,第480页。
② 王安石:《上时政书》,载《王文公文集》上册,上海:上海人民出版社,1974年,第18页。

职,尚有定数,其后荐辟之广,恩荫之滥,杂流之猥,祠禄之多,日增月益,遂至不可纪极。"又言:"(北宋)朝廷待臣下固宜优恤,乃至如此猥滥,非惟开幸进之门,亦徒耗无穷之经费,竭民力以养冗员,岂国家长计哉。"①正如其言,北宋存在大量的冗官、冗员、冗兵,使朝廷需要耗费许多钱财来供养他们。对于官僚阶层,北宋王朝更是极尽优待之能。恩荫之广,恩赏之厚,造成严重的财政负担。蒙文通指出,北宋时期,"政府收入真宗时一倍于太宗,仁宗时三倍于太宗,神宗时又一倍于仁宗。在中央政府收入六倍于开国之时,政府还为贫穷叫苦连天,它的支出增加主要是在冗兵、冗官、郊祀、宗禄四项,也完全是浪费。劳动人民的生产完全供给了地主官僚的浪费,政府人民都穷,只是少数地主官僚富裕"。②

赵翼认为北宋为了解决财政问题而"竭民力",可谓一针见血。此外,北宋王朝对于土地兼并现象并无太多遏制措施,并且采取维护土地私有制的政策,致使官僚、地主、豪强大量占据土地。③而这些大土地所有者往往拥有免税与免役的特权,将交税与服役的负担转嫁到仅占有少量土地,或是租种地主土地的农民身上。除了繁重的农业税,北宋王朝还时常增设新的税目,竭尽所能地盘剥底层民众,以此满足浩繁的财政开支。而农民除了要在日常的农业

---

① 赵翼著,王树民校证:《廿二史札记校证》,北京:中华书局,2013年,第568、569页。
② 蒙文通:《与友人论宋史书》,载蒙默编:《蒙文通全集》第3卷,成都:巴蜀书社,2015年,第296页。
③ 孙国栋:《从北宋农政之失败论北宋地方行政之弱点》,载《唐宋史论丛》,上海:上海古籍出版社,2010年,第382—383页。

3

生产活动中辛勤劳作,还需承担种种名目的差役,负担急剧加重。① 正因为如此,朱熹指出,"古者刻剥之法,本朝皆备"。

因此,王安石的变法运动的首要目的就是理财,通过一系列经济政策来增加政府的收入。早在撰于宋仁宗时期的《万言书》中,他就强调"臣于财利,固未尝学,然窃观前世治财之大略矣。盖因天下之力,以生天下之财,取天下之财,以供天下之费。自古治世,未尝以不足为天下之公患也。患在治财无其道耳"。② 在变法的内容里,均输法、青苗法、市易法、募役法、方田均税法,都有通过理财来增加朝廷收入之目的。

此外,孟子曰:"仁政必自经界始。"荀子曰:"王者富民,霸者富士,仅存之国富大夫,亡国富筐箧,实府库。"在儒家思想当中,既有如何建立稳定的政治与社会秩序,制定一套与小农经济下的生活及生产方式接榫的礼制之内容,又有基于民本理念,对贫富不均、豪强兼并、底层民众生计维艰的现状进行批判的内容。前者的大量存在,实乃儒家思想之所以能成为支配中国社会两千余年之学说的主因,而后者的存在,也使儒家思想内部存在颇为明显的批判性格,让历代儒者可以根据这样的批判性格去审视政治与社会弊病,并探讨根治之道。

王安石的变法主张,很大程度上继承了儒家思想的批判性格,特别是力图扭转财富分配不均,地主豪强操控国家经济命脉的现状。王安石曾撰《兼并》之诗:

---

① 张荫麟:《宋朝的开国和开国规模》,载张云台编:《张荫麟文集》,北京:教育科学出版社,1993年,第554—555页。
② 王安石:《上皇帝万言书》,载《王文公文集》上册,第9页。

三代子百姓,公私无异财。

人主擅操柄,如天持斗魁。

赋予皆自我,兼并乃奸回。

奸回法有诛,势亦无自来。

后世始倒持,黔首遂难裁。

秦王不知此,更筑怀清台。

礼义日已偷,圣经久埋埃。

法尚有存者,欲言时所咍。

俗吏不知方,掊克乃为材。

俗儒不知变,兼并岂无摧。

利孔至百出,小人私阓开。

有司与之争,民愈可怜哉。①

在这首诗里,王安石描述了兼并之风日盛,百姓生计维艰。各级官吏非但无动于衷,反而进一步剥削平民,本该为平民立言的儒者也束手无策,制定不出好的方案来遏制这一现象。他认为理想的政治与社会状态应当是"三代子百姓,公私无异财","奸回法有诛,势亦无自来",国家必须承担起防止兼并、保障民生的责任。

本着这样的认识,在变法的内容里,除了富国强兵,增加朝廷财税,还有借助制定法令来遏制兼并的目的。比如设想通过施行均输法来"稍收轻重敛散之权归之公上,而制其有无以便转输",以

---

① 王安石:《兼并》,载《王文公文集》下册,第577—578页。

5

此"去重敛,宽农民";通过青苗法实现"农人有以赴时趋事,而兼并不得乘其急",体现"先王散惠兴利,以为耕敛补助,裒多补寡而抑民豪夺之意";通过免役法来改变"吏得临时高下,强者终身苟免,弱者频年在公"的弊病;通过市易法来遏止"富人大姓,皆得乘伺缓急,擅开阖敛散之权",让"出入不失其平,因得取余息以给公上,则市场不至于腾踊,而开阖敛散之权不移于富民,商旅以通,黎民以遂,国用以足"。①

这些举措陆续颁布之后,出现了不少反对新法之士。他们反对新法的理由颇多,但一个关键点就是认为如此这般抑制兼并,有损作为特权者的士绅官僚的利益,属于"动摇国本"之举。比如司马光就向宋神宗进言,强调社会上之所以存在贫富差距是因为"材性愚智"不同。贫者之所以穷困是由于"材性"不如富者,而且贫者离开了富者也就不能存活。所以"富者常借贷贫民以自饶,而贫者常假贷富民以自存",不是贫者辛勤劳作供养富者,而是富者基于道德感来施舍贫者。如果利用国家政策来扭转贫富差距,非但不会实现其目的,反而会让富者遭受损失,这样也就没人来周济贫者,没人来提供钱财以补国用了。苏辙则认为富民乃国之柱石,离开了他们政权便难以运作。而王安石却"不忍贫民而深疾富民,志欲破富民以惠贫民",这样就破坏了理所应当存在的贫富关系,实属"小丈夫"之举。可见,在新法的反对者眼里,贫富差距实乃天经地义,动富人之利益就是在撼动国本,遏制兼并非但无必要,反而会生出许多流弊。对于这样的论调,正如邓广铭先生指出的:

---

① 漆侠:《王安石新法校正》,载《漆侠全集》第2卷,保定:河北大学出版社,2008年,第237、238、239、243、245、246页。

保守派的人们，认为一个人之所以富和所以贫，乃是由于其人聪明和愚蠢而产生的必然结果，贫者是赖富者以为生的。他们根本不承认存在着豪强兼并之家"蚕食细民""侵牟编户"一类的事体。而且认为，正是豪富人家才是北宋政权财政方面的后台，是只应更加紧紧依靠他们，而不应当制裁和打击他们的；打击了他们，也就等于削弱了北宋政权的主要社会支柱，那当然是不可以的。①

司马光等人之所以有这样的认识，归根结底是由于北宋王朝在政治与经济上极力优待士绅阶层，使之享受许多特权，久而久之，这些群体就把拥有这些特权视为理所当然，并且重新定义何谓"治世"，即能够满足其利益需求的局面就是治世，而如果采取有可能损害彼辈利益的措施，那么就离"衰世"不远了。据《续资治通鉴长编》记载，宋神宗与文彦博讨论新法之利弊时，二人之间有这样一段对话：

上曰："更张法制，于士大夫诚多不悦，然于百姓何所不便？"彦博曰："为与士大夫治天下，非与百姓治天下也。"

可见，在以文彦博为代表的官僚士绅眼里，"士大夫"与"百姓"是截然不同的两个群体，后者的利益在前者那里体现不出来，前者的利

---

① 邓广铭：《北宋政治改革家王安石》，北京：生活·读书·新知三联书店，2017年，第81页。

益也没有义务让后者共享。而北宋朝廷的使命与其说是保障后者的利益，不如说是创建各种制度上的便利，让前者能更为愉悦地享有特权。

进一步言之，宋朝固然颇为"优待"士大夫，①但这样的"优待"建立在后者必须向皇权效忠的基础上。说到底，巩固皇权是第一位的。所以才会出现北宋皇帝一面在经济与身份上"优待"士大夫，另一面却在制度设计上叠床架屋，阳为笼络，阴实猜防，让朝臣互相牵制，彼此掣肘，确保皇帝在整个决策过程中拥有最终裁决权；②在地方上，则大为削减地方政府的财权与兵权，使地方官难有作为，让地方行政颇显疲软。也正是因为这样，日本东洋史学才热衷于把宋代以降的"君主独裁政治的兴起"视为"唐宋变革"的重要内容。③ 而今天一些史论，经常把"与士大夫治天下"放在嘴边，向人宣扬宋代政治如何"开明"，如何优待士阶层，但他们却有意或无意地忽视这段话的后半部分。很明显，这与其说是史料解读上的偏差，不如说显现了当代精神史里某些值得关注的特征。

但是，王安石变法有抑制兼并的意愿是一回事，他是否能够在当时的政治与经济条件下实现这一意愿又是另一回事。新法推行之后，虽然对北宋国家财政有所改善，但总体而言并未达到理想预

---

① 张荫麟：《宋太祖誓碑及政事堂刻石考》，载张云台编：《张荫麟文集》，第497—499页。

② 朱瑞熙：《中国政治制度通史（第六卷　宋代）》，载《朱瑞熙文集》第2册，上海：上海古籍出版社，2020年，第168—173页。罗家祥：《朋党之争与北宋政治》，桂林：广西师范大学出版社，2024年，第35—38页。

③ ［日］内藤湖南：《概括性的唐宋时代观》，林晓光译，载《东洋文化史研究》，上海：复旦大学出版社，2016年，第104—107页。［日］内藤湖南：《中国史通论》，夏应元等译，北京：九州出版社，2018年，第418—420页。

期。加上新法背后潜藏着士大夫集团的党争,导致新法在王安石之后的宋代政治变迁当中沦为党争的工具,相关政策是否继续推行,已经不是一个政治与经济领域的问题了,而是被日趋激烈的党争裹挟为正邪之争或君子小人之争。而按照今天的研究,王安石变法的施行效果与他本人的初衷之间有着不小的落差。蒙文通认为王安石的变法措施沦为以另一种方式搜刮社会财富,加重民众负担,却未能注意清理官僚富豪之隐漏垦田户口。虽然司马光的政治主张无补于改善北宋政治经济弊病,但王安石同样也没有做到这一点。① 汪圣铎更为详尽地揭示了变法推行过程当中许多本来由国家与地主士绅承担的义务被转嫁到了普通民众身上,导致普通民众利益受损,国家也未能借此增加收入。比如青苗法。"青苗钱散给富豪者,富豪往往复转贷给贫下百姓,对贫下百姓毫无益处。散给贫下百姓者,俵散和收纳青苗钱时,官吏从中作弊勒索势不可免。""人民所输者虽有八分或十分之息,朝廷实际所得者却仅有二分之息。其余多为贪官污吏中饱私囊或则为地方官府所挪用。归朝廷的二分之息甚至也不能尽得。这是因为,有些贫下百姓确实无力偿还,有些豪强与官吏互相勾结又故意拖欠,使得应得利息不能及时收回,有时竟出现散多敛少的反常现象。"又比如免役法。其本意是通过征收免役钱来缓解民众服徭役之苦,但各级官吏却将征收免役钱视作可以借机敛财获利的新手段,彼辈不断向民间索取更多的免役钱,并将征收上来的免役钱以各种名目自行支配,导致增加国家财政收入的目的难以实现,民众赋税负担反

---

① 蒙文通:《北宋变法论稿》,载蒙默编:《蒙文通全集》第3卷,第221—269页。

而因之加剧。① 这一点,翦伯赞主编的《中国史纲要》也不否认。书中认为,"贫苦农民从新法中得到的好处则很有限"。② 总之,王安石所设想的通过变法来抑制兼并,在推行过程中难以实现。

为什么会这样?一则北宋时期因受客观的技术条件与信息流通方式限制,由政府出面调控经济的举措在广土众民的统治疆域内难以有效实施,二则更需从北宋官僚集团的基本特征入手分析这一问题。就变法的主导者一方来说,正如刘子健的分析,王安石虽然向来重视培养有德之人成为国家栋梁之材,但在官僚集团内部反对变法者众多的现实环境下,为了能让自己的变法主张得到有效施行,他往往会选择那些有比较强的办事能力,并且能够遵从自己政治路线的人作为左膀右臂。但这样一来,也就让不少热衷仕宦、缺少操守之徒乘机进入新党阵营之中。这导致新党内部时常彼此倾轧,曾布与吕惠卿之间的矛盾就是典型例子。更为关键的是,王安石过分注重所用之人的行政能力,对其道德品行缺乏考察,导致他所用的人只能帮助他处理庶务,而不能实现儒家对于改善风俗、增进民德的愿景。换言之,他所用的官吏,多属"术"有余而"道"不足之辈。再好的良法美意,交给如此这般的人去办理,也很难保证不走样。③

进一步来说,在中国两千多年漫长的帝制时期里,官僚集团一直是皇权统治的重要佐助。从汉代开始,中国形成了一套较为规

---

① 汪圣铎:《两宋财政史》上册,北京:中华书局,1995年,第62—65页。
② 翦伯赞主编:《中国史纲要》第3册,北京:人民出版社,1963年,第47页。
③ 刘子健:《王安石、曾布与北宋晚期官僚的类型》,载《两宋史研究汇编》,台北:联经出版事业公司,1987年,第117—142页。

范的选拔、考核、任免官吏的标准。具有一定经济与文化条件的人可以通过掌握各个时代所要求的专门技能,经由各种选拔方式进入官僚体系当中。而一旦成为官员,他们就会得到许多身份与经济上的特权。尤其是宋代以来,士、农、工、商的"四民社会"进一步稳固,作为社会顶端的士阶层,要么是现任官员,要么是退休官员,要么是官僚集团的后备队伍,在社会结构中占据重要位置,彼辈在地方上拥有许多特权,并且还能利用自己的特权来荫庇家族。历代统治者也多认可这一阶层的特权,以换取他们对自己统治的支持。中央统治者想要实践其政策,必须依靠官僚集团来执行。而官僚集团虽然名义上属于国家机器组成部分,直接听命于中央,但由于拥有或大或小的政治权力,因此很容易将这种权力变成替自身谋取特权的媒介。权力覆盖面越广,可谋取的利益就越多。在古代的政治结构中,中央政府越是希望各级官僚有所作为,也就越赋予官僚集团借机谋取更多私利的机会。那些带有极强理想主义色彩的政治主张,在这样的政治结构中也很容易被利用,被扭曲。因此,早在中国古代官僚政治形成之初的战国时期,韩非就一针见血地指出了良好的政治状态应该是"治吏不治民",并且生动描绘了许多官僚集团如何利用政治权力中饱私囊的场景。

正是在这个意义上,吕思勉认为王安石的变法主张在一地实行能收其利,在全国铺开则弊病丛生,这一现象实为古代官僚政治的必然结果。因为"中央政府控制的力量有限;而行政是依赖官僚,官僚是无人监督就要作弊的;与其率作兴事,多给他以舞弊的机会,还不如将所办的事,减至最小限度的好。这是事实如此,不能不承认的。所以当中国的政治,在理论上,是只能行放任主义的;而在事实上,却亦以放任主义为常,干涉主义为变"。① 而为了补救此弊,"中国政治上的制度,是务集威权于一人,但求其便于统驭,而事务因之废弛,则置诸不问,这是历代政治进化一贯的趋势。所以愈到后世,治官的官愈多,治民的官愈少,这是怪不得什么一个人的"。② 包括王安石变法在内的中国古代变法运动,特别是其中对于抑制兼并的强烈诉求,为什么最终难以实现目标,甚至在执行上出现明显偏差,制造不少新的矛盾,这是一个十分重要的原因。

当然,虽然中国古代变法运动难以从根本上克服中国古代政治的痼疾,但这并不代表那些反对改革的既得利益群体更值得同情。说到底,中国古代皇权与绅权之间既高度合作又时有冲突的历史现象,决定了当时政治活动的基本面貌。贺昌群以汉代为例,剖析古人眼中的"盛世"与"衰世"的本质:

> 大土地占有与封建的土地国有制有时是互相依存,有时是互相排斥的。在互相排斥的时候,往往成为统治阶级内部矛盾的根源。汉武帝以后,凡是能掌握着大量公田——封建的国有土地的王朝或帝王,就可以控制大土地占有者,也便是皇权占优势的时候,这样的局面就是封建历史上所艳称的"承平""盛世";凡是一个王朝或一代帝王,不能握有大量公田,大

---

① 吕思勉:《中国政治思想史十讲》,载《中国文化思想史九种》下册,上海:上海古籍出版社,2009年,第820页。
② 吕思勉:《中国近世史前编》,载《中国近代史八种》,上海:上海古籍出版社,2008年,第151页。

土地占有者必然反过来在政治上、经济上压倒皇权,这便是豪权占优势的时候,这样的局面就成为政出多头的"私门政治",历史上称为"衰乱之世",这时期统治阶级内部矛盾和阶级矛盾,亦必愈加尖锐。①

相似的,田余庆在研究中国古代人身依附关系时认为:

> 具有阶级性质的国家,也具有超乎阶级之上、超乎社会之上的表象。要把国家的一切活动都直接与具体的阶级利益联系起来加以解释,本来是不容易的,也是不必要的。国家又是一个具有相对独立性的实体,它需要保障自己得以存在的物质条件,这不一定与每一个地主的眼前利益完全相符。但是获得这些条件,国家可以强大一些,而从强大国家得到好处的,首先就是地主阶级。封建朝廷中被认为是忠诚的、正统的官僚以及在当时是先进的思想家,确实是这样考虑问题的。他们要求有一个强大的国家,一个稳定的王朝,来保护地主阶级整体的长远的利益。尽管在这种政治条件下,他们自身的利益不免会受到一些约束。
>
> 封建政权得以维持的先决的物质条件,是维持赋税兵徭的来源,因此需要控制人丁。而地主阶级的发展,正是要从国家编户齐民中不断地分割人丁。这样,矛盾就产生了。如果分割人口的过程是一个渐进过程,那末(么)矛盾的发展还不

---

① 贺昌群:《汉唐间封建国家土地所有制和均田制》,载《汉唐间封建土地所有制形式研究》,上海:上海人民出版社,1964年,第288页。

至骤然破坏相对平衡的局面,不至引起政治动乱。否则平衡破坏,矛盾激化,封建政权就会由于地主阶级内部的利益之争而呈现险象,加剧经常存在的阶级矛盾。①

华山研究唐以后的土地制度与统治阶级内部矛盾,同样着眼于揭示二者之间的关联:

> 我国自唐代均田制度破坏以后,地主田庄开始大发展,到宋代,这一发展趋势,以更大的规模展开,只有碰到农民起义才暂时地、局部地停滞下来。田庄制度是大土地所有制,它和农民土地所有制之间存在着不可调和的矛盾,同时,和残存的国家土地所有制之间也存在着一定的矛盾。由于地主田庄的不断扩大,农民的土地以及残存在国家手里的土地大量被侵夺或侵占,而大土地所有者利用其经济上的优势地位和政治特权,往往公开地或以各种隐蔽的方式逃避国家贡赋(集中化了的地租),使封建国家陷于财政危机。封建国家为了维持其政权,又不得不转而对农民加强剥削,从而加剧了农民与封建国家之间的矛盾,使封建国家遭遇到政治危机。在这种情况下,封建国家往往被迫采取自卫手段,向大土地所有者展开分割地租的斗争。我国历代统治阶级的内部斗争,不管其采取

---

① 田余庆:《秦汉魏晋南北朝人身依附关系的发展》,载《秦汉魏晋史探微(重订本)》,北京:中华书局,2013年,第95页。

如何的形式,或其直接原因是什么,归根结蒂其实质都是如此。①

这些研究虽非聚焦于王安石变法,但所提出的观点与视角,对于审视王安石变法的得失同样颇有启示意义。土地占有和劳动人口归属问题,是理解历代皇权与绅权关系的重要切入点。关于皇权,清末以来已有许多的批判与剖析之作,这些都是现代中国宝贵的思想遗产;但关于绅权,恐怕还需要继续进行深入研究,揭示其基本特征,剖析其获取经济与文化资源的方式,在此基础上总结其社会性质,以免人们将具有明显特权色彩的绅权误认为现代意义上的民权,甚至将古代政治活动中的权力斗争与阶级关系诠释为所谓"国家治理"智慧。生于其心,做于其事。一旦如此,失之远矣。荀子曰,"道不过三代,法不贰后王"。要想真正寻找历史上成功抑制兼并的例子,与其将目光投射到一千多年前的王安石身上,不如仔细研读中国现代史。

---

① 华山:《南宋统治阶级分割地租的斗争——经界法和公田法》,载《宋史论集》,济南:齐鲁书社,1982年,第195—196页。

目 录

章太炎的革命论及其他

"恢廓民权"与"抑官吏伸齐民"——章太炎政治思想表微　3

章太炎与曾国藩形象在近代的翻转——兼谈范文澜的曾国藩论　36

论近代中国的汉武帝评价问题　59

论近代中国的两种法家诠释路径及其旨趣　99

"民本"的近代新诠——对三种不同诠释路径的探讨　134

"世界之中国"

晚清知识分子的帝国主义论　171

"灭国新法"与近代中国知识分子对世界形势的思考　247

重思蒋廷黻的帝国主义论　282

现代的辉格史学及其政治想象散论　318

附录："以中国为方法"何以可能？——重思"作为方法的中国"　359

后记　377

章太炎的革命论及其他

"恢廓民权"与"抑官吏伸齐民"——章太炎政治思想表微

一、前言:革命的进与退

1936年6月章太炎去世后,各方人士撰写了不少挽联来悼念他。有人写道:"真革命者,牺牲救国,斯民水火策心源。"还有人写道:"儒生谈革命,是王而农、吕用晦一流,开国元勋不言禄。"① 可见,要想完整评价章太炎的一生,不能忽视近代革命史的角度。从全球范围来看,20 世纪无疑是一个革命的世纪。对广袤的第三世界国家与地区而言,革命的主要任务就是推翻、突破 19 世纪以降由西方资本主义列强主导的世界秩序,以及因这种世界秩序而推

---

① 上海人民出版社编:《挽联》,载《章太炎全集·附录》,上海:上海人民出版社,2017年,第38、42页。

广至全球的殖民地与半殖民地体制。毋庸多言,在这些国家与地区,革命的过程异常复杂艰辛,革命的对象很多时候也异常强大,这就要求革命者对革命团体自身的特质与任务、革命之后建立的政治经济秩序、革命过程中仰赖的学说、主要革命力量的特点及在社会结构中的位置等问题有深入且全面的思考。这不仅关系到革命是否能够取得名副其实的成果,而且关系到革命之后的政权建设与经济发展。

其中,政治制度与政治团体问题显得尤为重要。从整体来看,近代意义的革命离不开推翻旧政权、建立新政权。既然政权更迭是革命运动的应有之义,那么对成熟的革命者而言,就必须对政治制度与政治团体有详尽而深刻的思考。特别是对许多仍处于传统社会延长线的国家与地区而言,由于其政治制度与经济社会结构在西方资本主义列强主导的世界秩序面前显得弊病丛生、左支右绌,过去的支配结构蕴含的压迫与剥削在经济危机面前表现得越来越明显,故而亟须进行变革。

但是,需要进行政治与经济变革是一回事,由哪个群体来主导这样的变革又是另一回事。主导变革的群体往往一方面要改造,甚至破除过去的政治经济结构的"不合理"之处,但另一方面,也恰恰由于这种"不合理"长期存在,彼辈才能一直处于政治与文化精英的位置,微妙的是这样的位置恰恰是其获得新知、具备政治领导资格的基本前提。这就带来一个经历过革命的第三世界国家与地区时常会遇到的问题,即新的政治领导阶层在革命过程中不断强调破旧立新,为国家现代化建设创造良好的政治与经济条件,但当他们执政掌权之后,又经常试图用这样或那样的方式来维系其政治与文化精英的位置,并试图与旧政权里的精英特权集团达成"和解",或是将后者的利益诉求纳入国家政策规划之中,或是不加甄别地大量任用旧政权的官吏,甚至一些革命者也在主动模仿旧精英阶层的风格来行事。虽然此类行为被一些意识形态话语解释为"减少革命带来的震荡""用稳健改良的方式消解暴力革命后遗症",但从实际后果来看,这是不少经历过民族解放运动的第三世界国家难以建立起良好政治秩序的主要原因之一。①

犹有进者,在此过程中,不少第三世界国家的领导阶层或是更改革命时期被反复宣传、具有极强动员效应的革命理论,逐渐使其"无害化",减弱其批判性与冲击力;或是利用那些充满现代性与时代感的理论话语,表面上对之鼓吹称赞,实际上却使其变为论证自己有资格、有必要维系其地位的工具。与理论变化相伴而行的,就是革命的主导群体变得与革命所欲推翻或改造的事物越来越相似。随着这样的变化不断铺开,一种新的带有极强保守主义特征的意识形态话语也就日渐成为先前革命理论的替代品,革命者习惯于在这样的话语框架之内诠释革命的过程与意义。而要想避免这种现象出现,就需要革命者能够真正超越一己之私利,彻底改造曾经保障自己成为精英阶层进而参与革命运动的政治与经济结构,实现普遍的民主政治与平等政治,同时严肃思考如何防止旧时的政治经济结构以新的表现形式复活。

---

① 关于第三世界国家在实现民族解放之后的状况与发展瓶颈,参见[美]保罗·巴兰:《论落后问题的政治经济学》,李建利等译,载《更长远的观点:政治经济学论文集》,北京:商务印书馆,2022 年,第 235—252 页;[法]弗朗兹·法农:《民族意识的不幸遭遇》,汪琳译,载《全世界受苦的人》,上海:东方出版中心,2022 年,第 121—176 页。

对近代中国而言,从辛亥革命到新民主主义革命,革命的对象之一就是中国传统政治与社会结构。其具体内容大体包括:皇权与绅权长期以来既相互依存又不断博弈的关系;主要由士绅阶层组成的官僚集团在各级政治组织中形成的特殊利益与行事风格;以维系王朝掌握足够的赋税与户口为主要目的,但又经常体现地方士绅阶层利益诉求的土地制度与税收制度;既强调维系社会等级与伦常秩序的重要性,又时常体现出一定政治批判性的思想学说。面对这样的历史遗产,一方面,固然需要使革命理论与革命行动尽可能地扎根于中国社会,避免流于不谙本国基本面貌的空谈与教条;另一方面,也需要思考如何改造这样的政治与社会结构。就此而言,使革命理论与革命行动符合中国实际不等于承认这样的"实际"的方方面面皆有合理性。了解实际、切合实际是为了更好地改造实际。

二、"恢廓民权"的前提与路径

历来讨论章太炎政治思想的论著多矣。① 而以上这些颇显宏观的论述,是基于笔者自己的问题意识,可为分析章太炎的政治思

---

① 关于章太炎的政治思想,数十年来有各种研究路径,比如从传统的"夷夏之辨"出发来理解,用20世纪70年代兴起的文化左派理论来理解,依据盎格鲁-撒克逊政治思想谱系来理解,等等。笔者对章太炎政治思想的分析,主要受到近藤邦康与姜义华的影响。参见[日]近藤邦康:《救亡与传统——五四思想形成之内在逻辑》,丁晓强、单冠初、姜庆明译,太原:山西人民出版社,1988年,第47—136页;姜义华:《章炳麟评传》,上海:上海人民出版社,2020年,第41—92页。

想提供历史背景与思考脉络。

1906年,章太炎在对东京的中国留学生演讲时说:"自从甲午以后,略看东西各国的书籍,才有学理收拾进来。"① 确如其言,从《膏兰室札记》、发表于戊戌变法前后的政论以及初刻本与重订本《訄书》中,可以明显看到章太炎颇为努力地汲取新知,特别是由明治时代的日本学者译介的近代西方社会科学与史学论著。这使他较之时人,对近代西方政治思想、政治制度与政治实践有着相对完整而丰富的认识。例如在《膏兰室札记》中,他批判韩愈的"天王圣明,臣罪当诛"之说。② 在重订本《訄书》中,他认为西汉"景、武集权于中央,其郡县犹得自治"。这种"自治"的表现形式之一便是地方上有类似于近代西方议院的机构。古碑上记载的"议民"就是"良奥通达之士,以公民参知县政者也"。③ 此外,他指出近代西方政治思想多主张"三分其立法、行政、司法",在司法领域,"刑官独与政府抗衡,苟傅于辟,虽达尊得行其罚",而中国古代便有"刑官"之职,其职权可施用于当朝权贵。④ 可见,虽然章太炎此时经常犯他自己后来多次猛烈抨击的以中国古代制度比附近代西方制度的弊病,其立足点却是强调中国的制度建设须借鉴近代西方政治思想与政治实践,尤其是与近代民主政治相关的内容。

因此,在著名的《革命军序》中,章太炎认为推翻清朝统治与其

---

① 章太炎:《东京留学生欢迎会演说辞》,载汤志钧编:《章太炎政论选集》,北京:中华书局,1977年,第269页。
② 参见王锐:《革命儒生:章太炎传》,桂林:广西师范大学出版社,2022年,第25页。
③ 章太炎:《訄书重订本·通法》,载《章太炎全集》第3册,上海:上海人民出版社,1984年,第243页。
④ 参见章太炎:《訄书重订本·刑官》,载《章太炎全集》第3册,第264—265页。

说是"革命",不如说是"光复",但之所以要用"革命"二字,是因为在邹容(也包括他自己)看来:

> 谅以其所规画,不仅驱除异族而已,虽政教学术、礼俗材性,犹有当革者焉,故大言之曰革命也。①

在其另一篇撰于清末的政论《代议然否论》里,章太炎复指出:

> 为吾党之念是者,其趋在恢廓民权。②

如果仅是在清末用喊口号与搞中西比附的方式宣传民主政治与"恢廓民权"的话,章太炎的政治思想恐怕不会受到如此多的关注,甚至坐实了一些人士声称的他的主要历史贡献仅限于鼓吹"排满"。毕竟清末旅日知识分子经常受到明治时代日本政治思潮(包括19世纪70年代的自由民权运动)的影响,像中江兆民、福泽谕吉等主张民主政治与个人权利的学者的论著以各种形式被介绍至国内。在学术上颇受章太炎欣赏的刘师培甚至效仿卢梭,编写了一本《中国民约精义》。而章太炎的特点则在于,他虽然承认民主、民权等近代政治理念的价值,却基于对中国历史流变与政治实践的深刻认识,深入思考如何在中国实现多数人参与其中的、名副其实的民主政治,如何在政治制度、经济结构与社会形态上真正做到

---

① 章太炎:《革命军序》,载汤志钧编:《章太炎政论选集》,第193页。
② 章太炎:《代议然否论》,载《章太炎全集》第4册,上海:上海人民出版社,1985年,第306页。

"恢廓民权",如何尽可能地避免业已存在的各种权势集团干扰、扭曲、破坏民主政治,导致这些主张变得有名无实,甚至成为现存政治结构中的特权集团用来维系其统治地位的工具。换言之,在民主政治的原理层面,章太炎认为卢梭能"光大冥而极自由"。[①] 根据今天的研究,章太炎对相关问题的理解或许受到卢梭的影响。[②] 而在实践层面,章太炎更为重视考察晚清的政治与社会结构,剖析其中的矛盾、冲突与症结,尤其是影响政治变革的那些支配与被支配、剥削与被剥削关系。从认识论的角度,这也契合章太炎向来强调的"洞通欧语,不如求禹域之殊言;经行大地,不如省九州之风土;搜求外史,不如考迁、固之遗文"。[③] 思考中国问题,必须首先立足于中国的历史与现实,尽可能完整地了解中国的方方面面。否则无论任何高论,都极易沦为缺少可行性的空谈。

说到与民主政治相关的话题,就必须重视章太炎在1908年发表的《代议然否论》。这篇文章一是回击以康有为、梁启超、杨度为代表的立宪派极力鼓吹的君主立宪制,二是为了劝告革命党阵营里那些将近代资本主义民主政治视为良善之物的同志。此外,围绕《代议然否论》谈及的内容,章太炎在《与马良书》《非黄》《秦政记》,以及《国故论衡》之《原道》等文章中作了进一步的阐述。

按照康有为等人的设想,为了提高行政效率、增进君民之间的联络与互动、克服传统政治制度中的一些痼疾,需要设置从中央到

[①] 章太炎:《訄书重订本·原学》,载《章太炎全集》第3册,第133页。
[②] 参见朱维铮:《〈民报〉主编章太炎》,载《音调未定的传统》,沈阳:辽宁教育出版社,1995年,第294页。
[③] 章太炎:《印度人之论国粹》,载《章太炎全集》第4册,第366页。

地方的各级议院,此谓之"公民自治"。毋庸多言,这个主张明显参考了日本明治维新之后的地方自治论,以及欧洲国家的相关政治实践。但置诸晚清的政治与社会背景,这个主张更为核心且重要的内容,大概就是究竟哪个群体有资格成为"公民"。对此,章太炎的主要论敌康有为如是设想:

> 今中国举公民之制,凡住居经年,年二十以上,家世清白,身无犯罪,能施贫民,能纳十元之公民税者,可许为公民矣。凡为公民者,一切得署衔曰公民,一切得与齐民异,如秦汉之爵级然矣。既为公民,得举其乡、县之议员,得充其乡、县、府、省之议员,得举为其乡、市、县、府之官。不为公民者,不得举其乡之议员,不得举充乡、县、府、省之议员,不得举充乡、市、县、府之官,一切权利,不得与公民等。①

很明显,康有为在这里所言的"公民",与其说着重强调其权利与义务,不如说是在凸显彼辈与"齐民"的区别。如果说近代民主政治的要义之一就是定义何谓"民",进而解释"民"的内涵与外延,那么康有为此番言说的意义则在于从反面彰显了清末立宪派对"民"的界定。他们并非将所有居住在中国的不同阶级的民众都视为具有同等政治权利与政治地位的"民",而是根据财产与地位的不同,将"民"分为有参政议政权的"公民"与无参政议政权、比"公民"政治地位低的"齐民"。从中国历史的演进脉络来看,这样的制度设计

---

① 康有为:《公民自治篇》,载张枬、王忍之编:《辛亥革命前十年间时论选集》第1卷上册,北京:生活·读书·新知三联书店,1960年,第176页。

"恢廓民权"与"抑官吏伸齐民"——章太炎政治思想表微

虽然有着现代名词的外观,但其实与中国古代,特别是明清以降皇权与绅权之间的复杂关系有着别样的继承关系。尤其是作为立宪派主要力量的士绅阶层,在清代由于受到皇权的认证,具有明显区别于一般民众的社会特权,并与地方官僚建立起相互依存的关系。①

而从清政府 1907 年宣布成立的作为预备立宪重要组成部分的各省谘议局来看,中学以上学校毕业或举贡生出身,曾任文官七品、武官五品以上且未被参革,在本省拥有 5000 元以上营业资本或不动产者,方有资格担任谘议局议员。在当时的中国,能满足这些要求的大概只有非富即贵的中上层士绅,或者脱胎于他们的新式资本家。不少省份符合此条件的"合格候选人"只占全省人口的 5%左右。这表明绝大多数中国民众在这样的选举规则下并无参与其事的资格。②

这正是章太炎所要批判的。章太炎认为:

> 及设议院,而选充议士者,大抵出于豪家。名为代表人民,其实依附政党,与官吏相朋比,挟持门户之见,则所计不在民生利病,惟便于私党之为。③

在没有进行社会变革,尤其是重新分配土地时创建代议制,只会给那些已经处于支配地位的群体,特别是地方上的豪强巨绅设置一

---

① 参见经君健:《清代社会的贱民等级》,成都:四川人民出版社,2021 年,第 11—21 页。
② 参见高放等:《清末立宪史》,北京:华文出版社,2012 年,第 255 页。
③ 章太炎:《五无论》,载《章太炎全集》第 4 册,第 431 页。

个新的用来巩固其特权的机构,并用国家权力为这些特权背书,为其创造凭借议员身份来进一步剥削、压迫普通民众的机会,而赋予其行为"民权"的外观,将使这些群体既得到"面子",又得到"里子"——"规设议院,未足佐民,而先丧其平夷之美"。此外,这些群体由于有资金、有力量去操纵选举,故而不难使自己顺利当选议员。其结果便是,"选举法行,则上品无寒门,而下品无膏粱。名曰国会,实为奸府。徒为有力者傅其羽翼,使得滕腊齐民甚无谓也"。① 这距离名副其实的民主政治越来越远。②

有一种观点认为,章太炎批判代议制,并对秦政有过正面评价,因此属于迷恋"专制政体"之辈。这样的观点不但无视了一个基本史实,即在清末曾公开宣扬"开明专制"与国家主义的人实为梁启超,而且对章太炎政治思想进行了"非此即彼"的简单化处理。当清政府颁布所谓宪法草案后,针对其中提及的"大清皇帝统治大清帝国,万世一系,永永尊戴"以及"君上神圣尊严,不可侵犯",③章太炎指出:

> 盖儒者有言曰:"民为贵,君为轻";"汤武革命,顺乎天而

---

① 章太炎:《代议然否论》,载《章太炎全集》第 4 册,第 301、302 页。
② 张朋园分析清末立宪派在首届谘议局议员选举过程中的行动,并指出:"士绅原先已有组织,利用社团的左右力,操纵选举,使这次谘议局议员席次大部分落在他们手中。光绪三十一年(1905)以后的各省预备立宪团体,发起于士绅阶级,吸收对象亦为士绅阶级,尤其是兼具新知的士绅。有了组织,进而插手谘议局之筹备事宜,竞争成为议员,掌握了谘议局的发展方向。"见张朋园:《立宪派与辛亥革命》,长春:吉林出版集团有限责任公司,2007 年,第 29 页。
③ 故宫博物院明清档案部编:《清末筹备立宪档案史料》,北京:中华书局,1979 年,第 58 页。

应乎人。"其陈义虽未周备,要之民心固如是也。秦皇欲推二世三世至于万世,遂为千载笑谈。由今推论,满洲之主可以钦定宪法,秦皇独不可钦定宪法耶? 然所以酿嘲者,民心固曰不应有此矣。①

他用儒家革命论来批判清廷炮制的"万世一系"说,无疑将尊奉儒学为官学的清廷置于颇为尴尬的位置:要么基于对儒学的认同而承认儒家革命论,要么让世人进一步看清其只是借儒学来巩固统治的私心。

此外,在哲学层面,为了批判19世纪西方的帝国主义话语,章太炎强调"个体为真,团体为幻"。② 在他看来,作为政治体的近代资本主义国家并非天然实有之物,组成国家的众多个体方为实有。就此而言,它既非"有机体",也无不证自明的"神圣性"。而那些被侵略与被殖民的地区之所以需要展开国家建设,是为了让人们不受帝国主义势力的侵略。近代资本主义国家的性质尚且如此,那么古代君主就更是如此了。章太炎认为:"人君者,剽劫之类,奄尹之伦。"③古代君主制并无神圣之处,对君主本身也不应赋予过多正面光环,而应从历史演进的角度评价其功过得失。

具体到清代,章太炎详细分析了晚近帝王如何运用程朱理学来控制臣下、奴役民众。他认为明清两代统治者将程朱理学奉为

---

① 章太炎:《"莠宪废疾"六条》,载朱维铮、姜义华编注:《章太炎选集》(注释本),上海:上海人民出版社,1981年,第484页。
② 章太炎:《国家论》,载《章太炎全集》第4册,第458页。
③ 章太炎撰,陈平原导读:《国故论衡·原道下》,上海:上海古籍出版社,2011年,第114页。

官学,皇帝斥责大臣时不再常拿朝廷律令来说事,而多以理学思想为利器,动辄斥责大臣不遵守天理,使自己成为道德判官,将后者置于道德审判台前。理学话语具有高度主观性,这就让皇帝能够随时凭自己好恶来控制大臣,使后者经常处于战战兢兢、动辄得咎的状态。流风所及,清朝雍正皇帝很少以法律条文责人,而喜用理学话语呵斥臣民,将被呵斥者贬为违背圣人之道的败类,使之备受精神压力。① 而清帝一方面很清楚不少理学名臣其实颇为虚伪,另一方面却依然重用他们,表现出一副和衷共济、心照不宣的样子。这也会诱导不少试图借学术以博利禄者起而效仿,用道德文章掩饰其利欲熏心,使作为社会精英的士绅阶层进一步与皇权绑定在一起。② 换言之,明面上借助政治制度来厉行集权可能容易被观察到,而这种无形的规训恐怕就不那么明显,可是影响或许更为深远。在这个意义上,章太炎对皇权的剖析与批判,也许比同时代不少人要深刻得多。

不过,章太炎并未将批判的视野仅停留在皇权层面。汉代以降,中国传统政治模式能够运作起来,离不开皇权与绅权之间的互相配合、交相为用。在清末立宪派的视野里,士绅阶层作为参与立宪运动的主要力量,既能起到制约君主与各级官僚的作用,又能体现地方上的"民意"。此外,士绅阶层知书达理、仓廪充实,不会做出底层草莽之人那样的"激烈"之举,而且既稳健又成熟,能够保证

---

① 章太炎:《释戴》,载《章太炎全集》第4册,第122页。
② 参见章太炎:《訄书重订本·别录乙》,载《章太炎全集》第3册,第342—346页。

立宪政治循序渐进地展开。① 梁启超之所以喋喋不休地论证中国历史上只有"下等社会"革命而无"中等社会"革命,因此极易流于有破坏而无建设;②之所以强烈反对革命党主张的"土地国有",认为中国"现今之经济社会组织,其于分配一方面,已比较的完善",背后预设的前提就是彼时政治主导者应为士绅阶层,而非善于"博一般下等社会之同情"③的革命党人。

章太炎则认为,虽然士绅阶层不时会与皇权发生冲突,但在当时的社会结构里,前者依然属于特权集团,并且这种特权是建立在剥削普通民众——尤其是农民之上的。因此,对后者而言,如何防止被豪强劣绅欺压,便成为与自己身家性命息息相关的要紧问题。章太炎指出:

> 夫贼民者,非专官吏,乡土秀髦,权力绝尤,则害于民滋甚。乃者诸妄豪强把持公事,政府固慭疾之,虽齐民亦欲剚刃其腹焉。州县下车,能搏击巨室土豪者,井里编氓,皆鼓噪而称民父。豪强之妨民如是,幸其在野,法尚得施。今超而为议士,为虎著冠,其妨民不愈况耶?④

---

① 关于清末士绅阶层的整体特征,参见王先明:《晚清士绅阶层的结构性变动》,载王建朗、黄克武主编:《两岸新编中国近代史·晚清卷》,北京:社会科学文献出版社,2016年,第767—802页。
② 参见梁启超:《中国历史上革命之研究》,载李华兴、吴嘉勋编:《梁启超选集》,上海:上海人民出版社,1984年,第422页。
③ 梁启超:《杂答某报(节录)》,载李华兴、吴嘉勋编:《梁启超选集》,第505、527页。
④ 章太炎:《与马良书》,载《章太炎全集》第8册,第190页。

15

可见，如果具有普遍性的民意是政权合法性的主要来源，那么一个合格的政权应该着手改造社会结构，让那些过去拥有特权的群体不再能够轻易欺压普通民众，而非在追求政治现代化的名义下，让那些特权集团以新的面目继续存在，并赋予其更为广泛的政治权力。这是实现名副其实的民主政治的重要前提。

同样，章太炎在1910年发表《非黄》，表面上是商榷黄宗羲的学说，实际上是批评借着黄宗羲学说来为代议制张目的时贤。在黄宗羲的制度设计里，"学校"起到十分重要的作用。黄宗羲将之视为地方生员评议政治的场所，认为如此这般体现了儒家政治理想当中的"公"。到了晚清，不少读书人都将黄宗羲此论看作近代民主理论在中国古代的先声，进而认为黄宗羲在中国思想史上的地位类似卢梭之于西方思想史。但在章太炎看来，学校里的生员多来自士绅阶层，他们的声音很大程度上也仅体现这一特权集团的诉求，是否具有普遍意义实属未知。因此，在政治活动中，人为地让某一特权集团可以不断发声，反而会扰乱正常的政治秩序。[1] 毕竟，理想的政治组织是让所有人能各得其所，而非仅让某些有着特殊利益诉求的群体从中获利。其潜台词即士绅阶层由于其特权地位，其"为民请命"的资质，并非势所必至、理之固然，而需要仔细考量。如果说章太炎的思想具有反传统性格，那么最能体现这一点的，与其说是他批评孔子，不如说是他在思考政治问题时动摇了士绅阶层长期作为中国社会主导者的地位，并否定其与普通民众之间那种看似不证自明的领导与被领导关系。

---

[1] 参见章太炎:《非黄》，载《章太炎全集》第4册，第125页。

正是在这个意义上,章太炎认为革命的任务除了推翻清政府,还有改造中国的社会结构。他在重订本《訄书》的《定版籍》里记载与孙中山讨论革命成功之后的土地分配问题,①在《田制考》中详细梳理历代土地分配制度与赋税制度、分析不同地区农村生产力的差异、推演怎样的土地分配制度能够最大限度保证小农经济正常运作,②其实都是基于这一思虑的具体展开。

在《代议然否论》中,章太炎除了批评清政府的预备立宪,还设计了一套他心目中理想的政治秩序。关于其详情,笔者在别处做过归纳:

> 他主张总统只负责行政与国防,在外交活动中作为国家礼仪的象征,此外不再具有其他权力。另外,司法须独立,其主要负责人地位应与总统匹敌,但凡政治上与社会上的案件,皆由司法部门负责,不受其他权力机构干涉,即使总统触犯法律,也可依法将其逮捕。立法不由总统干涉,同时杜绝豪民富户参与,由"明习法律者与通达历史周知民间利病之士"来制定法律。除了小学与军事学校,其他教育机构皆独立,其负责人与总统地位相当,以防行政权力干预教育,因为"学在有司者,无不蒸腐殨败,而矫健者常在民间"。在人事任免问题上,章太炎坚持总统任命需以"停年格迁举之",按照其任官时间与功绩来按部就班地升迁。其他政府官员的正常任命不容总

---

① 参见章太炎:《訄书重订本·定版籍》,载《章太炎全集》第3册,第273—276页。
② 参见章太炎著,斯彦莉整理:《田制考》,载朱晓江主编:《章太炎研究》第1辑,上海:上海书店出版社,2023年,第4—18页。

统置喙,除非前者有犯法与过失行为。若总统或其他官员有渎职或受贿等罪行,人人得以上诉于"法吏",由后者传唤嫌疑人,审理其案情。在量刑标准上,轻判谋反罪,以免民众被肉食者威胁,但叛国罪则必须重判,特别是割地卖国行为一律处以死刑,以示国家主权不容破坏。在政策执行上,凡必须由总统签署之政令一定要与国务官联署,保证有过失总统与其他官员共同承担,杜绝诿过于下。每年将政府收支情况公之于众,以止奸欺。因特殊原因需要加税时,让地方官员询于民众,可则行,否则止,若正反意见相差不大,则根据具体情况处理之。在正常情形下,民众不须推举议员,只有面临外交宣战等紧急时刻,每县可推举一人来与闻决策。此外,他还设计了相关经济政策,如只能制造金属货币,不能制造纸币;轻盗贼之罪,以免法律沦为富人的帮凶;限制遗产继承的数目,防止经济不平等世袭化;杜绝土地兼并;工厂国有化;官员及其子弟不能经商;商人及其子弟不得为官。以此防止贫富差距过大,保障贫苦民众的利益。①

这一制度设计,包含了近代西方政治思想中强调的权力分立,即司法权独立于行政权,后者不能随意干涉前者,象征司法权的"法吏"具有极为重要的地位,堪与行政首脑匹敌。总统的权力则被极大地限制,并赋予民众监督其行为的权利。这较之梁启超等人主张的"开明专制"与"保育政策",无疑更能彰显近代民主政治的核心

---

① 王锐:《革命儒生:章太炎传》,第105—106页。

18

理念。更为重要的是,章太炎的这些思考包含着对社会上各类特权集团的高度警惕。他非常注意立法过程是否受到豪强富户的干扰,避免通过立法的形式让后者进一步巩固其财富与特权,以及在资本主义生产方式日益普及于中国之际,让官僚集团轻易就能将政治权力转化为经济利益。因此,章太炎的这些思考固然符合权力分立思想,但他拒绝用形式上的权力分立来掩盖具体的剥削与不平等。在章太炎那里,他经常说之所以有这样的认识,是因为继承了中国古代政治传统中优良的部分,即相对注重政治与社会平等。①但实际上,正像章太炎在分析进化论时所说的"社会主义,其法近于平等",②联系到他在东京担任《民报》主编时常与日本的社会主义者(包括无政府主义者)往来,他的这些思考很可能受到了当时在世界范围内产生广泛影响的社会主义思潮的启发。③

三、"抑官吏伸齐民"何以可能

在中国两千多年漫长的帝制时期,官僚集团一直是皇权统治的重要佐助。从汉代开始,中国形成了一套较为规范、运作成熟的

---

① 参见章太炎:《东京留学生欢迎会演说辞》,载汤志钧编:《章太炎政论选集》,第277—279页。
② 章太炎:《俱分进化论》,载《章太炎全集》第4册,第394页。
③ 当然,明治时代流行于日本的社会主义思潮的内容五花八门(关于其内容梗概,参见卢坦:《日本明治时期的社会主义思想研究》,北京:中国社会科学出版社,2016年)。因此,章太炎接触的也未必就是马克思主义。但无论再五花八门,各派社会主义学说都还是有其共性的,即对资本主义私有制与资本主义国家形态的深入批判。

选拔、考核、任免官吏的标准。具有一定经济与文化条件的人可以通过掌握不同时代要求的专门技能,经由各种选拔方式进入官僚体系当中;而一旦成为统治集团的一分子,就会取得各种各样身份上、经济上与教育上的特权。尤其是自宋代以来,士、农、工、商的"四民社会"进一步固化,作为社会顶端的士阶层,要么是现任官员,要么是退休官员,要么是官僚集团的后备队伍,在社会结构中占据重要位置,在地方上拥有许多特权,并能利用自己的特权来荫庇家族。历代统治者也多认可士阶层的这些特权,以换取他们对自己统治的支持。因此,中国社会形成一种对政治权力极端崇拜与对一官半职极度渴求的氛围。尤其到了清中叶以降,出现了大规模且持续性的贪污与滥权,吏治窳败已成为朝野上下必须直面的严峻问题。加上中国传统政治推崇"皇权不下县"的低成本治理,政权的组织能力与动员能力都极为有限。如此状况,面对西方列强建立在效率极高的组织、动员与汲取能力基础上的坚船利炮,自然一败涂地。

从洋务运动起,不少有识之士开始讨论如何改革官僚体系。无论是官员奏疏,还是民间议论,改革官制、广开言路、淘汰冗员、变更铨选标准、裁撤无用机构、设置新机构、厘定央地关系、遍设新式学堂等皆为时人反复谈及的内容,它们直指官僚体系内业已普遍存在的各种弊病。而时人常从"通上下之情"的角度来理解近代民主政治,也是认为它可以提高行政效率、保障政令实施、激发绅民爱国之心、矫正现存制度之失。[①] 章太炎的主要论敌康有为更是

[①] 参见熊月之:《中国近代民主思想史》,上海:上海人民出版社,1986年,第134—214页。

在1904年出版内容丰富的《官制议》,详细分析彼时中国官制的弊病与改良之道。

作为一名革命者,章太炎固然关注体国经野与设官分职的具体问题,但更关心如何通过革命来根治中国传统政治模式里存在的痼疾,在制度建设与政治实践中做到"抑官吏伸齐民"与"抑富强,振贫弱"。① 这一观点的潜台词就是,纵观中国历史上的官民关系,虽然按照儒家民本思想,官有保民、牧民之责,但现实往往呈现为官处强势一方,民处弱势一方。在强弱对比下,官自然有许多机会来压迫、剥削民,而在中国传统政治结构里,除了揭竿起义,民却罕有制裁、惩处官的机会。

在1906年东京留学生欢迎会上的演讲中,章太炎强调要"用国粹激动种性,增进爱国的热肠"。他此处所谓"国粹",主要指中国历史,包括语言文字、典章制度、人物事迹三项内容。关于典章制度,他认为"我个〔们〕中国政治,总是君权专制,本没有甚么可贵",但"官制为甚么要这样建置?州郡为甚么要这样分划",以及"赋税为甚么要这样征调",需要仔细研究,为将来的制度建设提供历史借鉴。他的这些观点,很容易被理解为承认中国古代政治的历史合理性。从重视历史流变的角度来看,了解中国古代政治制度与政治实践,自然有助于全面分析中国的基本状况,并在此基础上思考政治建设的要点。不过在章太炎看来,衡量中国古代政治制度优劣的标准是很明确的,即是否"合于社会主义"。② 他强调:

---

① 章太炎:《代议然否论》,载《章太炎全集》第4册,第307、308页。
② 章太炎:《东京留学生欢迎会演说辞》,载汤志钧编:《章太炎政论选集》,第272、277—278页。

> 我们今日崇拜中国的典章制度,只是崇拜我的社会主义。那不好的,虽要改良;那好的,必定应该顶礼膜拜,这又是感情上所必要的。①

当然,章太炎这里讲的"社会主义",主要指的是一种公平、平等、能照顾到普通民众利益的政治原则。在他看来,科举制颇有符合"社会主义"之处:

> 为甚隋、唐以后,只用科举,不用学校?因为隋、唐以后,书籍渐多,必不能像两汉的简单。若要入学购置书籍,必得要无数金钱。又且功课繁多,那做工营农的事,只可阁〔搁〕起一边,不能像两汉的人,可以带经而锄的。唯有律赋诗文,只要花费一二两的纹银,就把程墨可以统统买到,随口咿唔,就像唱曲一般,这做工营农的事,也还可以并行不悖,必得如此,贫人才有做官的希望。若不如此,求学入官,不能不专让富人,贫民是沉沦海底,永无参预政权的日了。②

在这里,章太炎与其说在为科举制辩护(清廷于 1905 年废除科举制),不如说是在借分析科举制的历史意义来强调让平民百姓有机会参与政权的重要性。在他看来,只有富人才有条件"求学入官",而"贫民是沉沦海底",是一种非常恶劣的现象,这样政权将长期被

---

① 章太炎:《东京留学生欢迎会演说辞》,载汤志钧编:《章太炎政论选集》,第 278—279 页。
② 章太炎:《东京留学生欢迎会演说辞》,载汤志钧编:《章太炎政论选集》,第 278 页。

有权有钱的人把持,导致社会流动停滞。科举制虽非尽善尽美,但至少在一定程度上遏制了这种现象。这一立场,其实也贯穿于章太炎对中国历代典章制度的评价之中。①

章太炎注重挖掘中国传统政治中的"社会主义"潜流,并不代表他无视后者的各种弊病。出仕为官是传统社会里读书人实现地位提升的最主要渠道,故而催生了热衷功名利禄、对权力既膜拜又畏惧的心理。特别是汉武帝以降,历代帝王尊奉儒学为官学,致使熟悉儒家经典的读书人常怀借学术以博利禄之心,以获取官位为人生重要目标。而实现了这一目标,自然便可在身份上高于平民,并拥有许多剥削、欺压后者的机会。章太炎非议孔子,除了基于现实考量,上述情状乃其重要缘由。他指出:

> 孔教最大的污点,是使人不脱富贵利禄的思想。自汉武帝专尊孔教以后,这热衷于富贵利禄的人,总是日多一日。②
> 用儒家之道德,故艰苦卓厉者绝无,而冒没奔竞者皆是。俗谚有云:"书中自有千钟粟。"此儒家必至之弊。贯于征辟、科举、学校之世,而无乎不遍者也。③

儒家的这些弊病,是在中国传统政治里体现出来的。换言之,要想深入剖析这些弊病,必须将批判的视野聚焦于中国传统政治之中。

---

① 参见王锐:《自国自心:章太炎与中国传统思想的更生》,北京:商务印书馆,2019年,第215—227页。
② 章太炎:《东京留学生欢迎会演说辞》,载汤志钧编:《章太炎政论选集》,第272—273页。
③ 章太炎:《诸子学略说》,载汤志钧编:《章太炎政论选集》,第291页。

对革命者而言,能否不被这些弊病沾染,能否让革命之后的政权降低这些弊病出现的概率,是一个关乎革命生死存亡的大问题。

在清末的革命党中,不少人希望通过"借权"的方式来进行革命。所谓"借权",即让革命党人加入清政府,通过担任官职来获得权力,并运用这一权力在统治集团内部培养革命力量,或者劝说掌握更大权力的官员同情革命,这样一旦革命爆发,便于从内部瓦解清王朝统治。与之相似,一些革命者还希望和那些高官的子弟建立起熟络的关系,让后者认同革命,为革命出力,造自己父兄辈的反。

在章太炎看来,这些想法的缺点在于只考虑到如何提高革命成功的概率,却模糊了革命的任务、削弱了革命对旧政权的冲击。他强调:

> 且看从古革命历史,凡从草茅崛起的,所用都是朴实勤廉的人士,就把前代弊政一扫而尽;若是强藩内侵,权臣受禅,政治总与前朝一样,全无改革。因为帝王虽换,官吏依然不换,前代腐败贪污的风俗,流传下来,再也不能打扫。像现在官场情景是微虫霉菌,到处流毒,不是平民革命,怎么辟得这些瘴气。①

在《秦政记》中,章太炎从中国政治史的角度再次谈及这一观点:

---

① 章太炎:《民报一周年纪念会演说辞》,载汤志钧编:《章太炎政论选集》,第330页。

"恢廓民权"与"抑官吏伸齐民"——章太炎政治思想表微

> 建国之主,非起于草茅,必拔于缙绅也。拔于缙绅者,贵族姓而好等制;起于草茅者,其法无等……①

近代的革命固然不同于中国古代的王朝更替,但中国古代的王朝更替,可为思考革命任务提供历史参考。章太炎的思考逻辑是,如果王朝更替是通过朝堂权贵之间的宫廷阴谋来完成的,那么新王朝为了犒劳、拉拢在政治斗争中与自己站在一起的权贵豪强,必然会赋予其极高的地位与广泛的特权。而旧王朝业已存在的弊端也就很难通过王朝更替来解决。这一历史现象给予近代革命的启示在于,革命是要推翻帝制,建立共和政体的,除了显而易见的政权形式变化,更要在革命的过程中彻底清除帝制时代遗留下来的不良政治风气,以及滋生这些不良政治风气的政治制度与政治团体。假如革命之后,"官吏依然不换",那么"前代腐败贪污的风俗"也会在新政权里继续存在、蔓延。如果革命的巨大冲击力都不能将之清除,在革命之后恐怕就更难以清除,甚至会以新的形式将其固定下来。而要想将之彻底清除,在章太炎看来,就必须进行"平民革命",让广大民众参与到革命运动之中,使他们成为革命的中坚力量。毕竟只有深受各级官吏压迫的民众才最清楚官僚集团如何令人憎恶,才最渴望通过革命将其推翻。此乃"抑官吏伸齐民"的应有之义。在《革命道德说》中,章太炎认为在不良的政治风气熏染下,"知识愈进,权位愈申,则离于道德也愈远"。所以无论是"京朝官""方面官",还是"差除官",其道德水准皆不堪闻问。

---

① 章太炎:《秦政记》,载《章太炎全集》第4册,第72页。

与之形成鲜明对比的是,"农人于道德为最高",工人"其强毅不屈,亦与农人无异"。① 在这里,章太炎以职业为标准来区分不同群体的道德,无疑是简单甚至粗陋的,但其中透露的,是他希望通过革命来涤荡被清廷统治集团败坏的政治环境,强调处于社会底层的农民与工人投身革命的必要性,因为他们的道德水准要远高于统治阶级。所以,只有让他们也参与到革命运动中来,"平民革命"才显得名副其实。

章太炎之所以主张"平民革命",是因为在他看来旧政权的官吏很可能改头换面,继续存在于新政权之中。具体到清末的历史语境,当章太炎主持革命党机关报《民报》时,清政府的预备立宪正在如火如荼地进行。由不同派别组成的立宪团体各自铆足劲,想方设法在预备立宪运动中凸显自己的地位,扩大自己的影响。这些团体或是积极在自己控制的报刊上发声,或是通过各种关系打点清廷大员,或是向一般绅民宣讲,一时之间,影响不容小觑。②

出于革命立场,章太炎自然要批评立宪派的立场与主张。他思考的重点与他对政治特权集团的批判一脉相承。在《箴新党论》中,他指出:

> 是中国士民流转之性为多,而执箸之性恒少,本无所谓顽固党者,特以边陬之地,期月之时,见闻不周,则不能无所拘

---

① 参见章太炎:《革命道德说》,载《章太炎全集》第4册,第280、281、282—283页。
② 参见张朋园:《立宪派与辛亥革命》,第22—51页。金冲及、胡绳武:《辛亥革命史稿》第2卷《中国同盟会》,上海:上海辞书出版社,2011年,第627—642页。

滞,渐久渐通,彼顽固者又流转而为新党。①

人们常说,清末立宪派及其支持者具有近代资本主义政党的雏形。而放眼世界近代史,政党的出现往往与阶级状况的变化相关。政党尤为重视自己的"代表性",即着眼于分析在具体的社会结构中,自己的"基本盘"在哪里,制定符合自己代表阶级的政策主张。政党之间的博弈,往往体现了社会上的阶级斗争。② 因此,不少论者比较注重替清末的立宪派寻找其阶级基础,尤其是分析它与民族资产阶级之间的关系。然依章太炎之见,形形色色的立宪团体——"新党",之所以要以"新"的面目示人,或许并非由于彼辈代表了因社会结构变化而出现的新的经济力量,而是其"流转之性"使然,即发现某些新的学说与主张更有影响、更有助于让自己从中获利,便轻而易举地转变自己的立场,由"旧"变为"新"。

章太炎在《箴新党论》里描绘了彼时统治集团中不同群体与派别的关系网络。他认为:"彼党人之所以自相援助,传之自旧,虽昌言维新而不废者,亦有四事。"虽然立宪派的主张较之往日官吏确实是新的,但他们的活动特征与旧时官场中盛行的为官之道一脉相承,高度依赖师生、年谊、姻戚、同乡四种关系。只要对明清以降

---

① 章太炎:《箴新党论》,载《章太炎全集》第 4 册,第 287—288 页。
② 基佐就认为:"现代欧洲就是从社会各阶级的斗争中诞生的。"这种斗争将"各主要阶级之间相互斗争和让步的交替进行的必要性、相异的利益和追求、有征服之心而无独霸之力等等因素交织在一起,产生了欧洲文明发展中最强劲和丰富的动力"。近代欧洲的民主政治,就是这种斗争的产物。参见[法]基佐:《欧洲文明史》,程洪逵、沅芷译,北京:商务印书馆,2005 年,第 142 页。马克思则强调,自己的阶级斗争学说受到基佐的启发。

的政治史稍有了解，就会明白这四种关系在官场中能起到怎样的重要作用，不同政治派系的形成往往也肇始于这四种关系。因此，在章太炎看来，清朝官场已经腐败堕落至极，身处其中的人，即便使用的话语发生了变化，其行为特征与价值取向也很难再发生变化。此即"其议论则从新，其染污则犹旧"。① 而从辛亥革命之后的政局演变，以及章太炎身处其中的命运来看，他在清末的这些观察是很有见地的。②

章太炎在清末曾撰《五无论》，其中明言："今之人不敢为遁天之民，随顺有边，则不得不有国家，亦不得不有政府。"③既然要建立政府，那么"凡政体稍优者，特能拥护吏民，为之兴利，愈于专制所为耳。然其官僚，犹顽顿无廉耻，非是，则弗能被任用"。④ 既然官僚集团在任何政权中都具有为一己之私牟利的倾向，那么制定良法，制约官僚集团，保护民众利益，就显得尤为重要。章太炎对清政府的刑律改革是不满意的。他指出：

> 故知古之为法，急于佐百姓；今之为法，急于优全士大夫。托其名曰重廉耻，尊其文曰存纪纲。不悟廉耻方颓于此，纪纲亦坏于此。⑤

因此，理想的法律应"急于佐百姓"，而非"急于优全士大夫"，这是

---

① 章太炎：《箴新党论》，载《章太炎全集》第4册，第293、292页。
② 参见王锐：《革命儒生：章太炎传》，第191—200页。
③ 章太炎：《五无论》，载《章太炎全集》第4册，第429页。
④ 章太炎：《官制索隐》，载《章太炎全集》第4册，第87页。
⑤ 章太炎：《五朝法律索隐》，载《章太炎全集》第4册，第83页。

在立法层面做到"抑官吏伸齐民"的关键。前文提到,章太炎在制度设计中非常强调立法权的重要性,认为其地位应与行政权相当。而关于法律的制定,他主张:

> 凡制法律不自政府定之,不自豪右定之,令明习法律者与通达历史周知民间利病之士,参伍定之,所以塞附上附下之渐也。法律既定,总统无得改,百官有司毋得违越。①

章太炎的本意是想杜绝官僚集团与豪强劣绅干预立法,以免这些人的特权被以法权的形式确立下来。因此他希望能让"明习法律者与通达历史周知民间利病之士"来参与其事,这样就能使制定出来的法律更加公平。但这里恰恰体现了章太炎相关思考的一个明显疏失。他认为古之"法吏"常能体恤民隐、为民申冤,著名法家人物如商鞅者,更是具有不畏权贵的政治家风范。此外,他强调真正的革命者应汲取佛学思想,培养不为功名利禄动心、不惧艰难险阻的勇猛无畏的"无我"精神。或许他认为参与立法的"明习法律者与通达历史周知民间利病之士"也自然而然地具备了这些素质。但现实更有可能是,明习法律、通达历史和具备这些素质之间并无必然联系,而"周知民间利病之士"是否真的周知、谁来判定其是否周知,也属未可知之域。辛亥革命之后,章太炎认为新政权应"先综核后统一",任用那些具有行政经验、知晓国情民情的人来担任各级官吏,保证政策合理、政令贯通。② 放眼当时的中国,他觉得

---

① 章太炎:《代议然否论》,载《章太炎全集》第4册,第306页。
② 参见章太炎:《先综核后统一论》,载汤志钧编:《章太炎政论选集》,第550—552页。

清廷旧官吏更符合这些要求。于是他不但建议新政权聘请这些人担任政府顾问,以备咨询,而且自己还颇为积极地与张謇、程德全等立宪派人士组织政治团体,调和各方利益。其"平民革命"论自然也就被搁置了起来。结果是,新政权固然留用了大量清廷旧官吏,可吏治非但未见改进,反而更为败坏。① 章太炎自己也屡次被立宪派与旧官吏利用,当后者觉得他不再有利用价值后,便弃如敝屣。究其缘由,章太炎似乎过于关注各级官吏是否"周知民间利病",却忽视了分辨这种"周知",到底是为民谋利,还是为己谋私。毕竟,熟悉帝制时代官场里的游戏规则,利用这种规则使自己立于左右逢源之地,进而借权牟利,难道不也是一种"周知民间利病"吗?②

此外,在清末章太炎的视野里,思考政治问题时,已经不能无视资本主义要素在中国的出现。③ 马克思与恩格斯在《共产党宣言》里强调:"无产阶级将利用自己的政治统治,一步一步地夺取资产阶级的全部资本,把一切生产工具集中在国家即组织成为统治

---

① 参见桑兵:《接收清朝与组建民国(下)》,《近代史研究》2014年第2期,第29—43页。
② 这里体现了章太炎政治思想的一个颇显矛盾之处。一方面,他认为在清廷统治下,政治风气极为败坏,以至于身处其中者很难不近墨者黑。另一方面,面对辛亥革命之后的局面,他又感到清廷旧官吏是当时中国最具行政能力与政治经验的群体之一,因此主张让彼辈成为新政权的一分子。说到底,这是由于章太炎虽然在清末强调"平民革命"的重要性,但在现实的政治环境面前,还是对广大平民充满不信任,不相信着民主政治的实践,他们也能具备行政经验与政治能力。而之所以有这样的不信任,说到底还是由于章太炎并不清楚如何与广大平民建立起政治联系,如何激活后者的政治能量。
③ 参见[日]原岛春雄:《章太炎的学术与革命——从"哀"至"寂寞"》,谢跃译,《杭州师范大学学报(社会科学版)》2021年第4期,第47页。

阶级的无产阶级手里,并且尽可能快地增加生产力的总量。"①虽然之后的国际共产主义运动里出现过不同的流派,但主张将主要的生产资料与生产工具公有化,基本上是各派的共同特征。在明治时代的日本,社会主义者们同样持此观点。如幸德秋水在著名的《社会主义神髓》里强调:"如果要真正使社会产业不是为个人利益,而是满足整个社会的消费,不是为市场交易,而是满足整个社会需要,其经营就绝不能委托于私人,而必须实行公营。""社会主义的首要目的,固然在于由国家掌握财富的生产和分配。"②受此思潮影响,章太炎认为要想在革命之后做到"抑富强,振贫弱",也须采取相似的措施。他主张:

　　官设工场,辜较其所成之直四分之以为饩稟,使役佣于商人者,穷则有所归也。③
　　官立工场,使佣人得分赢利。④

可见,与后来国民党政权里一些人为了提高生产效率而宣扬"统制经济"不同,章太炎主要的立足点是希望通过公有化来保障工人的利益。不过,从历史的后见之明来看,要想实现这个目标,首先要确保国家政权的性质以保障平民利益为职志,其次要避免由国家建立的工厂里的管理者沦为新的特权阶层。可以说,这些问题大

---

① 马克思、恩格斯:《共产党宣言》,北京:人民出版社,1997年,第48页。
② [日]幸德秋水:《社会主义神髓》,马采译,北京:商务印书馆,1985年,第24、44页。
③ 章太炎:《代议然否论》,载《章太炎全集》第4册,第307—308页。
④ 章太炎:《五无论》,载《章太炎全集》第4册,第430页。

31

概已经超出章太炎在那个时代的认识了。不过基于对中国历史的熟悉,他还是提出了与这些问题相关的思考:

> 诚欲求治,非不在综核名实也。然观贞观、开元之政,综核之严,止于廉问官吏,于民则不为繁苛。夫惩刱贪墨,纠治奸欺,宁非切要可行之政哉?要之,民所上于有司者,一丝一粟,有司悉以归之左藏,而监守自盗者必诛,挪移假借者必戮,是在今日亦足以救弊扶衰。①

章太炎的这些主张自然是很有针对性的,可要想在复杂的政治经济形势中实践,恐怕并非易事。辛亥革命之后,章太炎目睹了旧政权的官僚继续在新政权里结党营私、争权夺利。而在南京国民政府成立之后,时人眼里的"新官僚"又粉墨登场,"官僚资本主义"也成为20世纪30年代以降的政论时评中经常看到的概念。对这些新现象,章太炎当年的那些思考虽能予人启发,但恐怕已很难完整描述并剖析。欲明其特征,王亚南《中国官僚政治研究》中的《新旧官僚政治的推移与转化》《新官僚政治的成长》两篇文章,以及《中国经济原论》中对中国资本形态、中国工资形态与中国地租形态的研究,或许更有参考价值。② 而将这些论著与章太炎在清末的相关论著结合起来分析,则愈知近代以来中国革命知识分子对中国政

---

① 章太炎:《记政闻社员大会破坏状》,载《章太炎全集》第4册,第378页。
② 参见王亚南:《中国官僚政治研究》,北京:中国社会科学出版社,1981年,第168—188页;王亚南:《中国经济原论》,北京:生活·读书·新知三联书店,2012年,第153—218、267—315、317—371页。

治问题的解析与批判,其遗产着实值得珍视。

四、余论

鲁迅说:"我以为先生(引按:章太炎)的业绩,留在革命史上的,实在比在学术史上还要大。"[1]章太炎在革命史上地位显赫,不仅因为他撰写了那些影响极大的战斗文章,恐怕也离不开他对当时中国政治、社会与经济矛盾的深入思考。他向往着通过革命来"恢廓民权""抑官吏伸齐民"。在革命阵营里,相较于《民报》的其他作者,章太炎的不少观点更贴合中国的历史与现实,并且富于学理、极具深度。而如果将清末的同盟会与后来的国民党联系起来考察的话,就会发现在理论与宣传上,章太炎之后,基本上再也没有能与之相媲美的人。朱执信的不少文章颇有时代感与针对性,但不幸未到不惑之年就死于非命。戴季陶将三民主义儒学化,虽然符合蒋介石集团的胃口,却使三民主义丧失了批判色彩与理论活力。陶希圣在中国社会史论战中一度提出不少极具启发性的观点,可之后却日渐平庸,直至替蒋介石代笔撰写观点上左支右绌的《中国之命运》。学而优则仕的蒋廷黻虽然明晰国际大势,擅长分析世界政治,但却借助写历史的方式强调近代中国困境的解决主要有赖于时代进程,将蒋介石作为不二人选推举出来。而抗战时期极力向国民党政权靠拢的冯友兰、贺麟、钱穆等人,虽在具体领

---

[1] 鲁迅:《关于太炎先生二三事》,载王世家、止庵编:《鲁迅著译编年全集》第20册,北京:人民出版社,2009年,第284页。

域颇有建树,但一谈起政治与经济问题,要么显得食古不化,要么强行辩解的色彩太浓,要么流于高谈玄理而漠视现实。至于长期以"诤臣"自居的傅斯年,其最振聋发聩之声大概属 1947 年对孔、宋二家"豪门资本"的批判,但他期望的结果恰恰是蒋介石不愿也不能做到的。

之所以如此,与其说是以上诸人的学养与见识问题,不如说是曾经的革命党自身变质使然。① 1928 年,目睹国民革命运动的终结,鲁迅撰文指出:

> 革命被头挂退的事是很少有的,革命的完结,大概只由于投机者的潜入。也就是内里蛀空。这并非指赤化,任何主义的革命都如此。但不是正因为黑暗,正因为没有出路,所以要革命的么?倘必须前面贴着"光明"和"出路"的包票,这才雄赳赳地去革命,那就不但不是革命者,简直连投机家都不如了。②

同年,政治学家张慰慈也撰文分析世界近代史上的革命,指出革命后难以形成新气象的原因之一在于旧势力纷纷混入新政权:

> 还有一种现象,我们也可从别国从前的革命看出来的,就

---

① 关于国民党政权的相关史事,参见王奇生:《党员、党权与党争:1924—1949 年中国国民党的组织形态》,北京:华文出版社,2010 年。
② 鲁迅:《铲共大观》,载王世家、止庵编:《鲁迅著译编年全集》第 9 册,北京:人民出版社,2009 年,第 201—202 页。

是一切旧时的军阀政客官僚的影子虽在命革〔革命〕时都打倒了,可是他们的正身却都混入到新政府,为新政府服务了。此外,还有一般投机分子也都混入了新政府的官吏阶级之内了。所谓投机分子就是那班没有政治信仰的,只想在政治中混名混利的人物。在当初革命的趋势尚未确定时,他们是不加可否,立于旁观的地位;到了革命的胜利有十二分把握时候,他们对于革命的主义比之革命党人物还要热心。他们加入了革命党,他们说出来的话都是革命党的口气。他们出席于各种各样的会议,用尽种种方法抬高他们在党内的地位。他们是有能耐的,又是自私自利的人物,所以很容易在新政府内占据最高的地位,使新政府的声名扫地。①

如果说章太炎在清末关于革命问题的思考,堪称 20 世纪中国革命进程中的"凤鸣之声",那么鲁迅与张慰慈在国民革命运动终结之后的观察,则属于革命"退潮"时的"变风变雅"。而从鲁迅等人观察到的现象出发,回看章太炎先前设想的革命建设要旨,或许更能凸显其不可磨灭的思想价值。

---

① 张慰慈:《革命》,载李源编:《中国近代思想家文库·张慰慈卷》,北京:中国人民大学出版社,2015 年,第 387 页。

章太炎与曾国藩形象在近代的翻转——兼谈范文澜的曾国藩论

自定鼎中原以来,清廷奉程朱理学为官学,大力提拔理学之士,康熙朝更是理学名臣辈出。虽然清中叶以降,汉学兴起,于理学多有抨击,主持《四库全书》的纪昀也从中推波助澜,但程朱理学的官学地位却未受到动摇,反而随着《圣谕广训》的推广与地方士绅阶层的反复宣讲,成为民间社会奉行的伦理准则[①]。道光朝以降,伴随政治与社会危机日趋明显,宗尚考据、不务致用的汉学末流开始受到较为广泛的质疑,"汉宋兼采"之说日趋流行。与此同时,唐鉴、倭仁等理学之士于朝堂上主持清议,俨然成为一股不容忽视的学术势力。在此背景下,当太平天国运动声势渐广之时,与倭仁、唐鉴往来密切的曾国藩以士人身份创办团练,与太平军交战数载,最终取得胜利。这让曾国藩成为当时难得一见的挽救清王

[①] 周振鹤撰集:《圣谕广训:集解与研究》,上海:上海书店出版社,2006年。

章太炎与曾国藩形象在近代的翻转——兼谈范文澜的曾国藩论

朝危局的身兼理学与事功之名臣。加之他重视修身,忠心事主,广揽人才,勤于著述,随着出自其幕府中的人物逐渐成为晚清政学两界的要角,曾国藩的形象越来越正面而完美,成为不少士人修身与经世的榜样①。虽然时人对湘军之滥杀与曾国藩之好名颇有微词,但这仍难以动摇曾国藩在时人眼中的重要地位。在某种程度上,清廷在文化领域的合法性需要曾国藩的形象来维系。

正当曾国藩的形象在晚清士阶层中间越来越正面之时,中国大地上发生了一系列政治变局。甲午战争之后,孙中山等人开始在南方鼓吹革命。不过,当革命势力初生之际,在不少士人眼中,孙中山与游民、会党者流没什么区别。毕竟,甲午战争后的第一代革命党人,既无科举功名,又非名宦出身,不属于当时社会结构里的精英阶层。这种情况基本上直至1900年章太炎在上海公开主张革命方有改变。章太炎从小受到较为完整的传统学术训练,后肄业于晚清大儒俞樾主持的诂经精舍之中,之后受聘至士人圈里广泛关注的时务报馆担任主笔。章太炎的经学与小学研究得到俞樾、谭献等人的赏识,俞樾甚至颇为积极地推荐他到晚清重臣瞿鸿禨处供职②。之后章太炎在时务报馆中与康有为门生因经学主张歧异而发生冲突,在陈衍的推荐下,另一位晚清重臣张之洞邀请章太炎赴武汉入其幕府。可以说,章太炎很早就得到了晚清士林诸多名流的认可,被视为继承江浙朴学传统、具有维新思想的青年才

---

① 关于曾国藩幕府的概况及其影响,参见尚小明:《学人游幕与清代学术》,北京大学历史系博士学位论文,1997年,第142—154页。
② 俞樾:《致瞿鸿禨》,载张燕婴整理:《俞樾函札辑证》上册,南京:凤凰出版社,2014年,第291、293页。

俊。像他这样身份的人毅然投身革命运动，对改变革命党在士阶层眼中的形象起到极大作用，并且使革命党中多了一位具有扎实学术功底的理论家与宣传家。

章太炎自言："自从甲午以后，略看东西各国的书籍，才有学理收拾进来。"①1900年前后，他的政治思想主要受到由明治时代日本学者译介的近代西方社会科学理论与世界近代史著作的影响，通过明晰世界大势，进而分析中国政局。庚子事变后，他目睹八国联军侵华、慈禧等人仓皇出逃，感到清政府不足以让中国抵御列强的侵略，没能力解决中国社会的各种矛盾，于是对之彻底绝望，立志推翻清政府，让中国摆脱第一次鸦片战争以来的民族危机②。但在宣传层面，章太炎深谙当时士阶层的心理，需要运用传统的语言与价值观念来向彼辈陈说清廷如何恶劣。因此，章太炎一方面极力表彰晚明遗老的学说与行事，强调他们的反清之志历数百年而犹存，借明清之际的史事来激发人们的反清之念，并指出清代汉学宗尚考据，原因之一便是继承顾炎武等人的遗愿，不愿出仕"伪廷"，甘以"学隐"自居；另一方面，则揭露清廷的政治与经济政策以控制、剥削广大民众为目的，所谓惠民之政多有名无实。与此同时，他极力批判那些与清廷合作的理学名臣，认为彼辈学术上无足观，立身行事多污迹。其中，曾国藩自然是他特别关注的对象。而在这背后，还牵涉章太炎如何理解程朱理学，以及反清革命的性质

---

① 章太炎：《在东京留学生欢迎会上之演讲》，载章念驰编：《章太炎演讲集》，上海：上海人民出版社，2011年，第1页。
② 关于这个问题，笔者曾在不少研究章太炎的论著里从不同角度予以分析，为避免重复陈言，于此处不再展开详论。

与意义。而这样的政治叙事与历史叙事,以一种颇为隐晦的方式影响着另一场革命运动的重要理论家,同时也是章太炎再传弟子的范文澜,从中可窥见20世纪中国政治与学术流变过程中一些不容忽视的面向。

一、革命论视域下的曾国藩

收录于重订本《訄书》的《清儒》是章太炎分析清代学术流变的代表作。他在其中极力表彰清代汉学的重要意义,特别是清代汉学家的治学之道,"夷六艺于古史",使人们可借助其成果来研究"上世社会污隆之迹",既能"明进化",又能"审因革"。① 而对于清代理学,章太炎则认为"竭而无余华",即缺少创获。② 在收于该书的《别录乙》中,章太炎剖析魏裔介、汤斌、李光地等宗尚理学之士在清廷的沉浮,着重刻画他们早已忘却儒家的夷夏之辨,千方百计取媚清朝皇帝,其行为常流于虚伪。清朝皇帝虽然对此心知肚明,却经常利用他们来标榜自己尊崇孔孟之道。所以康熙尝言:"知光地(李光地)者莫若朕,知朕者亦莫若光地。"对此,章太炎评价,同样是道学家,但"宋明诸儒多迂介,而清儒多权谲"③。

对于曾国藩,章太炎亦从这个角度来进行评价。在《杂志》中,

---

① 章太炎:《訄书(重订本)·清儒》,载《章太炎全集》第3册,上海:上海人民出版社,2018年,第158页。
② 章太炎:《訄书(重订本)·清儒》,载《章太炎全集》第3册,第154页。
③ 章太炎:《訄书(重订本)·别录乙》,载《章太炎全集》第3册,第349页。

他指出:

> 曾国藩者,誉之则为"圣相",谳之则为"元凶"。要其天资,亟功名善变人也。始在翰林,艳举声律书法,以歆诸弟。稍游诸公名卿间,而慕声誉,沾沾以文辞蔽道真。金陵之举,功成于历试,亦有群率张其羽翮,非深根宁极,举而措之为事业也。所志不过封彻侯,图紫光。既振旅,未尝建言持国家安危,诚笃于清室之宗稷者邪? 方诸唐世王铎、郑畋之伦……死三十年,其孙广钧曰:"吾祖民贼。"悲夫! 虽孝子慈孙,百世不能改也。①

在这里,章太炎认为曾国藩有以下几个特点:首先,学无定向,投机取巧,渴望声誉,根据不同的需求来改变自己的学术倾向;其次,他的所谓不世之功,很大程度上是靠湘军诸将领长期征伐来实现的,本人并无多大贡献,所谓一将功成万骨枯是也;最后,他醉心功名,十分希望得到清廷的认可,因此热衷于借军功来换取高官厚禄,对国家安危却无所建树,章太炎将其比作唐末镇压黄巢起义的高官王铎与郑畋,其意便是强调曾国藩虽然颇为积极地支持清政府镇压太平天国起义,但依然不能挽救清朝的衰亡,就像王铎与郑畋二人不能阻止唐王朝的覆亡一样。在戊戌变法期间,章太炎曾与曾国藩的孙子曾广铨合作翻译了英国社会学家斯宾塞的文集,二人关系颇为紧密。所以在这里,章太炎或许是为了增加其立论依据,

---

① 章太炎:《訄书(重订本)·杂志》,载《章太炎全集》第3册,第339页。

遂借用曾国藩的另一位孙子曾广钧"大义灭亲"式的评价,指出曾国藩实为"民贼"。① 当然,章太炎认为曾国藩醉心功名、渴望声誉,其实也与他当时对儒家弊病的批判息息相关。他说:"孔教最大的污点,是使人不脱富贵利禄的思想。自汉武帝专尊孔教以后,这热衷于富贵利禄的人,总是日多一日。"②"用儒家之道德,故艰苦卓厉者绝无,而冒没奔竞者皆是。"③曾国藩既然被世人称颂为今之大儒,那么也难逃儒家所固有的这些毛病。

在贬低曾国藩的同时,章太炎高度评价太平天国起义。1906年,他为黄世仲编写的《洪秀全演义》作序,认为"微洪王,则三才毁而九法斁"。在章太炎看来,"洪王起于三七之际,建旗金田,入定南都,握图籍十二年,旃旗所至,执讯获丑,十有六省,功虽不就,亦雁行于明祖。其时朝政虽粗略未具,而人物方略,多可观者"。④ 在革命党中,平民出身的孙中山曾回忆从小在家乡听闻过不少太平军的事迹,因此在他的革命话语里,太平天国有着颇为重要的地位,被视为推翻清廷统治的先驱。可是章太炎的情况却不一样。他出身于江浙士绅家庭,虽然其祖父章鉴曾担任太平天国基层政权的乡官,但毕竟整个江浙士绅阶层大体上很少正面评价太平天

---

① 章太炎这样的处理方式,引起曾家后人很大的反感。据李肖聃记述,曾广钧对章太炎在重订本《訄书》里的这番话十分不满,为此曾严厉斥责章氏,使后者在《检论》中,用指向模糊的"家人"替代了曾广钧。李肖聃也认为,章太炎此举,"不直辱其先祖,亦且诋其子孙矣",颇不足取。参见李肖聃:《星庐笔记》,载喻岳衡点校:《李肖聃集》,长沙:岳麓书社,2008年,第503页。
② 章太炎:《东京留学生欢迎会演说辞》,载汤志钧编:《章太炎政论选集》上册,北京:中华书局,1977年,第272—273页。
③ 章太炎:《诸子学略说》,载汤志钧编:《章太炎政论选集》上册,第291页。
④ 章太炎:《〈洪秀全演义〉序》,载《章太炎全集》第10册,第262页。

国,特别是曾国藩还是章太炎之师俞樾的座师,因此章太炎这样评价洪秀全,在当时的士绅阶层里堪称异类,也凸显他的革命立场何其坚定。而依据章太炎对洪秀全的评价,亦可理解他为何如此贬低曾国藩。

在革命阵营里,章太炎认为刘师培是自己难得的学术知己。和章太炎一样,出身于经学世家的刘师培也比较重视通过评价清代学术与政治来唤起人们的革命之志。因此,透过刘师培的相关言说,可以进一步看到章太炎观点的意义。在发表于1906年的《清儒得失论》中,刘师培从立身行事与政治立场的角度分析清代学术流变,表彰那些不与清廷合作的笃行之士,批判那些借学术以干禄的热衷之辈。关于曾国藩,刘师培指出:"曾国藩从倭仁游,与吴、潘、邵、朱友善。又虑祁门诸客,学出己上,乃杂治汉学,嗣为清廷建伟勋。"[1]在他的笔下,曾国藩亦为善于投机之徒。因此,其学术旨趣无非投清廷所好而已。刘师培认为,在清代,"校勘、金石,足以备公卿之役,而不足以博公卿之欢;词章、书翰,足以博公卿之欢,而不足以耸公卿之听;经世之学,可以耸公卿之听,而不足以得帝王之尊。欲得帝王之尊,必先伪托宋学以自固",所以,"治宋学者,上之可以备公辅,下之可以得崇衔"。[2] 通过对以曾国藩为代表的清代宗尚程朱之士的指摘,刘师培从学术上否定了清朝的文化正统性。毕竟,彼时真正学有心得、行有所止之"君子儒",多自晦行迹,不与清廷合作。他们的苦心孤诣,唯有今之革命党方能光大

---

[1] 刘师培:《清儒得失论》,载《仪征刘申叔先生遗书》第11册,扬州:广陵书社,2014年,第4649页。
[2] 刘师培:《清儒得失论》,载《仪征刘申叔先生遗书》第11册,第4651页。

并实践。① 总之,在章太炎与刘师培那里,革命党不再是绿林草莽形象,而成为清代"君子儒"在政治上的继承者。清代汉学除了其学术上不可磨灭的地位,更有传承源自明清之际诸大儒的革命思想之功绩。

进一步而言,为了更好地明晰章太炎的这些思想特点,或许可以拿他在清末的主要论战对手梁启超来作比较。章太炎的重订本《訄书》初版于 1904 年。当时,梁启超也在《新民丛报》上陆续发表名震一时的《新民说》。1903 年梁启超赴美游历参观,这给了他一个近距离观察资本主义政治与经济体制的机会。在美国,他看到了作为垄断资本主义产物的托拉斯想方设法剥削工人、挤压中小企业,也看到了美国政党政治中贿赂公行、劣币淘汰良币的弊病,这让他开始反思近代资本主义是否真如想象中那般美好。更为重要的是,梁启超在美国的唐人街看到当地华侨极度缺乏组织能力,如散沙一般,彼此间很难团结在一起,显得政治能力十分低下。② 这些观察让梁启超颇为困惑,开始反思是否应该在中国宣传资本主义民主,自此他转而宣扬"开明专制",认为在中国民众政治素质得到提高之前,需借此法维持局面。③ 与之相关的,就是梁启超放弃了先前一度颇为同情革命的态度,认为革命党的宣传是有破坏而无建设,会刺激那些无道德之人趁乱生事。

---

① 章太炎:《訄书(重订本)·学隐》,载《章太炎全集》第 3 册,第 160—161 页;刘师培:《清儒得失论》,载《仪征刘申叔先生遗书》第 11 册,第 4653 页。
② 梁启超:《新大陆游记节录》,载吴松等点校《饮冰室文集点校》第 3 册,昆明:云南教育出版社,2001 年,第 1843—1856、1900—1911 页。
③ 梁启超:《开明专制论》,载吴松等点校《饮冰室文集点校》第 3 册,第 1408—1420 页。

因此，从美国回到日本后，梁启超发表了《论私德》，强调私德对于从事政治活动的重要性，并抨击那些大谈破坏之人缺少私德。而在他看来，要想培养良好的私德，需从儒家传统里汲取资源。其中，曾国藩十分适合作为进德修身的榜样：

> 无道德观念以相处，则两人且不能为群，而更何事之可图也……彼其事业之成，有所以自养者在也。彼其能率厉群贤以共图事业之成，有所以孚于人且善导人者在也。吾党不欲澄清天下则已，苟有此志，则吾谓曾文正集，不可不日三复也。①

正是基于这样的考虑，1905年梁启超编纂《德育鉴》。在该书末尾，梁启超以曾国藩为例，申说秉持道德以立身行事的重要性：

> 曾文正生雍、乾后，举国风习之坏几达极点，而与罗罗山诸子独能讲举世不讲之学，以道自任，卒乃排万险、冒万难以成功名，而其泽且至今未斩。今日数踔踔敦笃之士，必首屈指三湘，则曾、罗诸先辈之感化力，安可诬也？由是言之，则曾文正所谓转移习俗而陶铸一世之人者，必非不可至之业，虽当举世混浊之极点，而其效未始不可睹。②

---

① 梁启超:《新民说·论私德》，台北:文景书局，2011年，第178—179页。
② 梁启超:《德育鉴》，载彭树欣整理:《梁启超修身三书》，上海:上海人民出版社，2016年，第109页。

由于梁启超的文章在当时具有广泛的影响力,因此,他对于曾国藩的评价在很长一段时间里影响着那些读着《新民丛报》成长的政学精英。而这番评价也基本延续着曾国藩去世后士绅阶层对于他的主流看法。在这个意义上,如何评价曾国藩,也成为革命与立宪之争的组成部分。从政治文化的角度看,梁启超的主张无疑更贴近曾国藩等人所倡导的儒学形态,他的"开明专制"思想,从逻辑上看也颇与曾国藩那篇著名的《原才》观点相似,即在中国,改造社会、扭转危局,不能指望让普通民众参与其中的民主政治,而要依靠处于精英地位的"一二人之心之所向而已"。① 也正是在这个意义上,曾国藩与近代中国以各种形式表现出来的作之君、作之师的精英政治颇有亲缘关系。这样的思想脉络,也与章太炎在清末主张的"平民革命""恢廓民权""豪民庶几日微,而编户齐人得以平等"截然相反。②

二、近代国家建设视域下的曾国藩

章太炎也并非在所有论著中都对曾国藩持批评态度。1913年,他因不满袁世凯日渐专权,被后者软禁于北京。他痛定思痛,回顾辛亥革命以来的政局,思考为何革命之后的中国不能建立起良好的政治秩序。这些思考所得收录于《訄书》的第三次改订本

---

① 曾国藩:《原才》,载唐浩明编:《曾国藩诗文集》,长沙:岳麓书社,2015年,第137页。
② 章太炎:《代议然否论》,载《章太炎全集》第8册,第318页;《五无论》,载《章太炎全集》第8册,第454页。

45

《检论》之中。在《近思》中,章太炎认为虽然世人常称袁世凯有专制之心,但其实按照中国传统政治准则来看,袁世凯根本称不上有能力之人。他既不能行仁政以换取民心,也不能明刑法以整肃朝局,属于典型的德不配位。

为了证明这一点,章太炎就以曾国藩、左宗棠为例,分析他们二人如何崛起。他指出:

> 曾、左知失民不可与共危难,又自以拔起田舍,始出治戎,即数为长吏牵掣,是以所至延进耆秀,与共地治,而杀官司之威。民之得伸,自曾、左始也。平生陕迫,喜修小怨。既得志,始慕修名;渐忍性为大度,赏劳举功,未尝先姻私。位至将相,功名已盛,而国藩家人络纬堂居,不改先畴题署;宗棠身死无羡财,终身衣不过大绅,食不过一肉,时时与人围棋宴游,或具酒肴,杂以茶荈,言谈时及载籍文辞,恢啁闲之,其山泽之仪不替也。故其下吏化之,不至于奸。初政十年,吏道为清矣。①

在章太炎看来,曾国藩与左宗棠之所以能名震一时,关键在于他们生长于中国农村社会,比较了解民间疾苦,掌权之后主动采取一些有助于伸张民气、疏解民怨的举措。此外,他们在政治生涯里一直保持乡里本色,在当时的官场中显得朴实无华,乃至影响身边的人,使其在官场上有所收束。当然,从后见之明来看,章太炎所谓"民之得伸,自曾、左始"之论,置诸历史情境,略有夸张之嫌。不过

---

① 章太炎:《检论·近思》,载《章太炎全集》第3册,第643—644页。

章太炎与曾国藩形象在近代的翻转——兼谈范文澜的曾国藩论

值得注意的是,章太炎虽对曾国藩等人有所肯定,但其立意与晚清士绅阶层的普遍看法并不一致,即不从曾国藩如何恪守儒家君臣之道、学术上如何兼采汉宋等角度立论,而是认为他之所以能够身居高位,恰恰是由于保留了乡土本色,这与晚清铺张奢侈、政以贿成的风气形成鲜明对比,更是袁世凯等人所不能及的。辛亥革命前夕,章太炎发表《诛政党》一文,剖析清季各派政治势力,认为:"天下之至猥贱,莫如政客。挽近中夏民德污下,甚于晢人,故政之猥贱尤甚。"①辛亥革命后,目睹一系列政坛纷争,章太炎探其根源,指出清末政治风气已是"贿积于上,盗布于下,民怨沸腾"。② 在此背景下,曾国藩等人稍显朴实无华,略具乡土本色,已属难能可贵。

虽然章太炎面对具体政治环境常有不同的意见和主张,但在基本政治立场上,他自始至终最为明显的一点就是反对帝国主义在政治、经济、文化领域侵略中国,维护中国的领土完整与主权独立。他一度与孙中山等人关系不洽,除了光复会与同盟会之间的纠纷,就是因为他认为孙中山不断尝试借助帝国主义列强的力量来实现其政治主张是有问题的。时至20世纪20年代,他之所以主张联省自治,也是担心由北洋集团控制的中央政府会利用其职权干卖国勾当。甚至在公开发表的论著中,除了戊戌年间因不明世界大势而误作孟浪之论,认为联日有助于挽救时局,他一贯秉持批判帝国主义的立场,不像梁启超那样虽然反对帝国主义侵略,却时常对白种人的殖民世界持仰慕态度。这一点是章太炎和其他同时

---

① 汤志钧:《章太炎年谱长编(增订本)》上册,北京:中华书局,2013年,第204页。
② 章太炎:《自述学术次第》,载虞云国整理:《菿汉三言》,上海:上海书店出版社,2011年,第199页。

代大多数知识分子最为不同之处。

正是在这个意义上,章太炎不会给予曾国藩过高的评价。1925年1月,章太炎在《华国月刊》撰文,借分析秦蕙田的《五礼通考》来评价曾国藩。他认为,曾国藩曾被鸦片战争期间的主和派穆章阿提拔,所以"和戎之议,牢持于其心"。在镇压太平天国运动时,"国藩张大秦氏,卒藉戈登兵以拔苏、松,其辱国有甚于和亲者。其后郭嵩焘之徒,乃诚以桧(秦桧)为明哲,此亦未足异也"。就此而言,曾国藩实有"招戎以轶中国"之罪。总之,曾国藩虽喜读《五礼通考》,但却忘记了儒家的夷夏之辨,在西方列强面前"始终屈节"。① 为了剿灭太平军,他甚至支持英国殖民者戈登组织洋枪队,借助列强兵力来镇压农民起义。在章太炎眼里,曾国藩在西方列强面前如此软弱,而且挟洋自重,屠杀本国民众,根本不能算合格的儒者。

回到历史现场。曾国藩办团练之初即撰《讨粤匪檄》表明心志。他以儒家纲常伦理为号召,宣称太平天国提倡拜上帝教是对孔孟之道的亵渎。② 但在章太炎看来,太平天国的性质并非如曾国藩所言那样,它体现了对满洲统治集团的冲击,是中国民众爱国思想的表现,堪称清末革命党之先驱。而曾国藩为了对抗太平军,让西方殖民者组成军队参与作战,从近代民族主义的立场来看,这实属引狼入室之举,并且开启后来各地军阀常常借助列强势力来进行国内战争之先河。很明显,章太炎对儒家的诠释是在近代国家建设的维度下来进行的,儒家学说不应成为那些有悖于近代国家

---

① 章太炎:《书秦蕙田〈五礼通考〉后》,载《章太炎全集》第11册,第668、669页。
② 曾国藩:《讨粤匪檄》,载唐浩明编:《曾国藩诗文集》,第139—141页。

建设行为的护符,不能自外于近代救亡图存的大潮。儒学伦理准则的发扬光大是建立在作为儒家创生之地的中国于列强环伺局面下得以生存之前提上的。①

说起儒学,曾国藩堪称晚清理学名臣之翘楚,章太炎却对清代理学评价不高。因此,是否可以认为章太炎出于"反理学"的角度而批评曾国藩?这涉及章太炎如何理解程朱理学。他认为明清两代统治者将程朱理学奉为官学,皇帝斥责大臣时不再常拿朝廷律令来说事,而多以理学思想为利器,动辄斥责大臣不遵守天理,使自己成为道德判官,将后者置于道德审判台前。由于理学话语具有高度主观性,因此皇帝能够随时凭自己好恶来控制大臣,使后者处于战战兢兢、动辄得咎的状态。流风所及,清朝雍正皇帝很少以法律条文责人,而喜用理学话语呵斥臣民,将被呵斥者贬为违背圣人之道的败类,使之备受精神压力。② 章太炎对作为官学的理学常持批判态度,此乃根本原因。

不过,在社会伦常层面,章太炎却对程朱理学有另一番评价。在发表于1910年的《思乡原》中,章太炎认为相比于刻意装扮成狂狷之态以欺世盗名者,恪守儒家伦理、秉持庸言庸行、处世不悖常道的理学之士更有助于促进良好的社会道德风尚。具体言之:

> 乡原者,多持常训之士,高者即师洛、闽。洛、闽之学,明

---

① 这里牵涉到如何理解章太炎对于民族主义的理解。关于这个问题,笔者在别的文章里进行了详细分析。参见王锐:《历史叙事与政治文化认同——章太炎的"历史民族"论再检视》,《人文杂志》2020年第5期。
② 章太炎:《释戴》,载《章太炎全集》第8册,第121—122页。

以来稍敚蠹,及清,为佞人假借,世益视之轻。然刁苞、应扷谦、张履祥辈,修之田舍,其德无点。至今草野有习是者,虽陋,犹少虐诈。大抵成气类则伪,独行则贞,此廪廪庶几践迹君子矣!虽有矫情,未如饰狂狷者甚也。属之以事体,而无食言,寄之以财贿,幸而无失,期会无妄出入,虽碌碌无奇节,亦以周用。①

在这里,章太炎把乡愿与理学结合在一起,认为后者所主张的日常伦理规范很大程度上形塑着前者的行事风格。理学作为官学自然有不少弊端,并且易于被伪儒假借,但理学的洒扫应对之道却并非一无是处。相较狂狷的夸饰,体现程朱理学色彩的乡愿反而能够慎独其身,不越绳尺,践行社会基本道德,维持日常秩序。而这一点,某种程度上也正是处于时代思潮激荡、社会戾气横行的中国所最为需要的。因此他声称:"是故辅存程朱者,将以孳乳乡原,上希庸德,令邑有敦诲之贤,野有不二之老,则人道不夷于鹑鹊,利泽及乎百世,非欲苟得狂狷,为史书增华也。"②

因此,章太炎并非因反对理学而批评曾国藩,说到底,是由于他具有坚定的革命立场与反帝思想,认为曾国藩在政治上是清政府的同路人,是与西方列强互相勾结的祸首,其秉持的理学,是作为官学来为清政府服务的学说,是投清朝统治阶级所好的工具,相比清代汉学,本无多少学术创建可言。就此而言,离开对章太炎政治思想的分析,将很难理解他对曾国藩如此这般评价的意义何在。

---

① 章太炎:《思乡原上》,载《章太炎全集》第 8 册,第 130—131 页。
② 章太炎:《思乡原下》,载《章太炎全集》第 8 册,第 136 页。

三、继承与转化:范文澜的曾国藩论

　　章太炎对曾国藩的评价,至少具有以下几种颠覆性影响。首先,开启晚清以降批评曾国藩之先河,使曾国藩的形象从士林领袖变为深具负面形象的人物,联系到曾国藩与近代中国各种类型的精英政治之间的密切关联,章太炎的这番评价无疑也提供了人们质疑精英政治、质疑政治与社会结构中士绅支配格局的视角,这是实现名副其实的大众民主的重要环节。其次,从叙述中国近代历史的角度而言,如何评价曾国藩,涉及如何评价近代历史过程中的晚清时期,毕竟从太平天国到洋务运动,曾国藩一直是中国政坛上的重要人物。在这个意义上,章太炎如此评价曾国藩,也就开启了从革命的角度评价晚清历史流变的先河,曾国藩的历史功过被放置在革命的天平上来衡量。最后,曾国藩作为晚清儒者的代表,如何对其做出评价也涉及如何评价儒学。在多数晚清士人眼中,曾国藩之所以能被称为时代名儒,离不开他的恪守修身之道,尊奉君臣纲常。而在章太炎的视域中,对于儒学(主要是理学)维系社会道德之功与长期被奉为官学的历史事实应区别对待。批评曾国藩,主要是因为他借学术以谋利禄,这和儒学的道德意义与社会功效并无关系。因此,要想在推翻帝制的背景下重塑儒学活力,需将曾国藩与儒学切割,并尝试阐释一种平民化、大众化,且能激发人

51

们爱国之念的儒学①。

在20世纪上半叶批评曾国藩的潮流中,除了章太炎,马克思主义史家范文澜堪称代表人物。他在《中国近代史》里就对曾国藩展开抨击,后又专门撰写了《汉奸刽子手曾国藩的一生》,对新中国成立之后的中国近代史叙事影响极大。在成为马克思主义者之前,从师承关系上看,范文澜民初在北京大学读书时深受章太炎高足黄侃的影响。在研究《文心雕龙》的著述中经常能看到范文澜援引黄侃的观点作为参考②。清末章太炎在日本宣传革命时,黄侃常在《民报》上发表文章抨击清政府,号召人们推翻其统治。1907年,他在《民报》上发表《哀太平天国》一文,虽然对太平天国的内政、外交与宗教形式多有批评,但却强调"我太平天国天王洪秀全,提挈英豪,乘时而起,威灵所被,罔不归心",同时用"为满作贼"来评价曾国藩。③ 很明显,这与章太炎对此问题的看法高度一致。

范文澜身为黄侃的学生,自然不会对章太炎、黄侃二人的政治与学术主张陌生。这既是他成为马克思主义者之前的思想底色,又具体而微地影响着他运用马克思主义研究中国近代史的方法。一个很明显的例子:1935年"一二·九"运动爆发不久,早就多次参加中国共产党领导的革命活动的范文澜出版一本名曰《大丈夫》的

---

① 章太炎在不同历史时期对儒学的阐释,基本是朝这几个方向进行的。参见王锐:《探索"良政":章太炎思想论集》,上海:上海人民出版社,2020年,第127—173页;《自国自心:章太炎与中国传统思想的更生》,北京:商务印书馆,2019年,第252—286页。
② 陈其泰:《范文澜的学术交往》,《淮阴师范学院学报》2001年第1期。
③ 黄侃:《哀太平天国》,载《黄季刚诗文集》下册,北京:中华书局,2016年,第674、675页。

章太炎与曾国藩形象在近代的翻转——兼谈范文澜的曾国藩论

小册子,意在通过叙述一些历史上著名人物的事迹,表彰其精神,揭示其当代意义。在编写这本书之前,范文澜已较为广泛地阅读过马克思主义著作,对中国共产党的革命纲领也甚为熟悉,不过这本书与其说是在宣传党的政策,不如说体现了章太炎式的革命主张。在"凡例"中,范文澜强调:"本书志在叙述古人,发扬汉族声威,抗拒夷狄侵陵的事迹。"又言:"中国人在外族入主的朝代里,也有不少所谓忠义之士。他们只知道给异类效劳,却忘了种族间的大义,按照孔子修《春秋》,严辨夷夏的教训,这些人概所不取。"①如果不提作者,人们很可能以为此乃清末革命党宣传反清革命的著作。

基于这样的思想脉络,就不难理解范文澜对曾国藩的评价了。南京国民政府统治时期,国民党的意识形态话语明显向中国传统靠拢,孙中山的三民主义被戴季陶诠释为继承孔孟道统的产物,国民革命被解释为具有"先知先觉"的党人基于道德感自上而下地来救民于水火,唤醒民众、践行民主的因素被极力淡化。② 蒋介石则宣扬王阳明与曾国藩的思想,使之成为其意识形态话语的重要组成部分。特别是对曾国藩,蒋介石认为"其文章真千古不朽"③。他不但多次在各种场合要求国民党军政要员效仿曾国藩的言行,阅读曾国藩的著作,强调"要救国复兴就不可不效法曾、胡",而且颇费周章地将自己装扮成继承曾国藩修身之道的表率,借此来彰

---

① 范文澜:《大丈夫》,载《范文澜全集》第6卷,石家庄:河北教育出版社,2002年,第168页。
② 戴季陶:《孙文主义之哲学的基础》,载《戴季陶主义资料选编》,中国人民大学中共党史系1982年版(校内用书),第33—34页。
③ 《蒋中正日记》1925年1月9日,美国斯坦福大学胡佛档案馆馆藏。

显自己如何具有领袖气质。① 为了对抗中国工农红军,蒋介石更是大量印行《曾胡治兵语录》给他的部下。在中国近代史叙事方面,在旨在凸显国民政府统治合法性的《中国近代史》中,蒋廷黻宣称:"曾国藩是我国旧文化的代表人物,甚至于理想人物。""曾国藩的事业,如同他的学问,也是从艰难困苦中奋斗出来的。"②虽然蒋廷黻不得不承认曾国藩等人领导的洋务运动最终以失败告终,但在探究原因时,他却认为"民众的迷信是我民族近代接受西洋文化大阻碍之一"。③ 而对于曾国藩等人,他虽然小有批评,却强调:"我们近六十年来的新政都是自上而下,并非由下而上。一切新的事业都是由少数先知先觉者提倡,费尽苦心,慢慢的奋斗出来的。"④在这样的视野下,一部中国近代史就是像曾国藩这样地位的人你方唱罢我登场的历史,而广大民众特别是占中国人口绝大多数的农民,则沦为历史进程中的"失语者",甚至是现代化事业的阻碍者了。值得一提的是,与蒋廷黻在 20 世纪 30 年代一起宣扬"新式独裁"的丁文江,早在发表于 1923 年的《少数人的责任》里就声称:"无论哪一个时代,哪一个社会,少数优秀的分子,握了政权,政治就会得清明。用他们的聪明智识能力,向政治方面去努力,是少数人的天然责任。"而"平民政治,是使得政治清明的一种方法,这种方法,究竟能不能完全成功,原还是在一种试验时代,目前还不能确下断语的"。为了证明这一点,他特别举曾国藩的例子,认为

---

① 朱东安:《曾国藩传》,成都:四川人民出版社,1985 年,第 355 页。
② 蒋廷黻:《中国近代史》,上海:上海古籍出版社,1999 年,第 34、37 页。
③ 蒋廷黻:《中国近代史》,第 51 页。
④ 蒋廷黻:《中国近代史》,第 51 页。

曾国藩及其同好"都是手无寸铁的念书人",但"凭他们的勇气,居然把洪杨的军队打败了几仗",最终"经过了许多危险,居然把太平天国削平了"。对此,丁文江说:"他们的那一种志气能力,正好做我们的模范。可见得只要有少数里面的少数,优秀里面的优秀,不肯束手待毙,天下事不怕没有办法的。"①而在为丁文江作传时,胡适就直接告诉人们,"在君(丁文江)常说,曾国藩的《原才》最值得我们想想","我们试看他那篇《少数人的责任》的讲演,就可以明白在君确曾深受曾涤生这篇文章的影响"。②

与之相反,中国马克思主义史学的近代史叙事,总体上看,强调的是农民运动与工人运动对推动历史发展的重要作用,剖析从晚清到北洋时期统治阶级内部的矛盾与冲突,以及与列强勾结的方式,着重分析具体时期的生产力与生产关系,以及表现出来的阶级斗争形式。但具体到每个史家身上,则各有其论史考史的特色。今人已经揭示,范文澜的中国近代史叙事,除了包含马克思主义史学那些基本要素,还比较明显地继承了晚清革命党政治思想,将传统的夷夏之辨转化为具有近代意义的反帝反封建思想,并十分重视剖析清廷内部的满汉冲突与派系争斗,较之那些与苏联史学关系紧密的学者,范文澜的论著更能体现本国特色。③ 在这一点上,他对曾国藩的批评尤具代表性。从政治论战的角度而言,范文澜在《中国近代史》中论曾国藩部分及《汉奸刽子手曾国藩的一生》一

---

① 丁文江:《少数人的责任——燕京大学讲演稿》,载宋广波编:《中国近代思想家文库·丁文江卷》,北京:中国人民大学出版社,2015年,第148页。
② 胡适:《丁文江的传记》,北京:生活·读书·新知三联书店,2014年,第81页。
③ 李怀印:《重构近代中国:中国历史写作中的想象与真实》,岁有生、王传奇译,北京:中华书局,2013年,第96—98页。

文,固然是在与蒋介石、蒋廷黻对曾国藩的评价针锋相对,但从思想传承上看,范文澜的曾国藩论明显与章太炎的曾国藩论有一脉相承之处。比如他认为曾国藩"精通极端专制主义也是极端奴隶主义的哲学——程朱道学,运用在言论上,就是满口'诚'、'礼'、'仁义'、'道德'等字样;运用在行动上,就是极度的残忍,屠杀数千万中国人民,认为'痛快'"①。又比如他这样评价曾国藩在晚清政坛上的表现,"曾国藩及其领导的一群人,丝毫没有民族思想。他甘心作满洲皇族的忠实奴隶,屠杀汉人。对新来的外国侵略者,又甘心当忠实代理人,认反革命的洋人不灭清廷、直接参加反革命的内战为'有德于我',不必再计较'关税之多寡'及洋奴、教民欺压人民一类'小处'"②。而关于曾国藩与西方列强的关系,范文澜说:"曾国藩是屠杀同胞的内战能手,一切思想行动都以反革命的内战为中心。他反对太平天国获胜的原因,一方面是他利用了太平军自身的错误,一方面是他取得了外国反革命的助力……曾国藩以后,凡是反革命的内战能手,也定是卖国能手,曾国藩给这些能手启示了实例。"③若不论所使用的具有特定时代感的名词,范文澜的这些观点,不难让人想起章太炎在清末对于曾国藩的那些评价。

相似的,章太炎虽对曾国藩持批评态度,但却认为程朱理学还是有正面意义的。范文澜亦然。在中国马克思主义史学与马克思主义哲学中,程朱理学常被视为负面的东西,特别是抗战期间贺

---

① 范文澜:《汉奸刽子手曾国藩的一生》,载《范文澜集》,北京:中国社会科学出版社,2001年,第177页。
② 范文澜:《汉奸刽子手曾国藩的一生》,载《范文澜集》,第177—178页。
③ 范文澜:《汉奸刽子手曾国藩的一生》,载《范文澜集》,第178页。

麟、冯友兰与钱穆等与国民党政权走得比较近的学者极力宣传理学的价值,中国的左派知识分子经常针锋相对,从回应这几位学者的论著,延展至对理学展开批评。① 而范文澜主张应区分作为官学的理学与作为一种社会规范的理学。比如在著名的《中国通史简编》中,范文澜认为:"宋儒讲修身养性功夫,尤其是朱熹,讲得更周到切实。他们在这一方面确有甚大的成就,是应该珍视并采择的。可是修身养性以外,却很少有所发挥。"②新中国成立后,在1963年的《经学演讲录》中,范文澜又言:"宋学的兴起,是由于安史及五代的大乱,伦常败坏。宋学的目的是整顿伦常道德。宋学固然毛病很多,但在重整伦常方面收效不少。宋学重个人气节,因此,宋以后,国家危亡时,民族气节提高了。这样看起来,宋学也有其积极方面,不是完全消极的。"③ "现在再提倡宋学是要不得的,但是否宋学全要不得呢? 是否宋学还有些可用之处呢? 宋学讲气节,国亡殉国,不投降外国,这是值得肯定的。"④可见,范文澜虽然是马克思主义史学的代表人物,但却并不否认理学在修身与培养气节上的意义。联系到他那本《大丈夫》,可以推断,范文澜之所以走上革命之路,固然是因为相信马克思主义对于剖析近代中国政治与社会矛盾极有助益,但更为深入地看,离不开儒家,特别是理学传统中正心诚意、经世济民、严夷夏之防对他的巨大影响。这些体现出

---

① 侯外庐:《韧的追求》,载张岂之主编:《侯外庐著作与思想研究》第1卷,长春:长春出版社,2016年,第97页。
② 中国历史研究会、范文澜主编:《中国通史简编》下册,北京:生活·读书·新知三联书店,2014年,第1154页。
③ 范文澜:《经学史演讲录》,载《范文澜集》,第324页。
④ 范文澜:《经学史演讲录》,载《范文澜集》,第323页。

强烈道德意识与忧患意识的因素,推动他从传统经生转变为马克思主义者。而从章太炎到范文澜,亦可窥见20世纪中国革命过程中某种精神层面的连续性。

论近代中国的汉武帝评价问题

中国的史学传统,十分重视对那些影响历史进程的人物进行褒贬。这当然与传统史籍多为纪传体有关系,不过还体现了中国传统史学以致用为旨归,重视以史为鉴、希望后人能从前人的功过得失中寻找到某些历史智慧的特点,更体现出汉代以后,在儒家思想成为主流之际,儒家义理对于历史叙事的深刻影响。毕竟《论语》曰:"为政以德,譬如北辰。"又曰:"君子之德风,小人之德草。草上之风必偃。"及至清末,目睹中国国势衰微,时人有意识地向域外寻找救亡图存的思想资源,肇始于欧洲启蒙运动时期的新史学以日本为中介,开始在中国传播开来。在梁启超看来,中国旧史学实为古代帝王之家谱,较之其心目中以"叙述人群进化之现象而求得其公理公例"的新史学,孰优孰劣,高下立判。[①] 但他也未放弃像中国传统史学那样,以叙述重要人物事迹、评价其功过得失为题

---

① 梁启超:《新史学》,载《梁启超史学论著四种》,长沙:岳麓书社,1985年,第250页。

材,用写历史的方式向国人传播在他看来有助于实现救亡图存的政治理念。其《管子传》《王荆公传》《黄帝以后第一伟人赵武灵王传》就是典型例子。因此,不是说梁启超认为以帝王将相为对象的历史研究不重要,而是在他看来,需要基于新的政治立场与价值观,重新评价这些古代的叱咤风云者。

因此,中国传统史学的悠久影响,加上近代中国不同的政治思潮与文化思潮往往通过叙述历史的方式进行传播,致使评价历史人物得失的风气不但未曾退潮,反而更显热闹。曾立志用新思想与新体例撰写《中国通史》的章太炎尝言:"振厉士气,令人观感,不能无待纪传。"[1]晚清以降时人所强调的用"民史"替代"君史",其实很可能并未体现在越来越多的史家开始着眼于挖掘那些在历史上真正属于"下层"的群体的历史,而是体现为他们开始用各自所理解的近代政治学说,诸如大众民主、民族主义、社会主义,甚至国家主义等思潮来重新评价历史上的"上层"人物,判断其事迹是否符合这些体现普遍民意与象征历史演进趋势的新思想。

"惜秦皇汉武,略输文采。"汉武帝统治时期的一系列政策,不但对西汉朝局走向影响极大,而且很大程度上形塑着之后中国政治、经济与文化的格局。其独尊儒术、用兵四方、盐铁官营、广置刺史等举措,在其身后就引发了不小的争议,也成为后世儒者撰写史论时经常谈及的话题。[2] 及至20世纪80年代,田余庆先生发表

---

[1] 章太炎:《訄书(重订本)·中国通史略例》,载《章太炎全集》第3册,上海:上海人民出版社,2018年,第334页。
[2] 关于汉武帝去世不久后,汉代儒者对他的评价,参见杨生民:《汉武帝传》,北京:人民出版社,2015年,第435—439页。

《论轮台诏》,一面称赞汉武帝不但早期积极探索统治经验,而且晚年能够体察世情,及时改弦易辙;一面又感慨后世有汉武帝洞察时局之明,在历史转折关头能下诏罪己者难得一见。① 此论不难引起世之喜读史者掩卷长思、心有所感。一如"拨乱反正"这一肇自春秋公羊学的词语,竟能在晚近历史进程中成为新的标识性政治概念。因此,重新回顾一番近代中国出现过的几种对于汉武帝颇具代表性的评价,不但有助于理解近代中国学术变迁背后的深层次逻辑,而且能管中窥豹,探寻近代以降政治文化的一些根本性问题。

一

近代以来对汉武帝进行重新评价,应自康有为构建其儒学体系始。在为康有为作的传记里,梁启超极力表彰其师能够"发明孔子之道"。他说:"先生目光之炯远,思想之锐入,气魄之闳雄,能于数千年后以一人而发先圣久坠之精神,为我中国国教放一大光明。"②康有为在清末的政学主张或许值得从各种角度予以商榷,但他在清末对孔子与儒家所做的重新诠释,确实对之后的中国政治与文化格局产生了极大影响。

---

① 田余庆:《论轮台诏》,载《秦汉魏晋史探微(重订本)》,北京:中华书局,2011年,第55页。
② 梁启超:《南海康先生传》,载吴松等点校:《饮冰室文集点校》第3集,昆明:云南教育出版社,2001年,第1949页。

面对近代中国所遭遇的危机,康有为一方面希望通过向清廷呼吁变法以实现政治、经济与军事上的革新,使中国在列强环伺的局面下得以自存;另一方面则希望用新的诠释方式来维系儒学的普遍性,避免在近代西学的冲击下,儒学沦落为一种日渐丧失解释力与影响力的地方性知识。基于这样的考虑,康有为对清代中叶以来重新被人重视的今文经学进行了一番颇为"激进"的解释,把"三世"说与"改制"论诠释为一种与近代西方的宇宙论和社会进化论接榫,强调政治、经济与文化变革重要性与合理性的新说。在日常讲学时,康有为即强调"自孔子出,百子所称道,皆孔子之制度也",①"孔子作《春秋》,以立一王之制,非特治一世,将以治万世",②"儒为孔子特创教名,孔子且口自述之,著于《论语》",③将儒学宗教化、孔子教主化、儒生教徒化。在具体操作层面,康有为尤其强调孔子之学集萃于《春秋》,能得《春秋》本意者首推公羊氏。因此要想明晰孔子关于改制的微言大义,就需要从《春秋公羊传》入手。汉代以来能继承发扬此书之微言大义者,则非董仲舒莫属。在编撰于甲午至戊戌期间的《春秋董氏学》里,康有为根据自己对晚近形势的认识,将董仲舒的《春秋繁露》进行重新编排,形成一套以变法改制为核心,覆盖从宇宙规律至人伦日用,从具体政策到典章制度的康有为版"董氏学"。其中他尤为侧重凸显董仲舒根据时势,吸收杂糅先前各种经世主张,建立颇为完整的关于政治、社会

---

① 康有为:《康南海先生讲学记》,载姜义华、张荣华编校:《康有为全集》第2集,北京:中国人民大学出版社,2007年,第105页。
② 康有为:《康南海先生讲学记》,载姜义华、张荣华编校:《康有为全集》第2集,第121页。
③ 康有为:《万木草堂口说》,载姜义华、张荣华编校:《康有为全集》第2集,第150页。

与文化秩序的论述,让儒家学说得以全面指导现实政治,使董仲舒的形象从三年不窥园圃的老儒变为能宏观指导现实政治的政治设计师。用康有为自己的话来讲,"董子之精深博大,得孔子大教之本,绝诸子之学,为传道之宗,盖自孔子之后一人哉"。①

而董仲舒能够名扬于世,与汉武帝时期的文教政策息息相关。对此,康有为并未遗忘。在日常讲学时,他认为,"孔学行于天下,自汉武始。孔子之有汉武帝,犹佛之有阿唷大王",②"由汉武帝学始,学古今中外,归本于六经","魏文侯、汉武帝皆当享配文庙,以报其大功"。③ 可见,虽然康有为为了构建其儒学体系,有意将儒家学说从中国历史的流变中抽离,使儒学通过宗教化的形式变为一种超越具体时空范围、体现普遍性的学说(或曰宗教),使之具有裁断、评判世间一切政权的权威,但是,当回顾历史上的儒学流变时,康有为并未否认儒学的兴起需要依靠政治权力背书。因此,他极力表彰汉武帝废黜百家,独尊儒术的政策,认为此乃让儒学得以发扬光大的关键举措。毕竟在康氏看来:

老之教曰道,墨之教曰侠。近耶教借罗马之力,十二弟子传教,专在救人。创为天堂地狱之说。马虾墨德(按:即穆罕默德)谓之回,其教极悍。释迦牟尼谓之佛,其教专以虚无寂

---

① 康有为:《春秋董氏学》,载姜义华、张荣华编校:《康有为全集》第 2 集,第 416 页。
② 康有为:《南海师承记》,载姜义华、张荣华编校:《康有为全集》第 2 集,第 238 页。
③ 康有为:《万木草堂讲义》,载姜义华、张荣华编校:《康有为全集》第 2 集,第 299、284 页。

灭,亦借天王之力。可知立教皆借国家之力。①

可见,康有为一方面试图彰显宗教化的儒学高于世间政权的特征,另一方面又承认宗教要想壮大势力,其实很需要政治权力的有力扶持。这就使得康有为对政教关系的认识颇为复杂。具体到中国,康有为熟读经史,在强调"汉武帝立五经为学官,孔教遂定于一"之际,②自然不会不知道汉武帝在独尊儒术同时,还颇好神仙方术等在儒家眼里属于"怪力乱神"的物什,也大概不会不知道汲黯对汉武帝的评价:"内多欲而外施仁义,奈何欲效唐虞之治。"(《史记·汲郑列传》)因此,究竟是宗教化的儒学、教徒化的儒生利用汉武帝的政治权力来光大其学,还是汉武帝利用儒学来文饰、巩固其统治,抑或是儒生意识到汉武帝如此这般的心思,于是曲意逢迎、投其所好、借权护道,这是康有为并未明言,或是有意避而不谈的。

在康有为的思想体系里,"改制"为关键内容。而何谓"改制",从他于戊戌年间撰写的各类论著来看,其实很大程度上受到他所了解的域外新制的启发。之所以要借鉴域外新制来改中国旧制,就是因为在由近代民族国家主导的"万国竞争"之世里,肇始自秦以来的君主制难以抵御列强的侵略,显得弊病丛生。因此,基于救亡图存意识,时人思考包括评价历史人物在内的历史问题,已经开始逐渐从反思中国历代政治弊病的角度着眼。康有为为了彰显汉武帝独尊儒术而刻意回避帝制时期一些基本症结,已经很难再被

---

① 康有为:《康南海先生讲学记》,载姜义华、张荣华编校:《康有为全集》第2集,第108页。
② 康有为:《万木草堂口说》,载姜义华、张荣华编校:《康有为全集》第2集,第136页。

有识之士延续。

在经学立场上与康有为颇为相近的夏曾佑就打算直面这一问题。在其编撰的中国历史教科书中,夏曾佑认为:

> 中国之教,得孔子而后立。中国之政,得秦皇而后行。中国之境,得汉武而后定。三者皆中国之所以为中国也。自秦以来,垂二千年,虽百王代兴,时有改革,然观其大义,不甚悬殊。譬如建屋,孔子奠其基,秦、汉二君营其室,后之王者,不过随事补苴,以求适一时之用耳,不能动其深根宁极之理也。①

很明显,不同于康有为仅从是否有助于光大儒学(或曰"儒教")的角度来评价汉武帝,对近代西方政治学说有着更多认识的夏曾佑,基本是从民族国家生成史的角度来展开分析的。他把"教"(文教)、"政"(制度)、"境"(疆域)作为确立国家形态的关键要素,以此来凸显孔子、秦始皇、汉武帝的重要性。当然,不同于近代欧洲民族国家历史叙事中时常显现的着力表彰本国历史传统与伟人事迹的特点,作为常在报刊上撰文鼓吹政治制度变革、抨击彼时政治乱象之人,②夏曾佑并不认为主要由这三人形塑的中国国家形态多么完美。他说:"今中国之前途,其祸福正不可测。古人之功罪,亦未可定也。"又说:"以秦、汉为因,以求今日之果,中国之前途,当亦

---

① 夏曾佑:《最新中学教科书中国历史》,载杨琥编:《夏曾佑集》下卷,上海:上海古籍出版社,2011年,第947页。
② 庚子事变之后,夏曾佑在《中外日报》上发表了许多篇剖析政治、经济与外交的文章,不少内容涉及中国内部的政治症结。而《最新中学教科书中国历史》也编撰于同一时期。

可一测识矣。"①

关于汉武帝的历史地位,夏曾佑在书中认为:"有为中国二十四朝之皇帝者,秦皇、汉武是也。"②之所以如此,是因为在他看来,中国历史上的许多举措都由汉武帝首创。包括帝王有年号、制定选举制度、独尊儒术、远征匈奴、派遣方士求仙、经略西南与闽越、以儒术为利禄、出售爵位、举行封禅、造《太初历》等。中国古代的政治文化很大程度上受到汉武帝这些举措的影响。在撰写的政论中,目睹中国面临危局,夏曾佑这样反思中国古代政治制度:

> 乃以皇帝为一国之主人,以地方为皇帝之产业,大小官吏为皇帝所役使之人,而百姓特为产业上之所有物,等于奴隶犬马。如是则一国之事,惟皇帝得主持之,惟官吏得与闻之,若百姓则惟有束手受治而已,何暇与闻国事?以此一大原因,乃结成二大恶果:其一,则官吏以为我乃皇帝所用之人,但使不得罪于皇帝,则虽剥削元气,败坏大局,皆与百姓无涉,非百姓所能责问。其二,则百姓非特不欲与闻国事,且并不知有国事;其于国家之利害安危,皆视为身外之事,极至国亡君死,亦漠不关心,率存一今日属此明日即属彼之意。③

在1900年以后的舆论界,时人多意识到中国之所以衰颓,是因为大多数民众不能自觉意识到政治权利与政治义务的重要性,不能成

---

① 夏曾佑:《最新中学教科书中国历史》,载杨琥编:《夏曾佑集》下卷,第948页。
② 夏曾佑:《最新中学教科书中国历史》,载杨琥编:《夏曾佑集》下卷,第961页。
③ 夏曾佑:《论中国必革政始能维新》,载杨琥编:《夏曾佑集》上卷,第131—132页。

为近代国家内部具有主体性与能动性的一分子,这导致面对已经进入代表着"全体民意"的民族帝国主义阶段的列强,中国将难以抵挡。因此,培育国民意识、批判有碍于形成国民意识的政治制度,就成为有识之士着重论述的内容。在这样的思想逻辑里,彰显个人政治权利与实现救亡图存是相伴而行的。① 夏曾佑也是在这个维度上对中国传统政治制度展开批判的。他认为帝制之下,官吏唯上命是尊,民众对国之兴亡无动于衷。这样的状况不改变,很难抵御外侮,实现富强。

既然认为汉武帝影响了中国历史的走向,那么这样的政治主张,很自然地反映在夏曾佑对汉武帝的评价上,这符合他希望通过编撰历史来"发明今日社会之原"的想法。② 夏曾佑认为秦始皇与汉武帝所做的事,"皆专制之一念所发现"。③ 具体言之:

> 其(汉武帝)尊儒术者,非有契于仁义恭俭,实视儒术为最便于专制之教耳;开边之意,则不欲己之外,别有君长,必使天下归于一人,而后快意,非今日之国际竞争也;至于求仙,则因富贵已极,他无可希,惟望不死以长享此乐,此皆人心所动于不得不然……而其关系于天下后世者,则功莫大于攘夷,而罪莫大于方士……若夫尊儒术,则功罪之间,尚难定论也。④

---

① 关于这些内容,参见王锐:《"对世界而知有国家"——清末梁启超"国民"论述再思》,《福建论坛·人文社会科学版》2023 年第 9 期。
② 夏曾佑:《最新中学教科书中国历史》,载杨琥编:《夏曾佑集》下卷,第 947 页。
③ 夏曾佑:《最新中学教科书中国历史》,载杨琥编:《夏曾佑集》下卷,第 962 页。
④ 夏曾佑:《最新中学教科书中国历史》,载杨琥编:《夏曾佑集》下卷,第 962 页。

他强调汉武帝的所作所为,动机主要是巩固统治、满足欲求,此论虽然近乎诛心,但从帝制时代的政治组织特征与政治活动逻辑来看,也不能说全无道理。而这样的叙述方式,在或多或少继承了儒家民本思想的同时,更显现出他认为中国此刻需要进行"革政"——改变古代君主高高在上,臣民匍匐其下的状况。当然,面对彼时中国面临的严峻外部环境,夏曾佑又亟须表彰中国历史上的攘夷拓边之举,以此来激励民气。因此,与汉代儒生在汉武帝去世不久就开始批评他的对外政策好大喜功、耗费民力不同,深受近代民族主义与社会达尔文主义熏染的夏曾佑强调:

> (汉武帝)攘夷之功,使中国并东西南北各小族,而成为大国,削弱匈奴,其绩尤伟;不然,金、元之祸,见于秦、汉,而中国古人之文物,且不存矣。①

这一观点,某种程度上与前文所引的夏曾佑对汉武帝军事政策所进行的诛心之论颇显矛盾。既然认为相关举措"其绩尤伟",那么是否还有必要在动机上对之进行否定性评价?在发表于1906年的《保存国粹说》里,夏曾佑提醒人们:"史学废,则于本国之事迹,茫然其不知,必将自忘其为何国之人,而亦无以动其效法前贤、护卫本族之思想",因此,有必要"编一教科书以教学者,俾其于古今之历史洞识其重要而已"。② 既如此,在夏曾佑那里,史学就颇显张力:为了强调"革政"的必要性,则需用写历史的方式批判那些让中

---

① 夏曾佑:《最新中学教科书中国历史》,载杨琥编:《夏曾佑集》下卷,第962页。
② 夏曾佑:《保存国粹说》,载杨琥编:《夏曾佑集》上卷,第399页。

国传统政治变得如此这般的人物;而为了使人们心生"效法前贤、护卫本族之思想",则又需表彰中国历史上的相关人物与史事。但就像汉武帝一样,在这两种叙事目标里,他都能被安置其中。这样一来,怎样才能在叙事逻辑上自洽?将历史人物的动机与相关举措的影响进行两分的做法,恐怕并不能完全解决这一问题。这一点,不但体现在主张君主立宪的夏曾佑身上,晚清革命党亦不能免。1911年,革命党人雷铁厓这样撰文评价汉武帝:

> 汉武帝攘逐四夷,大汉威灵,震于殊俗,汉族之称,实本于此。武帝诚汉族中伟人,而于我历史有大功者也。
>
> 虽然,周秦诸子学说蜂兴,或排民贼之政治,或开科学之渊源,使其说不废,吾国文明早轶泰西之上,何至今日屡弱乎。自汉武帝表章六经,崇尚儒术,诸子百家归于屏绝。于是腐儒之说,为专制之护符,国民智识日局,学术日堕,驯致今日疲癃不振,而野蛮贱种更利用之以钳制吾民。神州陆沉,炎黄祀绝,夫非武帝之咎乎?
>
> 然则汉武帝真功之首、罪之魁也。①

如何完整而自洽地看待"功之首、罪之魁"同在一人之身这样的现象?"功"与"过"之间,是毫无关联的,还是同一逻辑的不同面向?抑或可用"几几开"这样的方法来处理?这一纠葛,从后见之明来看,在20世纪中国的通史编撰与通俗历史撰述里,还会不止一次

---

① 雷铁厓:《慨言》,载唐文权编:《雷铁厓集》,武汉:华中师范大学出版社,2011年,第162—163页。

地体现出来。

二

在辛亥革命前后,对汉武帝及其时代进行最为深刻批判的,莫过于章太炎一系列旨在批判西汉今文经学的论著。这与他基于政治与学术立场而批评康有为学说息息相关。章太炎认为,孔子教弟子,"总是依人作嫁,最上是帝师王佐的资格,总不敢觊觎帝位。及到最下一级,便是委吏乘田,也将就去做了"。所以"孔教最大的污点,是使人不脱富贵利禄的思想。自汉武帝专尊孔教以后,这热衷于富贵利禄的人,总是日多一日"。① 在儒家那里,"君子时中,时伸时绌,故道德不必求其是,理想亦不必求其是,惟期便于行事则可矣。用儒家之道德,故艰苦卓厉者绝无,而冒没奔竞者皆是"。② 总之,儒家能成为显学,既离不开这种急于向统治者兜售其学说的心态,也离不开不少儒者为了迎合统治者而表现得身段柔软,学随术变,无可无不可,不敢坚持原则。他的这些观点富于现实感。对此,史家李平心认为:"章太炎之辟孔,亦所以辟康、梁。惟其辟康、梁,而知中国革命,非将狐假虎威的孔子之徒予以肃清不可,故能知孔子之流毒之真实所在。"③

---

① 章太炎:《东京留学生欢迎会演说辞》,载汤志钧编:《章太炎政论选集》上册,北京:中华书局,1977年,第272—273页。
② 章太炎:《诸子学略说》,载汤志钧编:《章太炎政论选集》上册,第291页。
③ 李平心:《也谈关于章太炎——读书偶笔》,载胡逢祥主编:《李平心全集》第6卷,上海:上海人民出版社,2022年,第188页。

由于曾与康门弟子在时务报馆共事过,章太炎自然很清楚康有为变法理论背后的学术源流。① 康有为把董仲舒置于十分重要的政治与学术地位,然在章太炎看来:

> 董仲舒以阴阳定法令,垂则博士,教皇也。使学者人人碎义逃难,苟得利禄,而不识远略。②

董仲舒在汉武帝统治时期常谈天人感应、阴阳灾异,在章太炎眼里,这样的言说,与其说是致力于在朝则美政,在乡则美俗的儒生,不如说更像依神道来控制万民的"教皇"。当然,康有为的大弟子梁启超也曾将其师比作"孔教之马丁·路德"。③ 而关键在于,以董仲舒为代表的西汉今文经学,并非如康有为所说的那样有政治理想,追求创法改制,而是以博取富贵利禄为目的,迎合汉武帝为巩固统治而独尊儒术的政治盘算。一如康有为明知清廷弊病丛生,却依然为了富贵功名去宣扬君主立宪。④ 在发表于 1906 年的《诸子学略说》里,章太炎进一步指出董仲舒的儒学非但没有继承孔子的微言大义,反而刻意吸收法家元素,杂糅成一种有助于君主统治的新的学说。而为了博取统治者的关注,又需要加入些许纵横家的利口善辩之术。这样的新学说,"纵横是其本真,法律非所素学"。换言之,法律仅为换取利禄的工具而已,非如先秦法家那

---

① 王锐:《革命儒生:章太炎传》,桂林:广西师范大学出版社,2022 年,第 47—48 页。
② 章太炎:《訄书(重订本)·学变》,载《章太炎全集》第 3 册,第 142 页。
③ 梁启超:《南海康先生传》,载吴松等点校:《饮冰室文集点校》第 3 集,第 1948 页。
④ 章太炎:《驳康有为论革命书》,载《章太炎全集》第 8 册,第 188 页。

样"执守稍严,临事有效"。①

辛亥革命之后,目睹新的世变,章太炎将自己的代表作《訄书》进行修订与增删。1914年前后,他将《訄书》改订为《检论》。② 其中既有辛亥革命之后新写的内容,也有对旧作进行的增补与改写。③ 具体到涉及儒法关系与汉儒形象的,《检论》里的内容较之重订本《訄书》有着不少值得注意的改动。联系到重订本《訄书》集结于1901年2月至1902年1月间,④章太炎之所以对相关内容进行修改,一是因为他对历代儒学史与儒法关系史的理解愈发深刻,二是因为在与立宪派的政治论战中,他对后者的言行与诉求也有了更为深入的观察,尤其是立宪派与清政府之间既互相利用又互相算计的关系。

在《检论》的《原法》篇里,章太炎详细剖析战国以后"儒法合流"的本质。汉武帝时期,儒家独大,定刑律之事多属儒生为之。董仲舒强调"《春秋》决狱",以儒家经籍比附汉代法典,这既不同于之前强调礼治,强调"道之以政,齐之以刑,民免而无耻"的儒家学说,也和汉文帝时奉行将黄老之道与循名责实相结合的做法有本质区别。因为法律条文详细繁多并不能称为扰民,真正扰民的是

---

① 章太炎:《诸子学略说》,载汤志钧编:《章太炎政论选集》上册,第300页。
② 关于《检论》的定稿时间,笔者参考了朱维铮教授的研究。参见朱维铮:《本卷前言》,载《章太炎全集》第3册,第18页。
③ 关于重订本《訄书》与《检论》之间内容上的差别,朱维铮教授在收录于《章太炎全集》里的重订本《訄书》每一篇的篇末做了详细说明。本文除特别提及处外,余皆不再详细叙述。如有兴趣,可自行参看。
④ 朱维铮:《本卷前言》,载《章太炎全集》第3册,第13页。

"亿察无征之事"。因为"法之棼者,好舍事状,而占察人之心术",①即不重视具有客观性与准确性的证据,却将某些主观色彩极强的因素作为给人定罪的理由。董仲舒尝言:"为人主者,居至德之位,操生杀之势,以变化民。"②而受到《春秋》公羊学影响,汉儒认为"《春秋》之义,原心定罪"。③ 影响所及,从学理层面来看,所谓"原心定罪"强调要重视人们的犯罪动机,特别是其不得已而为之的苦衷,根据不同的动机来议定不同的惩治标准,此既是儒家视德化高于刑罚的体现,也是对经权之辨的具体把握。然究其实,君主却可宣称洞察他人的内心想法,进而肆意上纲上线,滥施刑罚。因为相比于具有客观性的外在证据,所谓内心想法实难验证,全凭掌握生杀大权之人随意裁定。章太炎认为,正是如此这般的"儒法合流",使汉武帝一朝酷吏如张汤、赵禹辈可援引、裁剪、曲解儒家经传之辞增饰其严刑峻法,"为人主一己便,而教天下谄谀"。让君权看上去更加恩威难测,使人战战兢兢,也给那些善于揣测人君之意的钻营之士更多逢君之恶的机会。这与强调"以法令明符为质"的法家之道截然相反。而探其根由,很大程度上源于"汉世儒者,往往喜舍法律明文,而援经诛心以为断"。因此,"自仲舒以来,儒者皆为蚩尤矣"。④ 由此可见,分析秦汉以降的君权演变史,由汉儒主导的"儒法合流"实为重要环节。因为它不但抛弃了先秦法家的优点,而且未能实现儒家主张的"德化",反而开启了后世帝王置法

---

① 章太炎:《检论·原法》,载《章太炎全集》第 3 册,第 443 页。
② 董仲舒:《春秋繁露·威德所生》,济南:山东人民出版社,2018 年,第 164 页。
③ 班固:《汉书·薛宣朱博传》,北京:中华书局,2012 年,第 2924 页。
④ 章太炎:《检论·原法》,载《章太炎全集》第 3 册,第 443、444 页。

律明文于不顾,凭借主观好恶来统治臣民的恶习。

在著名的"天人三策"里,董仲舒说秦朝"师申、商之法,行韩非之说,憎帝王之道,以贪狼为俗,非有文德以教训于天下也",①认为由法家开启的政治风气是汉初政治局面一直未臻至善的原因之一。当然,此论也是在延续由贾谊在《过秦论》里开启的一种政治修辞风气。而在《检论》的《商鞅》篇里,章太炎将重订本《訄书》中的同名篇章中凡是提及公孙弘、张汤处,都加上董仲舒的名字,而将原文所批评的"刀笔吏"改为"以儒生为吏"或"弘、汤、仲舒佞人之徒"。② 这表明,在修改后的《商鞅》篇里,章太炎更侧重将商鞅与董仲舒作对比,分析谁才是热衷于为帝王统治添砖加瓦之人。

在这篇文章里,章太炎强调:

> 刑之乱,君之擅,本于"决事比",远不本鞅,而近不本萧何。董仲舒、公孙弘之徒,踵武公羊氏而文饰之,以媚人主,以震百辟,以束下民,于是乎废《小雅》。此其罪则弘、仲舒为之魁,而汤为之辅,于商鞅乎何与?③

据《汉书》,张汤"决大狱,欲傅古义,乃请博士子弟治《尚书》、《春秋》,补廷尉史,平亭疑法"。奏事之时,根据皇帝倾向,"受而著谳法廷尉挈令,扬主之明"。对于张汤的为政之道,身为丞相的公孙

---

① 班固:《汉书·董仲舒传》,第2184页。
② 朱维铮:《编校附记》,载《章太炎全集》第3册,第266页。
③ 章太炎:《检论·商鞅》,载《章太炎全集》第3册,第621页。

弘"数称其美"。① 而董仲舒居家时,"朝廷如有大议,使使者及廷尉张汤就其家而问之,其对皆有明法"。② 张汤一面表现出尊重董仲舒这样的大儒的姿态,一面在其担任廷尉期间,"奸吏因缘为市,所欲活则傅生议,所欲陷则予死比。议者咸冤伤之"。③ 章太炎的这一观点,大体上就是依据以上史事总结的。

很明显,章太炎认为汉武帝时期刑罚酷烈,民受其苦,直接原因固然是有张汤这样的酷吏存在,但更深一层的因素是董仲舒这样的儒生为虎作伥。因为以董仲舒为代表的西汉今文经学使当时严酷的法令有了意识形态支撑,并且有助于君主利用此学说来进一步控制臣民,让后者常处于如履薄冰的状态。以商鞅为代表的先秦法家固然主张严刑峻法,但这样的严刑峻法是有明确条文与客观标准的。而汉儒与酷吏结合之后,严刑峻法未曾稍减,反倒是法令条款有如具文,客观标准付之阙如。君主的主观好恶与倾向可以决定赏罚标准、罪名有无,掌握法令解释权的酷吏可以任意定人生死。对于这样的政治形态,章太炎说:

> 夫弘、汤、仲舒,则专以见知腹诽之法,震怖臣下,诛锄谏士,艾杀豪杰,以称天子专制之意。此其鹄惟在于刑,其刑惟在于任威斩断,而五官之大法勿与焉。任天子之重征敛、恣调发而已矣!有拂天子意者,则已为天子深文治之,故非能自持其刑也。是故商鞅行法而秦日富,弘、汤、仲舒行法而汉日

---

① 班固:《汉书·张汤传》,第2294、2295页。
② 班固:《汉书·董仲舒传》,第2196页。
③ 班固:《汉书·刑法志》,第1011页。

贫……法家与通经致用之士,其优绌诚不可较哉!①

又说:

吾以为酷烈与逆诈者,则治乱之殊、直佞之所繇分也。何者?诛意之律,反唇之刑,非有所受也。弘、汤、仲舒以为不如是不足以媚人主,故瘁心力而裁制之,若鞅则无事此矣。②

晚清以降,关心中国前途与命运的人时常思考中国传统政治制度的弊病究竟在哪里,如何实现名副其实的制度变革,使中国走出衰微之境。章太炎的这些思考,其实并未自外于这样的时代氛围。只是与时人多着眼于外在的典章制度不同,章太炎更注重剖析那些属于政治文化或政治意识形态的因素。就像他在批判近代西方帝国主义之时将着力点置于解构后者用来论证对外扩张具有正当性的"文明等级论"一样,在面对中国自身的政治问题时,章太炎着眼于揭示汉代以降帝王专制之所以能够延续下去的政治文化氛围与意识形态因素。他批判清代帝王运用程朱理学来控制臣民时是如此,在《检论》的《商鞅》篇里分析汉武帝时期以董仲舒为代表的汉儒与以张汤为代表的酷吏共同炮制的"儒法合流"之特征与本质时也是如此。他提醒世人,与其对以商鞅为代表的法家口诛笔伐,不如多揭露那些"通经致用之士"如何向帝王施展其逢迎之

---

① 章太炎:《检论·商鞅》,载《章太炎全集》第3册,第622页。
② 章太炎:《检论·商鞅》,载《章太炎全集》第3册,第623页。

术。因为后者不但未能在制度层面限制君权肆意妄为，反而为其贡献了一套绝佳的意识形态说辞，使高高在上的君权看上去更为神圣、更不可测。因此，"汉氏以降，以儒生为吏者，多传《春秋》。其义恣君抑臣，流虒而及于民"。① 而在章太炎所生活的年代，康有为希望光绪能成为像彼得大帝那般雷厉风行的圣明之君，梁启超极力宣传开明专制与国家主义，自然就是这一现象最近的一次呈现。只是彼时清廷再也出现不了如汉武帝一般的人物了。

三

辛亥革命后，特别是五四新文化运动以降，随着新思潮不断涌入中国，以及中国的内政外交日趋复杂且动荡，关心中国历史与文化的人们开始频繁尝试编撰适合大众阅读、体现时代精神、呈现中国未来发展方向的通史著作。尤其是以马克思主义为代表的近代社会科学在国内日渐流行，使人们形成了分析中国历史问题的新视角，开始注意到从社会经济与阶级状况的角度出发审视历史上的不同时代。与此同时，辛亥革命虽然终结了帝制，却并未让列强对中国的侵略有所缓解，反而随着国内政局持续动荡，有愈演愈烈之势。1919年巴黎和会上由列强主导的关于中国山东问题的决议，在国内激起强烈反对，形成一股声势浩大的民族主义热潮。在此背景下，时人更希望通过叙述历史，让国人对国家主权、疆域版

---

① 章太炎：《检论·商鞅》，载《章太炎全集》第3册，第623页。

图、近代以来中国的国耻等问题有清晰的认识。这些因素综合在一起,使那一时期出现的通史类著作具有不少相似的时代意识。而关于汉武帝及其时代的评价,在这样的学术风气使然下,也呈现出了些许新的内容。

在中国近代史学史上,吕思勉有着重要地位。他不但精通各类典籍,而且有意识地在时代巨变下吸收近代社会科学,尤其是历史唯物主义的知识,使其史论既能旁征博引、前后贯通,又能从前人未尝过多留意的角度分析历史变迁。虽然他的不少著作常以教科书的形式出版,但其内容与观点,却绝非寻常教科书所能比拟。1923年,吕思勉出版《白话本国史》。他于书中自言:"历史者,研究人类社会之沿革,而认识其变迁进化之因果关系者也。"欲收此效,则需"把所存的材料,用种种科学的眼光去研究他,以便说明社会进化的现象"。[1] 这一研究方法,可以说贯穿于吕思勉绝大多数的历史论著之中。

按照晚清以降在中国知识分子中间流行的社会进化理论,国家的形成与疆域的扩大实为历史发展的重要环节。加上强烈的救亡图存之念,使得人们在讨论社会进化时,对此问题尤为关注。吕思勉亦如此。在《白话本国史》的"汉朝的武功"一章里,他这样评价汉武帝:

> 秦汉时代,是中国国力扩张的时代……从秦到清盛时,二千多年,中国"固有的领土"和"对外扩张的方向",无甚变更。

---

[1] 吕思勉:《白话本国史》,载《吕思勉全集》第1卷,上海:上海古籍出版社,2015年,第1、5页。

这个规模,是秦始皇开其端,汉武帝收其功,所以说雄才大略的,一定要数秦皇汉武。①

接下来,吕思勉逐一叙述汉武帝对匈奴、西域、朝鲜、百越与西南夷的经略活动,以此作为中国国力勃兴的表现。这样的论述框架,很明显与清末梁启超等人提倡的以民族主义为旨归的新史学一脉相承。

不过,吕思勉毕竟是具有新思想的史家。辛亥革命后,面对民初的混乱政局,他提醒国人应多关注政治问题,因为中国绝大多数不良现象的出现,皆因政治败坏使然。② 相似的,他认为:"中国今日,一切罪恶,无不出于'治者阶级'。"③因此,在历史著作里,吕思勉尤为注重评判为政者的功过。关于汉武帝的历史地位,他指出:

> 汉武帝这个人,武功文治亦有可观。然而他这个人太"不经济"。他所做的事情,譬如"事四夷""开漕渠""徙贫民",原也是做得的事。然而应当花一个钱的事,他做起来总得花到十个八个。而且绝不考察事情的先后缓急,按照财政情形次第举办。无论什么事情,总是想着就办,到钱不够了,却再想法子,所以弄得左支右绌。④

---

① 吕思勉:《白话本国史》,载《吕思勉全集》第1卷,第145页。
② 吕思勉:《对于群众运动的感想》,载《吕思勉全集》第11卷,第187页。
③ 吕思勉:《士之阶级》,载《吕思勉全集》第11卷,第235页。
④ 吕思勉:《白话本国史》,载《吕思勉全集》第1卷,第153页。

又言：

> 文景以前，七十年的蓄积，到此就扫地以尽，而且把社会上的经济，弄得扰乱异常。这都是汉武帝一个人的罪业。然而还有崇拜他的人，不过是迷信他的武功。我说：国家的武功，是国力扩张自然的结果，并非一二人所能为。以武帝时候中国的国力，倘使真得一个英明的君主，还不知道扩充到什么地步呢。"汉武式"的用兵，是实在无足崇拜的。①

可见，从"说明社会进化的现象"的角度，吕思勉认为"国家的武功，是国力扩张自然的结果"。这也是社会进化到一定阶段的体现。在此情形下，历史人物能有所作为，无非是顺应了这样的历史进化趋势。自社会进化论传入中国以来，辨析历史人物与历史时势之间的关系就成为史家着重讨论的问题。也正由于习惯于将历史人物置于一定的历史进化进程中来考察，近代史家才能真正摆脱旧史学里将史书变为帝王将相之家谱的弊病。吕思勉正是用这样的方式，消解了因汉武帝的功绩而可能产生的崇拜之念。更为重要的是，由于受到近代社会科学的影响，吕思勉论史，时常注重从社会经济状况与政治社会制度角度着手，他认为汉武帝虽然"武功文治亦有可观"，但从社会经济的角度来看，政策失误之处也所在多有。尤其是财政政策，更是昏招频出。

及至20世纪30年代，吕思勉更加强调社会科学在历史研究中

---

① 吕思勉：《白话本国史》，载《吕思勉全集》第1卷，第155页。

的重要性。在写于新中国成立之后的自述中,吕思勉自言:

  年四十七,偶与在苏州之旧同学马精武君会晤。马君劝予读马列主义之书,尔乃读之稍多。于此主义,深为服膺。盖予夙抱大同之愿,然于其可致之道,及其致之之途,未有明确见解,至此乃如获指针也。①

吕思勉47岁时,正值1930年。当时各种左翼文学与社会科学作品在出版界十分流行,中国社会性质论战更是向知识界普及了许多历史唯物主义的基本常识。因此,吕思勉在此时接触到马列主义著作也是十分自然的,而这对他的历史研究产生了巨大的影响。在出版于1945年的《历史研究法》里,吕思勉认为:"马克思以经济为社会的基础之说,不可以不知道。"因为马克思主义"以物质为基础,以经济现象为社会最重要的条件,而把他种现象,看作依附于其上的上层建筑,对于史事的了解,实在是有很大的帮助ности"。② 两年以后,吕思勉出版《秦汉史》,书中有不少分析汉代社会经济结构与各阶层政治经济地位的内容。

  在吕思勉看来,汉初采取清静无为、与民休息之政,实属具体时势下的不得已之举,它起到了一定的效果。但此乃救时之举,而非为政常态。具体言之:

---

① 吕思勉:《自述》,载《吕思勉遗文集》上册,上海:华东师范大学出版社,1997年,第441页。
② 吕思勉:《历史研究法》,载《史学与史籍七种》,上海:上海古籍出版社,2009年,第37、38页。

>抚循失职之民,翦灭功臣,辑和外国,削弱同姓诸王,皆所以使秩序不乱,民遂其生者也。然仅能维持见状而已。自晚周以来,众共谓当改正之事,未之能改也。此乃天下初定,有所未皇云尔,固非谓其不当改。治安既久,不复乐以故步自封,终必有起而正之者,则汉武帝其人矣。①

吕思勉此处谈及的"众共谓当改正之事",指的是他长期以来对于先秦诸子政治思想的论述。在他看来,先秦诸子活跃的时期,上古大同时代与小康时代的遗迹在社会上仍有回响,因此目睹战国时代战乱不断、民死沟壑,诸子各派根据对于上古理想社会的理解,提出一系列政治社会改造学说,既涉及政治制度,又涉及经济制度,大体上皆以实现均平理想为职志。② 这一理想,在汉初难有实践的机会。汉武帝即位后,儒者反复申说民众生计与教化问题的重要性,并提出各种变革之道,而汉武帝也一改文景两朝清静无为的政策,在政治、经济、教化、军事等领域同时并进。在这个意义上,吕思勉对汉武帝拒绝"故步自封",立志"起而正之"的态度还是有所肯定的。

不过,对于汉武帝的实际作为,吕思勉还是比较持保留态度。汉武帝废黜百家,独尊儒术。然在吕思勉看来:

---

① 吕思勉:《秦汉史》,载《吕思勉全集》第4卷,第66页。
② 参见吕思勉:《中国社会变迁史(附大同释义)》,上海:上海古籍出版社,2021年,第80—90页。吕思勉:《中国政治思想史十讲》,载《吕思勉全集》第16卷,第403—419页。

> 武帝非真知儒术之人也。武帝之侈宫室,乐巡游,事四夷,无一不与儒家之道相背。其封禅及起明堂,则惑于神仙家言耳,非行儒家之学也。①

既如此,汉武帝又何故采取如此这般的文教政策?吕思勉认为,此乃历史时势所驱使,而非缘于汉武帝个人的见识。因为儒家强调立制度、制礼乐、兴教化,这既是战国以来主流的政治思潮,又是任何政权都需要面对的事情,儒家受到重视,乃势所必至之事。西汉建立以来,不少儒者都建议统治者在这些事项上有所作为,只是后者碍于内外局面而无暇顾及。到了汉武帝时期,各方条件皆已成熟,于是他顺势而为,确立了儒家的独尊地位。只是从儒学自身的流变来看,"儒生之徒务哗世取宠,则由利禄之途既开,竞怀苟得之计。抑贵游之子,富厚之家,事此者多,其人皆饱食暖衣,轻浅寡虑,不复能深思力学,抑多轻俊自喜,徒欲夸耀流俗故也。然则儒学之见尊崇,未尝非儒学之不幸矣"。②

而在民众生计方面,吕思勉认为:"虽其初意,抑或在摧抑豪强,然终诛求刻剥之意多,哀多益寡之意少,故终弊余于利,至于民愁盗起也。"③具体言之,盐铁官营之制,"虽有裨国计,而民之受其弊实深矣"。算缗之法实施前后,"旧法虽恶,民既习之,且有成法可循。新税则异是,而更行之以操切,则其害有不可胜言者矣"。

---

① 吕思勉:《秦汉史》,载《吕思勉全集》第 4 卷,第 69 页。
② 吕思勉:《秦汉史》,载《吕思勉全集》第 4 卷,第 537 页。
③ 吕思勉:《秦汉史》,载《吕思勉全集》第 4 卷,第 94 页。

均输之法既行,"货不必藏于己、力不必为己之风既渺,而人又非通功易事,无以为生,商人本不易制驭,况弘羊欲行之于一统之世乎?不能抑商贾以利齐民,而徒与商贾争利,盖势所必至矣"。① 此外,汉武帝任用桑弘羊等人施行以上诸政,然难以奏效,弊病丛生,之所以如此,依吕思勉之见,"当时社会组织,商人实居形势之地,岂如弘羊者所能裁抑? 况弘羊所引用者,亦多商人。用商人以裁抑商人,是与虎谋皮也"。② 相似的,为了贯彻这些政策,酷吏颇受重用。可是,"汉世酷吏,诚多摧抑豪强之意,然一切以武断出之,祸岂能无及于齐民哉"。③ 总之,对于汉武帝时期的社会经济政策,吕思勉以"刻剥之政"概括。而吕思勉认为汉武帝时期的这些政策流弊甚多,盖与他对于政治经济的变革的认识有关。在《秦汉史》开篇,吕思勉即言:"世无不自利之党类,即欲进于升平,亦非人民自为谋不可。而欲使在上者为之代谋,遂不免与虎谋皮之诮。"④

当然,吕思勉也承认,汉武帝在位时颇有遏制兼并、摧抑豪强之意。对此,近代蜀学代表人物之一李源澄在其所著《秦汉史》里有详细申论。在学术渊源上,李源澄既受到经由廖平改造过的今文经学影响,又由于师从章太炎,对后者的经史思想颇为熟悉,因此,他在相关史论里,一方面注意经学之于中国历史的重要性,又时常能着眼于典章制度与社会结构讨论历代史事因革。所以,他颇为重视汉武帝时期的社会经济政策。在他看来,汉武帝独尊儒

---

① 吕思勉:《秦汉史》,载《吕思勉全集》第4卷,第95、96页。
② 吕思勉:《秦汉史》,载《吕思勉全集》第4卷,第99页。
③ 吕思勉:《秦汉史》,载《吕思勉全集》第4卷,第99页。
④ 吕思勉:《秦汉史》,载《吕思勉全集》第4卷,第3页。

术,使西汉儒生的政治与社会理想有了得以实践的机会。具体言之:

> 自秦废封建以来,贵族政治遂绝于中国者(惟异族入主与南朝为特殊现象,然亦非贵族政治,而为平民与贵族混合之政治)。汉武采董生(董仲舒)之言,而行选举制度,以去其贵贱阶级。武帝以前抑制商人,武帝以后以限田防制地主,仲舒对策又畅发士大夫不与民争利之学说,故中国社会贫富不至悬绝。立学校崇儒术以为教化之原,故中国思想一以儒学为宗,而以人伦风化为重。此皆于武帝时植其基础,故谓中国大一统之政治完成于汉武,非虚言也。①

在这里,李源澄承认汉武帝奠定了中国的大一统格局。不过在他看来,这种大一统不仅是近代民族主义论述里的政治统一与疆域扩大,还包括在社会经济政策上保障平民利益,防止社会上出现特权阶层。在这个意义上,与吕思勉不同,李源澄对汉武帝时期的各项政治经济政策多有肯定:

> 汉兴以来,海内为一统,开关梁,弛山泽之禁,商贾益得滋盛,大者倾郡,中者倾县,下者倾乡里,不可胜数。千金之家比一都之君,巨万者乃与王侯同乐,滞财役贫,封君皆低首仰给,而不佐国家之急。故武帝之治财利,不仅以足国用,亦以去社

---

① 李源澄:《秦汉史》,成都:巴蜀书社,2019 年,第 67—68 页。

会蠹害。犯害者众,吏不能尽诛,于是遣博士褚大、徐偃等分行郡国,举兼并之徒守相为利者,公孙弘以《春秋》之义绳臣下,张汤以峻文决理为廷尉,臧宣、杜周等为中丞,义纵、尹齐、王温舒等用急刻为九卿,皆一反汉初之政治。汉初以宽而武帝以严,汉初以静而武帝以动。董仲舒之学术,张汤之文法,卫、霍之武功,桑、孔之财利,皆所以完成武帝之政治,而与汉初之政治相反。此乃时代转变中应有之事,论史者不详其终始,辄以扰民病之,过甚也哉!①

李源澄自言,其著《秦汉史》,"所措意者,封建、郡县、儒术三事"。而"废封建为郡县有二利:一曰天下为一统,二曰无贵族阶级,此秦汉以来大异于古者,秦开其基,而汉成之"。② 因此,汉武帝打击地方豪强、裁抑富商巨贾,自然也符合郡县制的原理。因为后者坐拥巨富,俨然成为新的"贵族阶级"。总之,李源澄认为,汉武帝时期的政治虽显严苛,然"经汉初之姑息,非此不足以惩治之",属于时势如此,不得不然。③ 故应从汉初以降的政治斗争动向来理解其作为、评估其功过。而也正是汉武帝时期如此这般的举措,才为后来昭宣之世行符合儒家标准的宽仁之政奠定基础。用李氏自己的话说,此乃"一张一弛,为政之要道"。④ 具体言之:

---

① 李源澄:《秦汉史》,第72页。
② 李源澄:《秦汉史》,自序第7页、第1页。
③ 李源澄:《秦汉史》,第70页。
④ 李源澄:《秦汉史》,第85页。

> 大一统之局开于秦皇而定于汉武,武帝以前之政治皆所以去封建之余毒而为武帝筑其基。汉武之世为汉代历代一大转捩,然其奋发之后必至罢敝,故昭帝继之以无为,以文帝之治为救世之方,而致百姓充实之效。宣帝承业,综核刑名,吏治益隆,诸夷日衰,臣服于汉,故言汉治之盛。①

由此可见,李源澄亦非一味替严苛之政作辩护,而是强调面对不同的政治经济局面,应以不同的方针政策应对。当然,他的这些分析,是建立在认为郡县制替代封建制是一种历史进步的前提之上的。既然代表了历史进步,那么郡县制的基本原理就应在政治实践中显现出来。

四

李源澄的《秦汉史》由钱穆作序。后者在序言中说:"读之,有幸与鄙见相合者,有鄙见所未及者。"②所谓"所未及者",很明显乃钱穆的客气话,本意大概是说李源澄书中的一些观点他并不完全认同。

历来论钱穆学术思想者多矣。不少论者常从钱穆如何回护、表彰、阐发中国历史文化的角度展开讨论。纵观钱穆一生,其论学主旨固然包括这些内容。但有一点值得注意,与陈寅恪这种出身

---

① 李源澄:《秦汉史》,第100页。
② 李源澄:《秦汉史》,钱序第5页。

于簪缨之家的人不同,钱穆出身颇寒微,幼年虽能入私塾读书,但家境并不宽裕。① 因此,在钱穆的史论中,对士阶层的出身与求学经历尤多措意。他所表彰的"士人精神",对象多为与平民地位相近的士人,而非那些家产颇丰、地处显要、世袭富贵的上层士绅。这也正因为前者来自民间,熟察民隐,故能激浊扬清、为民请命,成为政治活动的中坚力量,最能体现儒家之真精神。② 与之相连,便是钱穆对于不同历史时期的政治与经济状况颇为关注,并将是否有助于实现经济与社会的平等作为主要评价标准。③ 他对汉武帝及其时代的评价,就是在此思路下展开的。

20 世纪 30 年代,钱穆在北京大学讲授"秦汉史"课程。20 世纪 50 年代他将讲义以《秦汉史》为名出版,并声明"稍稍补申其语气未足,而一仍其内容旧贯"。④ 在书中,钱穆也认为汉武帝时代是西汉政治发展史上的重要转折时刻,"武帝自以雄才大略,乘时奋发。席全盛之势,建超古之业"。⑤ 不过,钱穆虽然承认汉武帝在政治与文教领域有所作为,但并未因此而忽视对他的批评。钱穆认为,汉初施行无为放任之政,固然有助于社会经济复苏,但"不免有连带而来之敝患。其最著者,厥为新商人阶级之崛起,而形成资产之集中与不均"。影响所及,"富人既凭其财力,役使平民,无异于

---

① 钱穆:《八十忆双亲・师友杂忆》,北京:生活・读书・新知三联书店,2005 年,第 8—9 页。
② 钱穆在《国史大纲》中论北宋以降的历史,最能体现这一点。参见钱穆:《国史大纲》下册,台北:商务印书馆,1995 年,第 557—580 页。
③ 当然,钱穆对于何谓政治与经济平等,其实有自己颇为独到的见解。由于这是另一个话题,因此本书点到为止,不再展开。
④ 钱穆:《秦汉史》,北京:生活・读书・新知三联书店,2018 年,序言第 3 页。
⑤ 钱穆:《秦汉史》,第 79 页。

往昔之封君贵族。而及其积资愈富,买爵得官,亦复易易"。① 因此,钱穆指出摆在汉武帝面前的首要任务,与其说是复古更化,大兴儒学,不如说是解决颇为严峻的社会经济问题。而通过梳理相关史事,钱穆指出,汉武帝并未能在这些方面有所建树:

> 社会经济之贫富不平,为刑不轻奸不改风化不流政令不行之根源,乃当时政治上惟一真实之问题所在,则武帝不徒未经注意,抑且以其种种之复古更化,而促其现象之加甚焉。此武帝一朝政治之大概也。②

又言汉武帝虽然表面上尊崇儒术,却对董仲舒这样的儒生所提醒的日益严峻的社会经济问题缺乏重视,反而对各种营造天人交感氛围的仪式甚为喜好:

> 当时政治上实际问题,最大者厥为社会贫富之不均。而武帝政治措施,于此全不理会,最先即及于郊祀封禅巡狩种种典礼之兴复者,此由其时学者间共同信仰,太平景象之特征,定有一种天人交感之符兆。故遂于无形中造成一种观念,即努力于促现此种天人交感之符兆,亦即为造成太平之阶梯也。③

---

① 钱穆:《秦汉史》,第51、55页。
② 钱穆:《秦汉史》,第95页。
③ 钱穆:《秦汉史》,第103—104页。

基于此,钱穆认为汉武帝时期的财政政策未能真正解决汉初以降的社会经济问题,作为最高统治者的汉武帝甚至效仿那些聚敛财富的富商大贾与曾经割据一方的诸侯王,将社会财富聚集于朝廷,养成骄纵奢侈之风:

> 汉政之所急,尚不在边寇,尚不在列侯诸王之变乱,而在社会经济不均,所造成种种之病态也。武帝即位,内则七国之乱已平,中央一统,而府库充溢,积财导变。实际不啻以汉天子而代往者淮南梁赵吴楚之地位。武帝席丰履厚,肆其雄志。凡所为兴礼乐造太平者,其实皆步往者列侯诸王骄奢相纵之后尘,而益甚焉者……武帝一朝……其一切政治措施,固非尽本之于历史教训,与经验积累,实乃一新兴资产阶级之特殊变相耳。故汉初高惠文景之治,乃真所以代表社会下层一种俭约恭谨之平民,诚有以易夫古者贵族世袭之传统。而武帝则代表平民社会中一种骄奢纵肆之资产阶级,遂以渐成此后之新统也。由此言之,汉武虽有雄才大略,亦自飘转于时代潮流之鼓荡中,而有其所不自知。①

总之,在《秦汉史》中,钱穆认为汉武帝并未有效解决汉初以来长期存在的社会经济问题,反而使构成这些问题的因素不断影响汉代政治风气,导致汉代政权性质发生变化。虽然彼时钱穆对历史唯物主义知之不多,对中国马克思主义史学的阶级分析法也保

---

① 钱穆:《秦汉史》,第 191—193 页。

持着距离,但他在这里用类似历史唯物主义方法论的路径,从汉武帝时期的政治与经济状况出发,评判汉代政权的性质。就此而言,所谓独尊儒术也显得有名无实。钱穆颇为犀利地指出:"盖汉武一朝,其先多用文学浮夸士,其后则言财利峻刑酷法者当事。儒生惟公孙弘兒宽,俯仰取容而已。"①

1937年,全面抗战爆发后,在国家存亡的生死关头,钱穆开始借着写历史的方式来表彰民族精神,鼓舞国人的抗敌之志。他认为,人们需要"一种对其本国以往历史之温情与敬意"。②与此同时,钱穆与国民党政权的关系也越来越紧密,曾在1942年获得蒋介石两次召见,并受邀赴重庆国民党中央训练团讲学。③所以,他对包括汉武帝在内的中国历史上重要人物的评价,较之先前也发生一些变化。

在撰写于那一时期的《中国文化史导论》中,钱穆一改编撰"秦汉史"讲义的立场,开始极力从正面角度论述汉武帝及其时代。该书第五章名为"文治政府之创建",钱穆在其中说:

> 西历纪元前二四六年的时候,在东方世界上算已有一个世界政府出现了。以后的一段时期,主要的努力,在乎把此政府如何充实、改进,以达理想的境界,这是从秦始皇到汉武帝的时期。这段时期,是中国国家凝成民族融和开始走上大一

---

① 钱穆:《秦汉史》,第203页。
② 钱穆:《国史大纲》上册,第1页。
③ 钱穆:《八十忆双亲·师友杂忆》,第231页。

统以后一段最光明灿烂的时期。[1]

汉武帝时代之所以称得上"光明灿烂",是因为"汉武帝代表着中国史上第一个'文治的统一政府'即'士治'或'贤治'的统一政府之开始"。[2] 具体言之,汉武帝设置"五经博士",一方面使儒家学说获得官学的地位,另一方面让"平民中有知识有修养的贤人,即士人",[3]有机会进入政府,成为各级官员。其结果是,"从前由皇室宗亲与军人贵族合组的政府,在现在不久以后,便完全变成由国家大学校教育及国家法定考选下的人才来充任。因此我们说,到汉武帝时代而始完成了中国史上'文治政府'之出现。这是中国人传统观念里的'理想政府'之实现,这是中国文化史上一个大成功"。[4] 将此论与钱穆在"秦汉史"讲义里对于汉武帝崇儒的评价进行比较,明显可见其中差别。

此外,钱穆在"社会主义与经济政策"一章中还认为:"秦、汉时代,文治政府之创建,与社会思想之勃起,二者并行。""自秦始皇到汉武帝一段时间内,统一政府稳定,文治制度成立,政治问题逐渐解决,而农村均产破坏,工商企业大兴,社会经济贫富不均的状况,遂成为一般人目光注意之集中点。"[5]钱穆在标题中使用了"社会主义",并非认同中国共产党的理论,而是强调主张经济平等与社

---

[1] 钱穆:《中国文化史导论(修订本)》,北京:商务印书馆,1994年,第93页。
[2] 钱穆:《中国文化史导论(修订本)》,第94页。
[3] 钱穆:《中国文化史导论(修订本)》,第100页。
[4] 钱穆:《中国文化史导论(修订本)》,第103页。
[5] 钱穆:《中国文化史导论(修订本)》,第113、114页。

会公平的"社会主义",在中国古已有之,并非完全源于域外,这又体现出中国历史文化的某种优越性。当然,钱穆从正面的角度使用"社会主义"这一概念,至少可以说明,在当时的学术界,社会主义是具有极强吸引力的,即便不是中国共产党的同路人,也不能忽视其影响。

具体言之,钱穆指出,"'商贾'与'任侠'是西汉初年社会上新兴的两种特殊势力,是继续古代封建社会而起的两种'变相的新贵族'"。① 对于"任侠",至汉景帝时期基本已打压殆尽。而汉武帝贯彻钱穆眼中"社会主义"政策的举措,就是摧抑那些坐拥巨富的商贾。钱穆说:"当时的政府,便创出一个'盐铁官卖'乃至'国营'的政策来。政府的理论是,盐铁为天地间自然的宝藏,其利益应该为社会大众所共享,不应由一二私家独擅。因此政府在盐铁出产地特设官经营制造、运输与销售等事,免得为商人所霸占。"此外,"当时对于几种特定的商品,收归政府官卖以外,又对一般商人,设法增征重税"。如此这般,"在当时曾引起绝大骚动,对于一般富商大贾极为不利。但在政府的理论上,是依然根据于'裒富而益不足'的原则而来的"。②

在钱穆看来,汉武帝时期的这些经济政策,并非由统治者独创,而是基于当时儒生们对于理想社会的描述。钱穆将此称为"中国儒家传统的'均产论'":

第一点:此所谓均产,并不要绝对平均,不许稍有差异。

---

① 钱穆:《中国文化史导论(修订本)》,第118页。
② 钱穆:《中国文化史导论(修订本)》,第119页。

中国传统的均产论，只在有宽度的平面上求均。宽度的均产中间，仍许有等差。

第二点：在此有宽度的均产中间，不仅贫人应有他最低的界限，即富人亦应有他最高的限度。因此中国传统经济政策，不仅要"救贫"，而且还要"抑富"。中国人认为大贫大富，一样对于人生无益，而且一样有害。因此贫富各应有他的限度。这两种限度，完全根据人的生活及心理，而看其影响于个人行为及社会秩序者以为定。①

如果结合时代语境，不难看出，钱穆此论与其说是在阐释中国古代经济思想，不如说是在借论述历史来表彰被南京国民政府改造过的孙中山的民生主义，即强调民生主义与中国古代经济思想一脉相承，既顾及社会经济平等，又不像源自域外的马克思主义所主张的无产阶级专政那样"偏激"。而钱穆此处对汉武帝时代经济政策的叙述，也不难看到国民党政权借助"资源委员会"等机构厉行统制经济的影子。②

当然，钱穆也承认："汉武帝虽则引用了许多好理论，但当时的政府，实际是刮削富人财力来支持挞伐匈奴以及开辟各边疆的兵

---

① 钱穆：《中国文化史导论（修订本）》，第120、121页。
② 在出版于1949年以后的《中国历代政治得失》中，钱穆又认为这些政策类似"国家社会主义"："汉武帝再不让商人们擅自经营了，把其所有权收回，让政府派官吏去自己烧盐，自己冶铁，其利息收入则全部归给政府，于是盐铁就变成国营与官卖。这个制度，很像近代西方德国人所首先创始的所谓国家社会主义的政策。可是我们远在汉代已经发明了这样的制度，直到清代，小节上的变化虽然有，而大体上总还遵循这一政策，总还不离于近代之所谓国家社会主义的路线。"参见钱穆：《中国历代政治得失》，北京：生活·读书·新知三联书店，2001年，第21页。

费,甚至是用来弥补宫廷一切迷信及奢侈的浪用。到汉武帝末年,社会均产的理想,几乎变成普遍的破产。"①这显示出作为一位饱读史籍的史家,钱穆还不至于将复杂的史事简化为带有本质主义色彩的概念。但是,钱穆在这一时期这样诠释汉武帝及其时代,其问题也是很明显的。对此,只需看看马克思主义者胡绳与王亚南对于钱穆史学的批评,就能明白一二。② 而由此也可看到,在与国民党政权走得越来越近,甚至成为其在文史领域的代言人之后,钱穆似乎已经丧失了之前讨论中国历史时的锐气,沾染上了极力将三民主义儒家化的国民党论述里的空疏迂腐与矫揉造作之风。

五

中国传统史学,经世致用之意至为明显,此在近代亦有新的表现形式。陈寅恪尝言:

> 史论之作者,或有意,或无意,其发为言论之时,即已印入作者及其时代之环境背景,实无异于今日新闻纸之社论时评。若善用之,皆有助于考史。故苏子瞻之史论,北宋之政论也。

---

① 钱穆:《中国文化史导论(修订本)》,第121页。
② 参见胡绳:《评钱穆著〈文化与教育〉》《论历史研究和现实问题的关联——从钱穆先生的〈国史大纲〉引论中评历史研究中的复古倾向》《历史能证明中国不需要民主吗?》,载《理性与自由——文化思想批评文集》,北京:生活·读书·新知三联书店,2014年,第109—191页。王亚南:《中国官僚政治研究》,北京:中国社会科学出版社,2005年,第29—40页。

> 胡致堂之史论,南宋之政论也。王船山之史论,明末之政论也。今日取诸人论史之文,与旧史互证,当日政治社会情势,益可借此增加了解。①

毋庸多论,近代中国面临着极为复杂的历史局面。在此背景下,时人为了思考与中国出路何在相关的各类问题,往往在不同领域里进行发声。中国有着悠久的历史编撰传统,近代被人们提倡的新史学也带有极强的政治色彩,这使得近代中国的史学研究时常显现很强的时代感,成为近代中国政治文化的重要组成部分。只是与古人不同,近代大多数的"史学经世"之作,背后依托的义理资源,已从儒家学说,变为不同门类的近代社会科学。

《汉书·武帝纪》曰:"如武帝之雄才大略,不改文景之恭俭以济斯民,虽《诗》《书》所称何有加焉!"近代以来,由于民族主义的流行,人们对于汉武帝的评价,尤其是其经略四方之举,大概很少会否认其"雄才大略",不过与古人的看法不同,认为西汉初年虽行清静无为之政,但时易世变之后,积累了不少新的社会矛盾,需要改弦更张,奋发有为。只是在近代民主思想于中国广泛传播之际,时人不仅从政治治理的实际效果来评价其得失,还十分在意剖析汉武帝种种作为是否仅为了巩固个人统治、满足一己私欲,即便种种推测颇有诛心之嫌。在这个意义上,近代关于汉武帝的评价,某种程度上也体现着人们对于现实当中的为政者的评判标准与期望值。这或许与宋代理学强调天理人欲之辨,认为三代以下皆为人

---

① 陈寅恪:《冯友兰中国哲学史上册审查报告》,载《金明馆丛稿二编》,上海:上海古籍出版社,2020年,第248页。

欲横流之世,汉唐之君秉承天理之处极少的论述有一定关系,但其实也具有一定的现代意识。而这种现代意识在评价汉武帝及其时代问题上最为深刻的体现,莫过于章太炎为了批判康有为的学说而对后者所依托的西汉今文经学进行的剖析。窃以为要想剖析近代民主思想如何具体而微地影响着中国知识分子,从此入手,或许更为关键。

此外,从清末开始,体现着平等与公平的社会主义思想开始在中国流传。社会主义对内主张平等,对外批判列强的殖民扩张,这既在某种程度上符合深受传统熏陶的知识分子对公、均、共等传统政治概念的认知,又能提供给忧国忧民之士一个解释近代中国为何外患严重的视角。五四新文化运动以后,伴随着新思潮的迅速普及,特别是国民革命运动与之后的中国社会史论战、中国社会性质论战,以及1929年的世界资本主义经济危机的影响,社会主义成为绝大多数中国知识分子与政治人物思考历史与现实问题时的重要凭借。尽管不同的人对于社会主义的具体认识往往不无差异,对如何实现社会主义的设想也各不相同,但总体而言,近代中国知识分子多认为要想体现社会主义精神,就应由国家推动各种旨在革除兼并与剥削的政策,打击聚敛财富的豪强富户,并将重要的经营事业收归国营,由国家制定政策来庇护平民。在此背景下,人们很容易基于当代立场,把汉武帝时期的社会经济政策视为近代社会主义在中国古代的某种先声。当然,正所谓理从事出,以史为鉴,这种跨越古今的遥想,并不能替代对于汉武帝所作所为的具体分析。无论是吕思勉关于政策制定与实施之间巨大落差的冷峻剖析,还是钱穆对汉武帝时期汉代政权已然变质的判定,不但体现令人击节称赞的史识,而且三复斯言,愈觉此乃贯穿古今、关乎兴废的要紧之事。这大概也是对于汉武帝的评价,堪称近代中国政治文化不容忽视的组成部分的根本原因。

论近代中国的两种法家诠释路径及其旨趣

清末以降,中国学术流变的一个重要特点就是先秦诸子被人们重新重视。龚自珍在第一次鸦片战争前夕曾言:"何敢自矜医国手,药方只贩古时丹。"尽管晚清以降的子学复兴从表面上看与汉晋之际、唐末五代、明清之际相似,都是士人基于对时代危机的体认去传统学术中寻找长期被忽略的思想资源,但在那些历史时期,中华文明在整体上并未遭遇巨大的危机,许多新的思潮依然属于传统学术内部不同流派新的排列组合。也就是说,汉晋之际与明清之际的子学重新被重视,显现的反而是中华文明极强的生命力与自我修复能力。与之不同,晚清以来的诸子学复兴,根本原因在于中国必须面对借着坚船利炮而来的西政与西学,这关乎作为政治与文化共同体的中国之存亡。因此,尽管在学术传承上晚清以降的诸子学吸取了许多清代考据学的成果,但在基本问题意识与核心诉求上,晚清以降的诸子学与乾嘉考据学有着明显不同。之所以如此,就是由于西力东侵、西学东渐,致使诸子学的兴起与西学的流行相并而行。人们要想对诸子学有新认识,就不能忽视西学对于中国传统学术的巨大冲击,要汲取那些可以为重审诸子学提供新方法与新内容的西学资源。

其中,长期被历代儒者赋予大量负面评价的法家学说逐渐有了"翻身"的机会,不少论者常从正面的角度对之进行诠释,汲取其中在他们看来有助于为现代国家建设提供思想资源的内容。一些学者即便依然认为法家学说有着明显局限性与谬误之处,面对现实中国的孱弱与贫穷,以及北洋政府与南京国民政府的吏治腐败,再遥想战国时期秦国因奉行法家之术而实现富强,韩非对战国时期官僚政治中的中饱之徒的深刻剖析,也不禁对之投以颇为正面的评价。比如吕思勉目睹北洋政权治下的种种乱象,痛陈:"中国今日几无一人以法律为当守者,无一人知背公党私之为非者。欲救其弊,必大申商君韩公子之学,必式民以直躬之徒。"①在《韩非子评论》中,熊十力基于儒家立场,对韩非的政治思想进行深刻批评。但他依然强调,"韩非主严诛重罚,其论虽过激,而治甚昏积乱之俗确非如此不可","使韩子生今日,余为之执鞭,所欣慕焉"。②另一位价值立场上基本属于儒家的学者冯振也认为:"摧陷廓清,韩非法术之学也。"此乃"有菽而不能食,食而增病之时所或需者也"。③

---

① 吕思勉:《沈游通讯》,载《吕思勉全集》第11卷,上海:上海古籍出版社,2015年,第209页。
② 熊十力:《韩非子评论·与友人论张江陵》,上海:上海古籍出版社,2019年,第69、24页。
③ 冯振:《韩非子论略》,载《冯振全集·诸子学说》,桂林:广西师范大学出版社,2021年,第239页。

但问题在于,先秦法家的内容颇为广博,其既主张应在当时历史条件下最大限度动员一国之人力与经济资源,整军经武,扩充实力,在列国交战不止之世得以自存并壮大;又强调厉行集权政治,打压世袭贵族与朝廷宠臣,通过颁布具有公开性与准确性的法规,建立具有循名责实特征的政治秩序;还主张通过一系列经济措施,让普通农民拥有土地,打破世袭贵族对土地的垄断,以此适应战国以来农业生产力的发展。当然,也不乏对于君主统治术与政治活动中人性特点的冷峻观察。因此,晚清以来人们对于法家学说的新诠释,与其说是将这所有内容都作为思考重点,不如说更基于时人自己对于时势的观察,以及由此而生的政治、经济与文化立场,再从先秦法家文献中选取被认为值得重视的内容,从不同的角度与立场予以新的解释。这背后体现的,其实是近代中国不同政治派别对于现代国家建设要旨与国内政治和社会矛盾的不同认知。而大体言之,近代中国的法家新诠大体有两种路径,即国家主义的路径与强调社会结构变革的路径。分析这两种不同路径下的法家新诠,有助于进一步理解近代世变与学变的深层次内涵。

一、异代先知:国家主义视域下的法家学说

晚清以降,面对东西列强之间越发激烈的竞争关系,尤其是列强对中国虎视眈眈,希图瓜分中国的局面,人们多认为此刻世界政

治犹如中国历史上战国时代之重演。① 这背后体现的是时人认为近代世界政治的主流就是大国之间依据相似的发展道路纷纷崛起,然后进行全球范围内的争霸,广大的非西方国家与地区除非能够效仿西方列强之所为,在短时间内实现富强,否则都难逃被侵略与殖民的惨境。关于这一点,对时代变局有着敏锐观察的梁启超体会尤深。

戊戌变法失败后,梁启超东渡日本,阅读了大量由日本学者译介的近代社会科学与历史学著作,使他对19世纪以降的国际政治有了更为深入的认识。梁启超认为,19世纪世界政治的主流是民族主义。民族主义式的政治要求一国内部实现政治变革,推翻封建王权,增加国家实力,保障民众利益,对外则以防止他国侵略始,至对外扩张为本国夺取更大利益终。民族主义与社会达尔文主义相结合,认为强国侵略弱国实乃天经地义之事,并无不道德之处。弱国被侵略或殖民,实属咎由自取。一国要想在优胜劣汰的国际环境中自存,唯有不断扩充国力,使国内政治、经济与文教建设皆以国家为本位,国民的权利要建立在为国家做贡献的义务之上。甚至天赋人权论也已为过时之物,国家有机体论方为此刻流行的学说。②

尤有进者,梁启超指出:"民族主义,一变而为民族帝国主义,

---

① 比如俞樾就说:"嗟呼!今天下一大战国也。"参见孙诒让:《墨子间诂》第1版,北京:中华书局,1986年,俞序。顾实亦言:"盖周季列国者,一今世万国之雏形也,今世万国者,一周季列国之放大也。"参见顾实:《国学研究会演讲录第一集·序》,载桑兵等编:《国学的历史》,北京:国家图书馆出版社,2010年,第274页。
② 梁启超:《国家思想变迁异同论》,载吴松等点校:《饮冰室文集点校》第2集,昆明:云南教育出版社,2001年,第801页。

遂成十九世纪末一新之天地。"①"民族帝国主义"的流行是不可逆转的时代趋势。在"民族帝国主义"之世里,除了传统的军事征服,列强还善于运用经济手段去控制非西方国家,如借款、倾销商品、修筑铁路、派遣财政顾问等。因此梁启超提醒国人:"今日之竞争,不在腕力而在脑力,不在沙场而在市场。"又言:"二十世纪之世界,雄于平准界者则为强国,啬于平准界者则为弱国,绝于平准界者则为不国,此中消息,不待识微者而知之矣。"②1903年他赴美游历考察,一方面目睹了以托拉斯、康采恩为代表的美国资本主义体制垄断生产,另一方面对美国唐人街里的中国人如散沙一般缺乏组织能力痛心疾首。凡此种种,再加上先前对于世界大势的剖析,梁启超遂认为当时的中国不能立即施行民主政治,天赋人权论也不适合在中国过度传播。中国需要由具有现代意识的统治者厉行"开明专制",一方面提高行政效率,建立现代的内政与国防体系;另一方面加快发展经济,使生产力在短时间内得到有效提升;同时大力发展国民教育,使民众具备政治能力与国家意识。③ 因此,在与革命党进行政治论战时,梁启超明确指出:"今日欲救中国,惟有昌国家主义。其他民族主义、社会主义皆当诎于国家主义之下。"④

梁启超向来认为,历史学是培养国民意识与政治能力的利器,他的"新史学"的主要目标就是借助历史著作的普及化来宣扬他心

---

① 梁启超:《论民族竞争之大势》,载吴松等点校:《饮冰室文集点校》第2集,第787页。
② 梁启超:《论民族竞争之大势》,载吴松等点校:《饮冰室文集点校》第2集,第801页。
③ 梁启超:《开明专制论》,载吴松等点校:《饮冰室文集点校》第3集,第1387—1429页。
④ 梁启超:《杂答某报》,载吴松等点校:《饮冰室文集点校》第3集,第1510页。

目中当时中国人所需掌握的政治观念。① 因此,梁启超在清末写了大量历史著作,或是将"民族帝国主义"的内容投射到古人身上,或是秉持建设现代国家的立场来批判中国传统政治制度与学术思想,或是借由叙述与中国命运相似的亚非国家的"亡国史"来警示国人。除此之外,梁启超相信学术为"天地间独一无二之大势力",可以"左右世界"。② 那么为了更好地宣扬自己的政治主张,他绝不会忽视从中国传统政治学说当中汲取可供阐扬的资源。其中,他注意到了先秦法家。

1909年,梁启超出版《管子传》。从书名就能看出,他是在叙述被视为法家人物的管仲的生平与思想。在"例言"中,梁氏声称该书"以发明管子政术为主,其他杂事不备载"。此外,他特别强调在"发明管子政术"时,自己"以东西新学说疏通证明之"。③ 这就表明,他在书中并非以复原管仲的生平与思想为目的,而是要以新学说为视角,去解释管仲的"政术"。

关于管仲的历史地位,梁启超认为:

> 今天下言治术者,有最要之名词数四焉:曰国家思想也,曰法治精神也,曰地方制度也,曰经济竞争也,曰帝国主义也……吾见吾中国人之发达是而萌芽是,有更先于欧美者。

---

① 王锐:《"新史学"与"旧世界"——百廿年后回看梁启超的"新史学"》,载河南大学人文社科高等研究院主办:《人文》第10卷,北京:中国社会科学出版社,2023年,第131—150页。
② 梁启超:《论学术之势力左右世界》,载吴松等点校:《饮冰室文集点校》第1集,第285页。
③ 梁启超:《管子传》,载《中国六大政治家》上册,北京:中华书局,2014年,第3页。

谓余不信,请语管子。①

梁氏又言:

> 至最近二三十年间,然后主权在国家之说,翕然为斯学之定论。今世四五强国,皆循斯以浡兴焉。问泰西有能于数千年前发明斯义者乎……有之则惟吾先民管子而已。②

基于此,梁启超将管仲的政治思想与政治实践分为"法治主义""官僚政治""内政""教育""经济政策""外交""军政"等几个内容,分别论述管仲如何通过一系列的制度设计与政治实践,壮大春秋时期齐国的国力,整合齐国内部的人口资源与经济资源,让经济生产为政权服务,使齐国具有逐鹿中原的资质,并在春秋诸侯国中间长期居于霸主地位。在梁启超看来,"管子为忠于国民之政治家,为负责任之政治家,为能立法之政治家,为善于外交之政治家,为能实行军国主义之政治家"。③

在《管子传》中,梁启超毫不讳言自己的国家主义立场。他说:

> 夫以一国处万国竞争之涡中,而欲长保其位置毋俾陨越,且继长增高以求雄长于其侪,则必当先使其民之智德力,常与时势相应,而适于供国家之所需。国家欲左则左之,欲右则右

---

① 梁启超:《管子传》,载《中国六大政治家》上册,第7页。
② 梁启超:《管子传》,载《中国六大政治家》上册,第8页。
③ 梁启超:《管子传》,载《中国六大政治家》上册,第19页。

105

之,全国民若一军队然,令旗之所指,则全军向之。夫如是乃能有功也。①

基于此,他认为管仲的内政举措类似19世纪西方政治思想当中的"干涉主义",即通过建立法度来最大程度地组织、调度国内各种资源,使国家机器能够极有效率地运转起来,并借助国家力量形成经济托拉斯。在论述管仲时代的相关史事之后,梁启超指出:

> 国家者非徒为人民个人谋利益而已,又当为国家自身谋利益,故以图国家之生存发达为第一义,而图人民个人之幸福次之,苟个人之幸福而与国家之生存发达不相容,则毋宁牺牲个人以裨益国家。何也?国家毁则个人且无所丽,而其幸福更无论也。是故放任论者,以国民主义为其基础者也;干涉论者,以国家主义为其基础者也。放任论盛于十八世纪末与十九世纪初,干涉论则近数十年始勃兴焉……试观我国今日政治之现象与社会之情态,纪纲荡然,百事丛脞,苟且偷惰,习焉成风。举国上下,颓然以暮气充塞之,而国势堕于冥冥,驯致不可收拾者,何莫非放任主义滋之毒也?故管子之言,实治国之不二法门,而施之中国尤药之瞑眩而可以疗疾者也。②

很明显,在梁启超眼里,以管仲为代表的先秦法家之所以值得提倡,主要是因为后者与近代的国家主义颇为相近,都强调国家本

---

① 梁启超:《管子传》,载《中国六大政治家》上册,第33页。
② 梁启超:《管子传》,载《中国六大政治家》上册,第31—32页。

位、国家优先,相信只要做到自上而下的制度设计,就能让国家实力大增,改变先前的涣散凌乱之象。

更有甚者,梁启超认为"民族帝国主义"是不可避免的历史趋势。为了更好地使国人意识到这一点,他强调:"管子者,以帝国主义为政略者也。"①在他看来,管仲是可以与克伦威尔和拿破仑齐名的大政治家:

> 昔克林威尔当长期国会纷扰极点之后,独能征爱尔兰,实行重商主义,辉英国国威于海外;昔拿破仑当大革命后,全国为恐怖时代,独能提兵四出,蹂躏全欧,几使法国为世界共主。盖大豪杰之治国家,未有不取积极政策而取消极政策者也。若管子者,诚大国民之模范哉!②

这一论调的关键之处,不在于管仲是否有资格与这两位西洋人相提并论,而在于梁启超之所以对此二人予以极高评价的理由。在他看来,克伦威尔与拿破仑之所以伟大,既不是因为前者发动革命,组建新模范军,处死英国国王,建立共和体制,撼动欧洲王权,也不是因为后者巩固并传播了法国大革命中资产阶级的政治诉求,同时用法典的形式将这些诉求确立下来,而是由于这二人都善于进行对外扩张,符合"民族帝国主义"的标准。依梁氏之见,管仲的政治实践也与此标准颇为相契,所以他堪称"大国民之模范"。总之,梁启超对于管仲的诠释,基本是在国家主义的维度上进

---

① 梁启超:《管子传》,载《中国六大政治家》上册,第21页。
② 梁启超:《管子传》,载《中国六大政治家》上册,第22页。

行的。

无独有偶,与梁启超同为康门弟子的麦孟华在同一时期也撰写了《商君》一书。从书名就能看出,这是先秦法家代表人物商鞅的传记。在书中,他认为"帝国主义"为"商君第一政略","国家主义"为"商君第二政略"。① 之所以这样诠释商鞅,同样是因为在他看来,欧美各列强大多对内施行国家主义,对外推行帝国主义。中国要想摆脱困境,也需依此路径进行变革。

麦孟华认为,商鞅在秦国开展变法,尤其是制定法令让上下皆需遵守,使法令具有权威性与划一性,其目的就在于实践国家主义,整合秦国国内的力量,发展农业,奖励军功,为与其他诸侯国进行战争做准备。因此,依他之见,商鞅的政治实践与晚近列强所奉行的帝国主义颇有相似之处。与梁启超一样,麦孟华也认为国际政治中的帝国主义是不可避免的历史趋势,而中国人面对这样的外部环境其实没必要过分恐慌,因为商鞅早在两千年前就推行过相似的政策。他说:

> 商君当战国时代,其一切内治,皆将以实行其帝国政略者也;故其重农之政策,亦以达其尚武之目的而已。②

又说:

> 欲实行帝国之政略,必先养成军国之资格,管仲作内政寄

---

① 麦孟华:《商君》,载《中国六大政治家》上册,第138、139页。
② 麦孟华:《商君》,载《中国六大政治家》上册,第154页。

军令,而齐遂定霸中原;俾斯麦变兵制修武备,而德遂雄视欧陆。盖非有尚武精神,必不足以行其铁血主义也。秦俗首功好武,自昔已然,商君因而用之,奖之以赏,厉之以威,驱而一之于战。①

与梁启超相似,麦孟华也喜欢拿中国古人与近代西方政治家作比较。在他看来,若使商鞅"生于今日,固建造德国之俾斯麦也"。②类似俾斯麦统一德国,商鞅的政治主张与政治实践同样"拓霸国之规模,立一统之基础"。③换言之,商鞅也是一位理想的国家主义政治家。

辛亥革命之后,梁启超在政坛浮浮沉沉,既有高光时刻,又有暗淡岁月。到了晚年,他开始转变思路,希望通过积极讲学来介入五四新文化运动以降的文化论争,以此培植力量,扩大阵营。④国民革命运动开始后,面对南方革命阵营的力量越发蓬勃,本来就反对在中国实行社会主义的梁启超开始思考整合国内各派政治势力来对抗前者。1927年在与子女的信中,他直言:"我看现在国内各党派中,惟有'国家主义青年团'一派最有希望。"⑤他这里说的"国家主义青年团",即在国民革命运动中崛起的另一支力量——中国青年党。据与梁氏晚年关系紧密的周传儒回忆,当时中国青年党

---

① 麦孟华:《商君》,载《中国六大政治家》上册,第161页。
② 麦孟华:《商君》,载《中国六大政治家》上册,第170页。
③ 麦孟华:《商君》,载《中国六大政治家》上册,第170页。
④ 丁文江、赵丰田编:《梁任公先生年谱长编初稿》,北京:中华书局,2010年,第497、498、485、538页。
⑤ 丁文江、赵丰田编:《梁任公先生年谱长编初稿》,第594页。

的领袖曾琦确实也在多方活动,希望接近梁启超,实现政治上的联合。①联系到中国青年党在国民革命运动期间颇致力于和军阀与老辈政客搞关系,②借此对抗被他们视为眼中钉的中国共产党,不难推想梁启超本着国家主义的立场,极易对中国青年党产生某种好感。

中国青年党主要由出身中上层的青年知识分子组成,他们以精英自诩,对民众运动颇为轻视。③他们效法19世纪以降的国家主义思潮,强调全体国民应以"国性"为起点来保卫国家、建设国家、增强国力,抵抗任何有损国家主权的外部力量。从外观上看,这与近代以来的救亡图存理念颇为相似。但具体到20世纪20年代的政治语境里,这样的主张主要是对抗中国共产党提出的无产阶级革命与反对帝国主义列强。因为中国青年党宣称中国社会没有阶级矛盾,中国的政治运动应由全体国民来参与,是"全民革命",将国内的阶级矛盾与中国和帝国主义国家之间的矛盾对立起来,宣扬不能因过分关注前者而忽视后者。他们的政治蓝图是建立一个以国家主义为意识形态基础,虽然具有现代民主外观,但实际上是由政治与文化精英统治的国家。对于中国共产党提出的反帝主张,他们并未直接反对,而是认为不但英美日等国是帝国主义,十月革命之后的苏联也是帝国主义,这就将中国共产党所秉承

---

① 周传儒:《回忆梁启超先生》,载夏晓虹编:《追忆梁启超》,北京:中国广播电视出版社,1997年,第375—376页。
② 李义彬编:《中国青年党》,北京:中国社会科学出版社,1982年,第188—190页。
③ 曾辉:《中国青年党研究(1923—1945)》,华东师范大学历史学系博士论文,2014年,第21—39、第56—59页。

的列宁对于帝国主义的剖析——帝国主义是资本主义的最高阶段,是金融资本占主导地位的经济生产方式,扭曲成一切与中国政治发生关系的国家都是帝国主义。其目的就是用抽象的"国民"概念来掩盖中国社会普遍存在的贫富差距与阶级冲突,用缺少准确定义的帝国主义概念来消解国际共产主义运动对帝国主义统治格局的批判与冲击。

在20世纪20年代,中国青年党主要致力于宣扬基本理念,介入现实政治。到了20世纪30年代,尤其是九一八事变之后,一来全国知识界对"国难"的体会越发深刻,开始深入思考如何于"国难"之际让中国摆脱民族危机,二来中国青年党与南京国民政府之间的关系始终颇为微妙,彼辈再次介入现实政治的机会也比较有限,因此中国青年党的党魁们开始致力于学术研究,特别是借写历史来宣扬其基本观点。

其中,中国青年党内的重要笔杆子陈启天尤为重视对于法家学说的诠释。他自言:"近代中国又已进入另一个世界新战国时代,从前战国时代的显学法家,是否仍可供参考呢?我们所主张的国家主义,可否以法家思想作一种佐证呢?要为今后中国建立一种新法家或新政治学,求能以民主政治生存于世界新战国时代,是否也应先研究一下旧法家呢?我怀抱这种想法,于民国十九年开始作整理法家的工作。"[1] 1934年,陈启天出版《商鞅评传》。在书中,陈启天认为:"商鞅所谓'强国之术',不外以法治主义做手段,以完成军国主义与重农主义的目的。"[2] 具体言之:

---

[1] 陈启天:《寄园回忆录》,台北:商务印书馆,1972年,第111页。
[2] 陈启天:《商鞅评传》,台北:商务印书馆,1967年,第17页。

商鞅生当战国前期,认清时代需要,负起历史使命,开始严格实行军国主义,使秦国变成军国社会,以立定秦国统一六国的基础,为中国开一大变局。他所实行的军国主义,有尚力学说做根据,有尚武教育造风气,有"壹赏"方法任驱策,又复改革社会组织,确立军国制度,运用实际方略,实现军国功效。①

可见,与麦孟华相似,陈启天也认为商鞅之所以重要,在于他通过一系列内部的变法,增强了秦国的国力,使之能更好地整军经武。换言之,变法只是起点,整军经武才是最值得表彰的。在麦孟华那里,如此这般的政治实践属于"帝国主义",而在陈启天这里,则属于"军国主义"。但从近代政治思想的光谱来看,无论是帝国主义还是军国主义,都与强调国家本位、国家优先与国家对外扩张之正当性的国家主义有着千丝万缕的联系。

关于商鞅在中国历史上的地位,陈启天说:"商鞅处在封建政治与君主政治过渡时期,坚决实行变法,以求加速封建政治的崩溃,创立君主政治的规模,近效则使秦国富强,远效则使中国一统。"②这番话在九一八事变之后道出,自然很贴合时人对于历史与现实的感知。毕竟对于当时的中国而言,实现富强,抵抗侵略,收复失地,让国家重新统一是绝大多数有良知的中国人的共同愿望。陈启天如此这般评价商鞅,等于在向读者喊话,借鉴经由他重新诠

---

① 陈启天:《商鞅评传》,第52页。
② 陈启天:《商鞅评传》,第118页。

释过的先秦法家之术,采取国家主义的政策,能够让中国走出国难,摆脱困境。

或许是为了进一步详论自己的观点,1936年,陈启天又出版《中国法家概论》。在此前一年,中国青年党的另一位理论家常燕生就撰文呼吁"法家的复兴"。他说:

> 中国今日是一个战国以后最大的变局,今日的世界又是一个"新战国"的时代,我们将要从哪一条路去挽救国家的颓运,是值得郑重考虑的一件事。就事实上来看,并世各强国,没有一个不是把国家统制的权力逐渐扩大,以期建设一个强有力的民族集团,以备对外斗争的。法家的思想确正是往这一条大路走的。①

秉持着与常燕生相似的观点,陈启天在《中国法家概论》里梳理法家学说的流变,从国家论、法律论、政府论、霸政论的角度总结法家学说的要义,表彰商鞅、李斯、诸葛亮、王安石、张居正等历代实践法家学说的政治人物,强调法家学说对于中国历史的重要贡献。他叙述这些史事,是为了彰显法家学说,尤其是那种经由国家主义重新诠释过的法家学说对于此刻中国的重要性。因为在他看来,近代以来世界历史的演变趋势就是国家权力不断集中,国家厉行统制经济与国家主义教育,各国为了争夺地球上有限的资源而不得不纷纷动员内部力量,为对外竞争做足准备。在此背景下,法

---

① 常燕生:《法家思想的复兴与中国的起死回生之道》,《国论》1935年第1卷第2期。

家学说非但未曾过时，反而堪称异代先知。在这个意义上，陈启天陈述自己研究法家的旨趣："近代法家复兴的倾向，并不是要将旧法家的理论与方法完完全全再行适用于现代的中国，而是要将旧法家思想中之可以适用于现代中国的成分，酌量参合近代世界关于民主、法治、军国、国家、经济统制等类思想，并审合中国的内外情势，以构成一种新法家的理论。"①

陈启天所谓"新法家"，总体来看，就是依据近代国家主义重新排列、解释先秦法家著作，将法家学说与近代以来的世界历史演变轨迹相结合，以后者的具体事例来验证前者的先见之明，最终形成一种针对当时中国政治环境立言，为解决中国政治、经济与社会危机提供"药方"的学说体系。在他看来：

> 法家推行霸政的总方略，是一种国家主义。这种总方略，应用于政治上，便成了中央集权的政治制度，也可叫做"政治的国家主义"；应用于军事上，便成了军国主义，也可叫做"军事的国家主义"；应用于经济上，便成了重农主义与统制经济，也可叫做"经济的国家主义"；应用于文化上，便成了统一思想与统一教育的政策，也可叫做"文化的国家主义"。②

他还说：

> 法家实施霸政有一定的步骤，即是从外着眼，从内着手，

---

① 陈启天：《中国法家概论》，台北：中华书局，1985年，第110页。
② 陈启天：《中国法家概论》，第186—187页。

也可叫由内到外。什么叫做从外着眼？即是国家要图生存和发展,必须认清国际的形势。国际是继续不断的斗争。斗争的胜负,决于实力,这是国际上永远不变的实际形势。法家认清了这一点,而从内着手做起,那便是实行变法维新,富国强兵,俟有相当成效,再图向外发展。①

值得注意的是,这些观点在九一八事变之后的中国思想界,其实并非空谷足音。蒋廷黻、钱端升、丁文江等与南京国民政府走得比较近的知识分子频繁撰文主张"新式独裁";复兴社、力行社等国民党特务组织在各种场合鼓吹法西斯主义,奉蒋介石为至高至尊的领袖。这些言论可以说与陈启天的法家观起到了一唱一和、遥相呼应的效果,即在共赴"国难"的时代背景下,从不同的角度烘托国民党与蒋介石本人的政治合法性。只是相比于蒋廷黻等人惯常用西洋理论佐证自己的观点,复兴社诸人或因职业习惯而导致宣扬观点时往往显得简单粗暴,陈启天的表达方式更具历史纵深感,并与清末梁启超等人的论述具有明显的传承关系。

二、摧抑权贵:法家学说与中国历史上的社会结构变革

从世界近代史的角度来看,建设名副其实的现代国家所面临的政治任务之一就是让那些长期没有政治话语权的民众参与到政

---

① 陈启天:《中国法家概论》,第197页。

治活动中来,在此过程中实践名副其实的人民民主。实现这个目标就需要改造由传统政治体制延续而来,体现明显的剥削与被剥削、支配与被支配关系的社会结构,为广大民众参与政治活动创造基本的社会与经济条件。具体到中国,则需要直面中国社会里普遍存在的不合理的社会结构,分析其由来与症结,探索变革如此这般社会结构的路径,为实现人民民主奠定社会条件。

在1902年翻译日本学者岸本能武太的《社会学》时,章太炎已对近代西方资本主义生产方式导致的贫富悬殊与富豪专政有所了解。① 此后,作为清末革命党的主要理论家,章太炎自言他的政治理想是"恢廓民权",是"抑官吏,伸齐民",是"抑富强,振贫弱"。② 同时作为强调中国历史重要性的学者,章太炎认为历史是国粹最主要的内容。而在众多的史事里,他又指出典章制度是了解中国历史的重要入手处。他研究中国古代典章制度,尤为重视挖掘其中体现社会平等的内容,认为此乃中国历史文化里真正值得表彰的内容。③ 在他看来,"我们今日崇拜中国的典章制度,只是崇拜我的社会主义"。④ 正是基于这些考虑,他在清末对先秦法家

---

① 岸本能武太《社会学》云:"欧洲之社会,贫富悬隔,积岁弥甚。资本家于饱食暖衣之中,厚积财产,增进愉乐,而渐趣于淫佚。劳动者堕指流汗,无间寒暑,工资既薄,无以备不时之需,薾然为人形役,而所得羡余,无与于己,其地位又益卑,遂终身劳动贫乏以死,于是社会改良之说起焉。"[日]岸本能武太:《社会学》,章太炎译,载《章太炎全集》第19册,上海:上海人民出版社,2018年,第66页。
② 章太炎:《代议然否论》,载《章太炎全集》第8册,第318、319、320页。
③ 王锐:《自国自心:章太炎与中国传统思想的更生》,北京:商务印书馆,2019年,第215—227页。
④ 章太炎:《东京留学生欢迎会演说辞》,载汤志钧编:《章太炎政论选集》上册,北京:中华书局,1977年,第278—279页。

进行了较为系统的阐释。

不过值得注意的是,清末大多数知识分子对君主制的批判与对民主政治的向往,时常伴随着批判法家与秦政。这一方面继承了汉代以降儒家常对法家持否定态度的传统,又与他们对清代以来政治制度与政治传统的反思有关。宋恕在《六字课斋卑议》中指责法家之道在于"抑弱扶强",被清廷奉为官学的程朱理学"阳儒阴法"。① 谭嗣同在著名的《仁学》中痛斥"两千年来之政,秦政也,皆大盗也"。② 他们二人的主张很大程度上代表着当时向往政治变革的知识分子的共识,即欲采西政,先破秦政。宋恕原本与章太炎关系极佳,后由于不满意章太炎对法家学说颇有好感,甚至决定与后者"暂绝论交"。③

平心而论,宋恕的观察其实并没有错。章太炎尝自道其心迹:"遭世衰微,不忘经国。寻求政术,历览前史,独于荀卿、韩非所说,谓不可易。"④不过他对法家人物与法家学说的阐扬,并非希图将法家之道作为统治术向统治者兜售,而是建立在他对于中国政治与社会矛盾的分析之上。在重订本《訄书》的《商鞅》篇中,章太炎认为法家在意的是在乱世里建立一套政治秩序。其所谓"法",并非"胶于刑律",而是"制度之大名"。商鞅变法表面上看起来确实建

---

① 宋恕:《六字课斋卑议(印本)》,载胡珠生编:《宋恕集》上册,北京:中华书局,1993年,第128页。
② 谭嗣同:《仁学》,载《谭嗣同集》整理组:《谭嗣同集》下册,杭州:浙江古籍出版社,2018年,第359页。
③ 宋恕:《答章枚叔书》,载胡珠生编:《宋恕集》上册,第590页。
④ 章太炎:《菿汉微言》,载虞云国整理:《菿汉三言》,上海:上海书店出版社,2011年,第71页。

立起一套颇为严酷的法律体系,但放到战国时期诸国争霸的背景下,商鞅所创建的这套强调综核名实的制度恰恰保证了秦国的生产力水平。所以司马迁在《史记》里认为商鞅变法之后,"秦民大说,道不拾遗。山无盗贼,家给人足"。在当时的社会经济条件下,此举一定程度上保障了平民的生计,达到"上下交蒙其利"的效果。在这个意义上,商鞅是"救时之相",其法"足取以济一时",不同于"儒墨之著书,欲行其说于后世者也"。后人不明此理,简单效法商鞅之政,此非"愚之尤",即为"佞之尤"。①

此外,章太炎说:

> 方孝公以国事属鞅,鞅自是得行其意,政令出内,虽乘舆亦不得违法而任喜怒……辱大子,刑公子虔,知后有新主能为祸福,而不欲屈法以求容阅。呜呼!其魁垒而骨髓也。②

《商君书》曰,"法者君臣之所共操也","所谓壹刑者,刑无等级。自卿相将军以至大夫庶人,有不从王令、犯国禁、乱上制者,罪死不赦"。③ 在章太炎看来,商鞅的为政风格,并非取媚统治者,而恰恰是让统治者不能随心所欲地逾越法令的界限。尤其对于同属统治阶级的权贵与豪强,商鞅拒绝行法外之恩,而是一视同仁,这其实是在打压权贵与豪强的特权。在这个意义上,商鞅之政与其说是起到巩固统治之效,不如说是抑制了权贵与豪强高高在上的机会。

---

① 章太炎:《訄书(重订本)·商鞅》,载《章太炎全集》第 3 册,第 263、265 页。
② 章太炎:《訄书(重订本)·商鞅》,载《章太炎全集》第 3 册,第 264 页。
③ 高亨:《商君书注译》,北京:中华书局,1974 年,第 130 页。

值得注意的是,司马迁论商鞅,虽对其治秦之绩颇有赞誉,但却称他为"天资刻薄"之人。① 而在章太炎看来,商鞅对待权贵与豪强的"刻薄",恰恰说明他具有不畏强权、"魁垒而骨骾"的品格,这也是商鞅与后世那些对有权势之人曲意逢迎的刀笔吏之间最大的区别。

很明显,章太炎表彰商鞅,一是看重其政策在当时的历史条件下对平民较为有利,二是凸显其不畏权贵与豪强的政治品格。这其实也是章太炎比较欣赏法家的根本原因。在《秦政记》里,章太炎并未像近代一些秉持国家主义的论者那样,认为秦朝之所以重要是由于它整军经武、厉行农战、开疆拓土,最终建立大一统政权,而是强调秦政的优良之处在于做到了《韩非子》所说的"宰相必起于州部,猛将必发于卒伍",即根据有客观标准的功绩来选拔各级官吏,使平民有出仕为官的机会。同时抑制帝室与贵族,防止其拥有政治上与经济上的特权,拒绝向权贵集团法外开恩。较之那些习惯于任用权贵与宠臣的政权,秦政在中国历史上是有其进步意义的。② 进一步而言,章太炎认为:"著之图法者,庆赏不遗匹夫,诛罚不避肺府,斯为直耳。"③在《国故论衡》的《原道》篇里,他反复论证实施政令、选拔人才要以具有客观性与准确性的法令为标准,不能凭借统治者的主观喜好任意为之。④ 这其实就是在表彰法家的综核名实之道。而综核名实说到底也是为了防止权势集团干扰政

---

① 司马迁:《史记·商君列传》,北京:中华书局,2013 年,第 2704 页。
② 章太炎:《秦政记》,载《章太炎全集》第 8 册,第 64—66 页。
③ 章太炎:《秦政记》,载《章太炎全集》第 8 册,第 64 页。
④ 章太炎:《国故论衡·原道中》,上海:上海古籍出版社,2003 年,第 112—114 页。

119

治,使国家机器异化为替其牟利的工具。这与其说是在纵容君权,不如说是在限制因君权而衍生的其他权势集团。

此外,相比于清末知识分子较为关注的君权问题,章太炎还注意到由中国历史上的绅权衍生出来的地方豪强把持当地政权的现象。从历史上看,一方面历代王朝需要设官分职,任用大量的官僚作为各级政府机关的主事者,同时由于技术条件与经济发展水平的限制,在地方上也需要有类似"君权代理人"的群体帮助维系统治,所以君主离不开士绅阶层;另一方面士绅阶层为了让自己的特权地位更加稳固,为了获取更多的政治与经济资源,大多数时候也需要得到君权的授权,除了努力跻身官僚集团,还通过在地方上执行君权的意志来换取后者对自己身份地位的"官方认可"。拥有特权的士绅阶层,劣者自然变为欺压民众的豪强恶霸。章太炎认为,对于平民而言,地方豪强的危害不亚于君权:

> 夫贼民者,非专官吏,乡土秀髦,权力绝尤,则害于民滋甚。乃者诸安豪强把持公事,政府固恝疾之,虽齐民亦欲割刃其腹焉。州县下车,能搏击巨室土豪者,井里编氓,皆鼓噪而称民父。①

基于此,章太炎认为法家学说里重视摧抑豪强、打击权贵、反对特权的内容值得表彰。在考证中国古代政治制度流变的《官制索隐》里,他认为"古官制发原于法吏"。由于法吏面对的是日常的

---

① 章太炎:《与马良书》,载《章太炎全集》第8册,第190页。

行政事务与民间事务,所以担任其职者需"身历其壤,手写其图,持筹以计之,著籍以定之,上之长官,以知地域广轮、户口多少之数",其风格很符合法家强调的循名责实、任法而治。① 依章太炎之见,这样的为政之道在古代社会结构里更有利于保障平民的利益,使之免遭豪强权贵的压迫:

> 铺观载籍,以法律为《诗》《书》者,其治必盛;而反是者,其治必衰。且民所望于国家者,不在经国远猷,为民兴利,特欲综核名实,略得其平耳。是故韩、范、三杨为世名臣,民无德而称焉。而宋之包拯、明之况钟、近代之施闰章,稍能慎守法律,为民理冤,则传之歌谣,著之戏剧,名声吟口,逾于日月,虽妇孺皆知敬礼者,岂非人心所尚,历五千岁而不变耶?②

正是出于这种对地方权势集团欺压平民的高度警觉,以及对法家学说摧抑豪强、打击权贵、反对特权的高度认同,章太炎在《代议然否论》里极力反对在没有经过社会结构变迁之前就施行代议制,因为这只会给那些在先前社会结构里处于特权地位的人一个新的维系、扩张其权势的机会,使他们对平民的压迫具有合法化的外衣,反而不利于"抑官吏,伸齐民","抑富强,振贫弱"。而在他的制度设计里,立法权位于十分重要的位置:

> 凡制法律不自政府定之,不自豪右定之,令明习法律者与

---

① 章太炎:《官制索隐》,载《章太炎全集》第8册,第92页。
② 章太炎:《官制索隐》,载《章太炎全集》第8册,第92—93页。

> 通达历史周知民间利病之士,参伍定之,所以塞附上附下之渐也。法律既定,总统无得改,百官有司毋得违越。有不守者,人人得诉于法吏,法吏逮而治之,所以戒奸纪也。①

这一思路固然借鉴了近代西方政治学里的权力分立学说,希望用立法权去制约行政权,但其实也一定程度上继承了法家学说主张法令的权威性与准确性,不给权贵与豪阀徇私枉法的机会的思想。而无论是参与立法的"明习法律者",还是执行法律的"法吏",大概也都需要具有章太炎笔下的商鞅那样的"魁垒而骨鲠"之品格。这一品格自然也符合法家强调的"法不阿贵,绳不挠曲"。② 尤其是章太炎认为"豪右"与"政府"一样,都有可能干预立法的公平与公正,对比一下近代西方立法史中经常出现的立法偏向贵族与有产者的现象,更能看出章太炎这一观点的独到之处。

必须注意到,章太炎虽然对法家学说多有表彰,但绝不认为其无可指摘。他指出法家学说最大的弊病在于不重视人伦道德与学术发展,且习惯借助国家力量规范民众思想与生活。在他看来,这种倾向乃是"以众暴寡",没有认识到人自有其独立性,属于"有见于国,无见于人"。要想消解这一弊病,需要引入庄子学说。章太炎认为庄子深得老学精义,并能将之发扬光大,其重点即在"分异政俗"四字。他借此来强调政府权力应有明确界限,即止于颁布法令、惩处犯罪。政治活动之外犹有广阔天地存焉。对于其他民间行为,特别是文化与思想方面,只要不危害国家根基、不造成经济

---

① 章太炎:《代议然否论》,载《章太炎全集》第 8 册,第 318 页。
② 《韩非子》校注组:《韩非子校注(修订本)》,南京:凤凰出版社,2009 年,第 41 页。

剥削,就没必要强行干涉。只要民众不违反法律,个人行为就应任其自由,即便自外于国家与社会,避世独居,不与旁人为伍,也无可厚非。章太炎对于庄子思想的这番诠释,并非向往上古日出而作,日落而息的无怀氏之民,而是在诠释法家思想时不忘以庄学济其穷,强调后者"分异政俗"的重要性,将综核名实限制在政治活动之内,将国家机器的暴力属性止于摧抑豪强、打击权贵,此外一任众人自为,这才是"以百姓心为心",才是真正的"齐物"。① 就此而言,谁能说章太炎阐扬法家是在为"专制政治"张目,是在鼓吹"威权政治"?

　　章太炎在清末虽批评进化论,认为进化并不能保证人类社会臻于至善之境,因为善亦进化,恶亦进化,但认为如果非要认同一种进化论,那么社会主义庶几近之,因为"其法近于平等"。② 1906年东渡日本之后,他也与日本的社会主义者与无政府主义者往来频繁,共同商讨实现社会平等之道。③ 不过说实话,他当时对于社会主义的理解还是比较浅显的,而且他对中国社会矛盾的分析,虽然直指绅权之类的关键问题,但在具体内容上也显得有些粗糙与单薄。真正能根据社会主义原理来剖析中国社会矛盾,并且思考革命的力量与目标的,还属五四新文化运动以后掌握了马克思列宁主义的中国共产党理论工作者与左派知识分子。在大革命失败之后兴起的中国社会史论战与中国社会性质论战中,中国共产党

---

① 章太炎:《国故论衡·原道下》,第114—116页。
② 章太炎:《俱分进化论》,载《章太炎全集》第8册,第413页。
③ 郑匡民:《社会主义讲习会与日本思想的关系》,《社会科学研究》2008年第3期,第138—148页。

的理论工作者与左派知识分子尝试运用马列主义基本原理来分析中国社会的古今变迁,对中国历史进行分期,剖析不同时期的主要政治、经济与社会矛盾,通过讨论相关历史问题,为当下中国革命确立清晰的时空坐标。这两场论战虽然不无简单套用理论与立论稍显空疏之处,但却建立了一些中国马克思主义史学的基本框架,扩大了其在知识界的传播。

在此背景下,一些中国马克思主义史家开始分析中国思想史上的关键问题。《共产党宣言》指出:"至今一切社会的历史都是阶级斗争的历史。"①阶级斗争的焦点之一就是对于政权的争夺。恩格斯指出,国家是阶级矛盾不可调和的产物,经济上占统治地位的阶级通过建立国家来巩固自己的经济利益,让国家成为凌驾于社会之上的力量。② 马克思主义还认为,在由落后的经济生产方式向先进的经济生产方式过渡的过程中,在政治上也需要一个过渡阶段,即由代表先进生产关系的阶级掌握国家政权,运用政权的力量进行阶级专政,巩固新的生产关系。③ 在《先秦诸子与古代社会》中,嵇文甫秉持马克思主义的历史唯物主义原理,认为一定时期的政治意识形态是当时的生产关系与阶级关系的反映,因此需从历史上的社会状况入手展开分析。他认为法家学说代表了战国时期

---

① [德]马克思、[德]恩格斯:《共产党宣言》,载《马克思恩格斯选集》第1卷,北京:人民出版社,2011年,第400页。
② [德]恩格斯:《家庭、私有制和国家的起源》,北京:人民出版社,2018年,第189—191页。
③ [德]马克思:《哥达纲领批判》,载《马克思恩格斯选集》第3卷,第373页。[苏联]列宁:《国家与革命》,北京:人民出版社,2015年,第35、62页。

"自由地主"的利益,是"贵族的死对头"。① 战国时期变法运动的过程充斥着新旧阶级之间的激烈冲突:

> 当时那班旧贵族也未尝不极力挣扎,企图反动。并且主持新政的领袖们,如吴起、商鞅等,也竟被他们杀害,做了时代的牺牲品。但是新政终于行下去了,它并没有随着它的创立者而死亡。②

在这样的分析框架下,法家学说及其政治实践就不再仅有建立强有力政权的意义,而是象征着打破旧贵族对于政治与经济资源的垄断。从历史唯物主义的视野来看,这种"打破"体现了生产力与生产关系的向前发展,在古代的社会条件下具有历史进步意义。

在著名的《十批判书》里,郭沫若运用与嵇文甫相同的理论工具,深入分析先秦诸子的思想。他认为:"社会有了变革,然后才有新的法制产生,有了新的法制产生,然后才有运用这种新法制的法家思想出现。"③彼时社会变革的主要内容为新兴地主阶级与工商业者向封建世袭贵族争夺政治与经济权利,进而巩固王权,使之代表自己的利益。虽然新兴地主阶级与工商业者依然属于剥削阶级,但相较于封建世袭贵族,前者身上还是体现了一定的进步意

---

① 嵇文甫:《先秦诸子与古代社会(讲义)》,载《嵇文甫文集》上册,郑州:河南人民出版社,1985年,第336页。
② 嵇文甫:《先秦诸子与古代社会(讲义)》,载《嵇文甫文集》上册,第336—337页。
③ 郭沫若:《十批判书》,载《郭沫若全集·历史编》第二卷,北京:人民出版社,1982年,第314页。

义,代表着较为先进的生产关系。这背后的逻辑就是马克思主义历史唯物论的社会发展理论,强调封建社会相比于奴隶制社会的进步性。郭沫若认为,吴起在楚国的变法与商鞅在秦国的变法,都体现了这样的社会变革。关于前者,他说:

> 吴起的态度,是扶助楚国的公室和私门斗争,而主要的策略是在争取人民。"令贵人往实广虚之地",自然是强迫贵人们和他们的所属去垦荒,而贵人们所遗留下的土地,大概是收归国有了。"以扶养战斗之士","以奉选练之士",自然就是收回国有了的土地的用途,而这些"战斗之士"或"选练之士"应该就是由人民选拔出来的。就这样使人民得到了解放和富裕的机会。①

关于后者,他说:

> 纯粹法家以富国强兵为目标,他们所采取的是国家本位,而不必一定是王家本位。他们的抑制私门是想把分散的力量集中为一体以谋全国的富强,人民虽然受着严刑的压迫以为国家服役,但不必一定为一人一姓服役,因而人民的利益也并未全被抹杀,人民的大部分确实是从旧时代的奴隶地位解放了。商君正是这种法家的成功的代表,他的行法不避亲贵。②

---

① 郭沫若:《十批判书》,载《郭沫若全集·历史编》第二卷,第321—322页。
② 郭沫若:《十批判书》,载《郭沫若全集·历史编》第二卷,第329页。

总之,郭沫若认为:"战国时法家所共同的一个倾向,是强公室而抑私门。这里是含有社会变革的意义的。"① 在这个意义上,战国时期法家与封建世袭贵族之间的政治斗争,已不仅是单纯的权力斗争,而象征着先进生产关系与落后生产关系之争。摧抑权门、打击贵族,是有助于社会发展的。当然,郭沫若认为战国时期的"前期法家"确有不少值得肯定之处,但对以韩非为代表的"后期法家",以及被视为实践法家学说的秦始皇,就以批评为主了。他认为韩非实为"势治派",主张"绝对的君权",是"法治"的反面。② 关于秦始皇,郭沫若更是颇多指摘,认为他并未完全奉行法家之道,而是师心自用,一意独裁,不但因喜好神仙鬼神之术而大肆铺张,并且站在旧式奴隶主的立场上为政。在郭沫若看来,假若秦国以吕不韦主张的政治路线发展下去,很可能不会在统一中国之后速亡。郭沫若的这些观点自然有其学理逻辑,但更为明显的是他在抗战后期撰写此书,借描绘秦始皇的形象来批评蒋介石与重庆国民政府。

除了郭沫若,侯外庐也是抗战时期中国马克思主义史家里擅长研究中国思想史的代表人物。关于治学之道,他曾说:"在哲学史的研究中,我们也必须遵循社会存在决定社会意识的基本原则,将哲学思想置于历史的具体环境中,即置于一定的社会阶段及其复杂的阶级斗争的环境中,进行科学的分析与解剖,从而确切地理解它究竟反映了怎样的时代精神。""哲学思想总是一定阶级或社会集团进行斗争的理论工具。因此,科学地揭示过去哲学思想的阶级实质以及哲学思想的理论斗争和阶级斗争之间的联系,是历

---

① 郭沫若:《十批判书》,载《郭沫若全集·历史编》第二卷,第325页。
② 郭沫若:《十批判书》,载《郭沫若全集·历史编》第二卷,第366页。

史主义地评价某一哲学思想及其历史作用所必不可缺少的准则。"①本乎此,为了探寻先秦诸子各派之间论争的真实面貌,侯外庐对春秋战国社会形态进行了深入研究。在著名的《中国古代社会史论》中,侯外庐认为战国时期的变法运动体现了异常激烈的阶级冲突。比如吴起在楚国的变法:

> 吴起变法大要,是废除氏族贵族,甚至把贵族降为平民,并且叫他们去开荒。他采取的手段是最激进的,他和所谓"非可学而能"的氏族贵族公开地进行了阶级斗争。结果是贵族复辟后,把吴起置于死地。②

又比如更著名的商鞅变法:

> 商鞅变法确实把中国古代历史的发展推进了一大步,使秦国依靠了新的社会政治制度,奠定了吞灭六国的基础。但这不是像希腊的路径,最早即清算了旧氏族制,却是在长期的改良的过程中和旧氏族进行的一场血战。商鞅最后还是被公子虔的党羽所攻击。孝公死后,他被惠王车裂惨杀。③

在侯外庐看来:"中国历史上的悲剧再没有像古代战国的变法运动

---

① 侯外庐:《中国哲学史中的唯物主义传统》,载《侯外庐集》,北京:中国社会科学出版社,2001年,第209页。
② 侯外庐:《中国古代社会史论》,北京:商务印书馆,2021年,第386—387页。
③ 侯外庐:《中国古代社会史论》,第391页。

公仇之对立,法家代表了'自为心'(韩非子语)的经济上之自由民,亦与'无故富贵'的公族敌对,实是变法的本质。"①而在理论层面,"韩非子是先秦社会的最后一个大思想家。他批判先王的理论和法家的反氏族政治的主张相为表里。所以法家在政治上可以和过时的氏族贵族作生死的政治斗争,在思想上也就把氏族宗法政治的华美而神秘的外衣,剥脱精光"。② 通过叙述战国时期的变法运动,侯外庐向人们展示,人类历史上的社会进步往往不会在温情脉脉中进行,而是时常充斥着残酷的斗争与杀伐。为了保持自己的既得利益,旧的社会势力不会主动退出历史舞台,他们要想尽一切办法来绞杀、消灭新的社会势力。一旦成功,他们就会将大量污蔑之辞丢到后者身上,让后者在历史评价上永世不得翻身。在这个意义上,人类历史的进步性里时常蕴含着残酷性与血腥性。对此,侯外庐说:

> 法家为了"利民萌""便众庶之道",无所顾虑地去实行他的废先王、行贱臣的主张。这在本质上虽然是要求显族阶级的自由,但是顺应历史发展要求向古朽的氏族制度作英勇的可歌可泣的斗争,实在是中国文化的优良传统。我们万不可拿古人的一套陈语"刻薄寡恩"字句,来抹杀历史的真实。③

总之,嵇文甫、郭沫若、侯外庐根据马克思主义的历史唯物主

---

① 侯外庐:《中国古代社会史论》,第392页。
② 侯外庐:《中国古代社会史论》,第356页。
③ 侯外庐:《中国古代社会史论》,第394页。

义学说,认为先秦法家代表了新兴封建地主阶级的利益,他们所欲推翻的是建立在世袭权力之上的旧贵族势力。在资产阶级与无产阶级面前,封建地主阶级固然是反动且落后的,但相比于先秦旧贵族,这批人却有着打破世袭身份等级制与氏族权贵垄断土地之功。后人需要肯定的是这批人向旧势力猛烈冲击的勇气,以及制定具有历史进步意义政策的眼光,包括通过政治斗争促进了社会生产力的发展,而非将其在特殊历史背景下提出的主张全盘照搬于当下,更非把君主制下的统治术视为对抗现代民主政治的秘籍。[1] 尤有进者,章太炎固然对历史唯物主义知之甚少,但他同样看到了以商鞅为代表的先秦法家在摧抑豪强、打击贵族这一点上的重要历史贡献。由此观之,从章太炎到中国马克思主义史家,他们对于法家的表彰,较之以梁启超与陈启天为代表的向往中国出现一位现代"明主"来推行整齐严肃、威加海内之政的国家主义者,理论品格有着明显不同。

---

[1] 即便是在特定历史时期出版的中国哲学史论著,其实也在一直强调这一点。如杨荣国主编的《简明中国哲学史》就写道:"韩非等先秦法家站在新兴地主阶级立场,在反对奴隶主贵族这方面,充满了反对守旧复古的精神,这是进步的地方;但他们反对旧贵族的目的是为了建立新的封建统治,因此反对旧贵族时作为武器的'法治'理论,内容当然也包含着有对劳动人民进行专政的一面。法家一面要利用人民群众的斗争力量来取得政权,另方面又把人民群众看成只是为地主阶级生产财富的工具和供奴役剥削的对象。"参见杨荣国主编:《简明中国哲学史(修订本)》,北京:人民出版社,1975年,第95页。

三、余论

严复晚年目睹民初政局乱象,在给熊纯如的信中说:

> 中国前途,诚未可知,顾其大患在士习凡猥,而上无循名责实之效。齐之强以管仲,秦之起以商公,其他若申不害、赵奢、李悝、吴起,降而至诸葛武侯、王景略,唐之姚崇,明之张太岳,凡为强效,大抵皆任法者也。[1]

这番话可以说表达了近代中国对法家颇有好感的人们之心声。眼见清末民初国力衰弱、秩序混乱、民不聊生,人们希望能够效仿历代奉行法家之政而扭转颓势的先例,在此刻的中国实现国家富强、抵御外侮。在这个意义上,梁启超与陈启天基于国家主义立场对法家学说进行的诠释,某种程度上更容易打动人心。而章太炎基于对平等政治的向往正面评价商鞅与法家,中国马克思主义者根据历史唯物主义表彰先秦法家与旧势力斗争的历史功绩,这样的观点随着社会主义在近代中国的广泛传播,以及一代又一代革命者的实践,也开始逐渐为人们所熟悉。在此情形下,法家学说被改造成一种本土的"变革动力学"。就此而言,从这两种不同的诠释法家的路径出发,可以观察到时人对于中国问题的两种表面上有

---

[1] 严复:《与熊纯如书(二十)》,载王栻主编:《严复集》第 3 册,北京:中华书局,1986 年,第 619 页。

些许相似性,但内核却很不一样的解决方案。

如何理解这种"不一样"?这恐怕要涉及中国近代史上国家主义视域下的国家与社会主义视域下的国家的本质不同。首先,近代国家主义的一个重要预设就是认为19世纪以降以资本主义列强彼此争霸为主要特征的世界体系是天经地义、不可违逆的,增强国力的目的是在这样的争霸过程中处于优势地位;而社会主义更强调反思与突破这一世界体系的不合理性,探索改变现状的途径,建立更为平等且公平的世界体系。其次,近代国家主义往往将国家的性质描绘成具有某种神秘色彩的"生命体",惯于强调抽象的国家利益,有意或无意地回避近代国家内部的社会矛盾,甚至用某种"国家理由"来掩盖这样的矛盾;而社会主义虽然从不否认在阶级社会里国家存在的必要性,并且指出为了保卫新生政权必须增强国力、巩固国防,但它更强调要分析国家的阶级属性,尤其是国家政权掌握在哪个阶级手中。巩固国家政权的目的是保障大多数平民的利益,使平民的声音上升为国家意志,而非借助国家权力将特权者的利益以法权的形式固定下来。最后,在文化符号上,近代国家主义往往宣传某种被本质主义化的本国传统,无视本国传统的具体流变与内在张力,使之成为一种表面上光鲜华丽,内里却空洞单调的文化符号;而社会主义强调要从历史的角度出发,挖掘本国传统当中具有人民性、革命性与民主性的内容,批判那些体现落后性、压迫性与特权性的内容。传统是否具有生命力,关键在于作为国家主人的广大人民能否在社会实践中继承那些有着人民性、革命性与民主性的内容。

理解了这些,不但有助于理解近代中国两种不同的法家诠释路径,还可进一步认识近代中国思想与学术变革中的不少关键问题。

"民本"的近代新诠——对三种不同诠释路径的探讨

一、引言

  毋庸多言,中国古代有着高度发达的政治文明,在历代政治实践中,产生了不少十分重要的政治概念。这些概念的内涵与外延虽然随着时代的变化而有所差别,但主旨依然明晰。它们是民族文化心理积淀的重要组成部分,并伴随着文教的普及、通俗文学的宣传、历代统治阶级与地方士绅的反复宣讲,成为大多数中国老百姓判断政治之良莠、为政者道德操守之高下、理想政治模式之基本特征的重要根基。

  在这些概念里,"民本"无疑占据重要的位置。它的基本内容在先秦文献里广泛存在。这些先秦典籍里记载的言说,随着相关典籍的"元典化",在后世历史进程中产生了重要的影响,形塑着中国古代政治文化的基本面貌。① 根据先秦典籍中的言说,以及后世士人对相关思想的诠释,在笔者看来,民本思想主要包括了以下几个要旨:

首先,民本思想强调政权的合法性与政策的正当性应建立在广泛的民意基础上(而非代表某些权势集团的利益),民众的支持与认同是政权得以建立的最主要前提。虽然汉代以降,强调王朝合法性来源于天命的观点越来越普遍,但从逻辑上来讲,天命(或曰"天心")体现了民心。某种程度上,天是中介,将民心以各种形式告知统治阶级,使之能秉承天命(也就是民心)执政,为政以德,而不应背离民心、假公济私。

其次,民本思想认为王朝的政策应以照顾民众福祉为出发点。判断一个政权是否在行"王道",判断一位统治者(君主与大臣)是否符合儒家标准,必须以此为主要标准。而要想实现这一点,则需广泛听取、采纳民意,重视民众的声音(包括选贤与能),将解决民间疾苦作为施政重点。这体现在经济政策上,即在古代以精耕细

---

① 相关文献,略举数例。《尚书》曰:"天聪明,自我民聪明。天明畏,自我民明威。"又曰:"民可近,不可下。民惟邦本,本固邦宁。予视天下,愚夫愚妇一能胜予。"《孟子》曰:"民为贵,社稷次之,君为轻。是故得乎丘民而为天子。"《荀子》曰:"天之生民,非为君也;天之立君,以为民也。故古者列地建国,非以贵诸侯而已;列官职,差爵禄,非以尊大夫而已。"又曰:"王者富民,霸者富士,仅存之国富大夫,亡国富筐箧,实府库。"《吕氏春秋》曰:"天下非一人之天下也,天下之天下也。"又曰:"先王先顺民心,故功名成。夫以德得民心以立大功名者,上世多有之矣。失民心而立功名者,未之曾有也。"《管子》曰:"政之所兴,在顺民心;政之所废,在逆民心。民恶忧劳,我佚乐之;民恶贫贱,我富贵之;民恶危坠,我存安之;民恶灭绝,我生育之。"

作的小农经济为主要生产方式的背景下,采取轻徭薄赋、使民以时、兴修水利、广辟农田等措施,并运用国家的力量来防止土地兼并,以及豪强、富户、权臣、外戚虐民之事发生。

复次,民本思想与儒家的革命论息息相关。既然王朝的合法性来源于具有普遍性的民意,那么一旦王朝的统治背离民意,造成民众啼饥号寒、流离失所,按照《周易》里说的"汤武革命,顺乎天而应乎人",民众是有权利推翻该王朝的。这并非叛逆,而是象征着天命的转移。此即"天下非一人之天下也,天下之天下也"。当然也应看到,儒家革命论在汉代以降的绝大多数时间里不断被抑制或扭曲,甚至成为权臣发动宫廷政变夺取皇位的托词。

最后,虽然民本思想主张要充分重视民众的声音,把民众的位置抬得很高,但在古代的社会结构下,民众的声音在绝大多数时候是要靠士绅阶层代为传递的。就此而言,所谓民意,其实难免变为"绅意"。即便儒家学说要求士绅阶层必须恪守儒学义理,但士绅阶层毕竟多为地方上的土地占有者或权势之家,他们的身份与地位主要得靠皇权背书,因此即便有时与皇权发生冲突,多数时候二者之间也是一种互补与合作关系。也正因为背靠皇权,士绅阶层才能在地方上成为政治与文化精英(甚至是特权者)。因此,要想考察民本思想在历史进程中的实践情形,不能脱离对绅权的剖析,否则容易将中国古代的政治与社会运作理想化、本质主义化。

及至近代,面对西学汹涌而来,人们目睹世变,开始重新审视、检讨那些有着深远影响的政治理念,民本即为主要的探讨对象。这个话题之所以重要,是因为它既关系到如何理解中国古代政治文化,古今中西之间应为何种关系,中国传统政治理念是否还具有生命力,又关系到时人如何理解现代政治,特别是现代民主政治,以及现代中国国家建设的基本路径。在这个意义上,近代关于民本的讨论,已经溢出了学术的范畴,而成为近代中国政治文化与政治论争的组成部分。在今天,面对中国与世界形势发生一系列深刻的变化,不少人士又开始重提民本的价值,这固然很有学术与现实意义。① 但在进行这番工作之前,似乎有必要回顾一下近代对于民本的不同诠释,以及这些诠释背后的政治与学术因素。本文即选取几个具有代表性的案例,对民本思想在近代中国所呈现出的不同面貌略作探讨。

二、梁启超:阐扬民本思想

自从文字生涯伊始,梁启超就有着重新叙述中国历史与中国历代学术的宏愿。1902 年 3 月起,梁启超开始在《新民丛报》上连载《论中国学术思想变迁之大势》,虽然他在其中不时借鉴日本学者的观点,但仍可将此书视为梁启超研究中国历代思想的代表作。在对《尚书》中涉及天、君、民关系的内容进行分析时,梁氏认为:

> 他国所谓天帝化身者君主也,而吾中国所谓天帝化身者人民也。然则所谓天之秩序命讨者,实无异民之秩序命讨也,

---

① 参见潘维、玛雅:《共和国一甲子探讨中国模式》,《开放时代》2009 年第 5 期。沈敏荣:《从民本到民治:民本思想的渊源及其运行机制》,《学术界》2022 年第 3 期。王正绪:《政治信任研究:民本主义的理论框架》,《开放时代》2022 年第 2 期。

137

立法权在民也;所谓君主对于天而负责任者,实无异对于民而负责任也,司法权在民也。然则中国古代思想,其形质则神权也,其精神则民权也。①

在这里,梁启超认为先秦的民本思想可以用近代民主思想来解释。考虑到他撰写此书之时与革命党往来密切,并积极向国人介绍卢梭等西方近代民主思想家,以至于让主张君主立宪的黄遵宪一度认为梁启超倾心革命,于是去信规劝,②对于梁氏的这一观点,或可视作他为了更加方便地向国人介绍近代民主思想而有意进行的中西思想比附。从思维方式上看,这样的处理方式自洋务运动始便已普遍存在,成为主张洋务与变法的士人时常运用的一种话语策略。③

1903年初,梁启超奉康有为之命赴美国活动。旅美期间,他深入考察了美国的政治运作与资本主义生产关系,以及在美华人的普遍状况,进而开始质疑近代民主思想,并认为中国的当务之急不在于践行民主,而是通过"开明专制"来建立有效的政治权威,使中国在列强环伺的局面下得以自存。与之相关,梁启超注意到美国的资本主义托拉斯热衷于兼并中小企业,并超强度地剥削工人,加之在日本期间对社会主义思潮有所了解,他逐渐意识到资本主义世界面临着严峻的劳工冲突,工人运动方兴未艾,自由放任式的资

---

① 梁启超:《论中国学术思想变迁之大势》,上海:上海古籍出版社,2019年,第11页。
② 黄遵宪:《致新民师函丈书》,载丁文江、赵丰田编:《梁启超年谱长编》,上海:上海人民出版社,1983年,第301—304页。
③ 王尔敏:《清季维新人物的托古改制论》,载《晚清政治思想史论》,台北:商务印书馆,1995年,第31—50页。

本主义生产方式颇显捉襟见肘。因此,他认为政府应担负起调节经济发展的任务,并采取保护劳工与小企业的社会政策,避免国内出现两极分化的状况。① 但对于当时的中国,梁启超却认为应以发展生产力,促进民族资本主义的壮大为首要任务。在他看来,由于民本思想的影响,"古昔圣哲,夙以薄赋为教,历代帝王稍自爱者,咸凛然于古训而莫干犯,蠲租减税代有所闻",因此中国社会的阶级冲突远不及近代西方资本主义国家那样剧烈。② 彼时国内也没有类似于美国资本主义托拉斯那样的大企业,中国民众之所以贫穷,并非主要受本国资本家的剥削,而是由于资本主义国家对中国进行经济掠夺与商品倾销。所以中国应秉持"开明专制"以推行国家主义政策,保护本国资产阶级,实行社会主义对于中国来说还是一个比较遥远的事情。用他自己的话来说,就是"中国今日经济界之前途,当以奖励资本家为第一义,而以保护劳动者为第二义"。③ 在这里,民本思想的深远影响,成为中国不必即刻实行社会主义的理由之一。

梁启超的这些主张在辛亥革命之后并无太大变化。1912年底,他发表《中国立国大方针》。其中谈到革命之后的中国"秩序全破,国家结合力至薄弱",故"建设强有力之中央政府,实今日时势最大之要求"。④ 此外,梁启超特别强调,中央政府需采取"保育政

---

① 张灏:《梁启超与中国思想的过渡(1890—1907)》,北京:新星出版社,2006年,第184—186页。
② 梁启超:《杂答某报》,载吴松等点校:《饮冰室文集点校》第3集,昆明:云南教育出版社,2001年,第1495页。
③ 梁启超:《杂答某报》,载吴松等点校:《饮冰室文集点校》第3集,第1497页。
④ 梁启超:《中国立国大方针》,载吴松等点校:《饮冰室文集点校》第4集,第2426页。

策"。所谓"保育政策",主要指由国家采取各项政治、经济与社会措施,消除武昌起义前后的混乱状态,并由国家指导政治素质"幼稚"的民众"步入正轨",即"必赖有一种最高之权力,立乎一般人民之上,抑强扶弱,匡其泰甚者,以诱掖其不逮者"。① 在他看来,这一"保育政策"古已有之:

> 孔子称"道之以政,齐之以刑,道之以德,齐之以礼"。孟子称"保民若保赤子"。又称"以善养人"。此保育论之代表也……当十九世纪之前半,放任论殆披靡一世。物极必反,道穷则变,国际竞争既日剧,徒放任不足以为治,于是保育主义复骤昌。德、日行之以霸于东西,各国相率效尤。②

或许是为了让国人更易于理解"保育政策",梁启超将属于先秦儒家民本思想范畴的言说视为该政策的起始。如果单纯从民本思想自身的角度来理解"保育政策",其实无可厚非,毕竟这符合中国民众对于何谓良政的认知。但问题在于,梁启超把19世纪下半叶的德国与日本视为"保育政策"在近代的例子,这就颇值得玩味了。从整体上看,德国和日本都采取中央集权的政策,由国家指导经济发展,并对民权运动持压制态度,将整军经武作为主要国策。德国在俾斯麦当政期间,为了抵御风起云涌的社会主义运动,主动采取些许保护劳工的政策,致使一部分"工人贵族"群体愿意与德国统

---

① 梁启超:《中国立国大方针》,载吴松等点校:《饮冰室文集点校》第4集,第2417页。
② 梁启超:《中国立国大方针》,载吴松等点校:《饮冰室文集点校》第4集,第2416—2417页。

治阶级合作。可日本在明治维新之后,为了迅速完成国内资本主义发展所需的原始积累,对普通民众进行了高强度剥削。为了执行其对外扩张的政策,颁布《征兵令》,让民众服兵役,并借由《教育敕语》,使军国主义思想成为各级学校教育中的重要内容,让日本老百姓心甘情愿成为日本侵略战争中的炮灰。无论从实践层面,还是从理论层面,这都与以孔孟为代表的先秦儒家绝少有相似之处。而结合梁启超先前的"开明专制"主张,以及辛亥革命后对袁世凯的期待,他所谓"保育政策"其实可视为替袁世凯与北洋系量身定做的政治方针。在梁氏看来,德国与日本的现代化之路值得中国借鉴效仿。① 至于先秦儒家之言,无非是用来修饰、美化自己主张的佐料罢了。

当然,梁启超更为系统地论述民本思想是在出版于1923年的《先秦政治思想史》之中。在撰写这部书的前几年,梁启超趁着"一战"结束之机赴欧洲游历。他目睹欧洲因近代民族主义与国家主义愈发兴盛而导致的战争造成各国满目疮痍、民不聊生,目睹欧洲各国因社会经济矛盾不断加剧而出现的社会主义运动,加之听到不少欧洲人认为相比于强调斗争与逐利的近代西方文化,中国文化实有不可磨灭的价值,于是开始重新审视中国传统思想的价值,

---

① 梁启超明确指出:"大抵我国民程度与日本维新时代相距非远,日本惟善用保育政策以有今日,而自今以往犹著著向此方针以进行,则我之择术可以思矣!"参见梁启超:《中国立国大方针》,载吴松等点校:《饮冰室文集点校》第4集,第2417页。

并从正面阐释之。①

此外,梁启超虽然承认欧洲社会主义运动的正当性,但依旧认为中国的当务之急是发展生产力,中国没有太多类似欧洲工人阶级那样的产业工人,中国的社会矛盾也并不是特别严重,中国经济面临的大敌不是本国资产阶级,而是外国资本主义。所以中国的当务之急应是大力扶持本国资本主义的发展,不能让劳工运动妨碍本国资产阶级的利益。中国的资本主义发展了,工人与农民的生活水平自然水涨船高。基于此,面对马克思列宁主义在中国的广泛传播,梁启超及其友人不断撰文回应,与中国的社会主义者进行论战。② 在此背景下,如何强调中国社会结构与近代资本主义国家不一样,如何彰显中国传统思想较之近代社会主义更为"高明",就成为梁启超晚年研究国学的核心问题意识之一。

梁启超在《先秦政治思想史》中对于民本的阐释就是在此背景下展开的。在他看来,西周时期的民本思想主要有以下几个特征:首先,天子代天执政,而天意反映民意,所以天子之所以能成为天子,原因在于秉承民意。"于是论理之结果,不能不以人民为事实上之最高主权者。""天子对于天负责任,而实际上课其责任者则人

---

① 梁启超撰写《先秦政治思想史》的缘起之一,为其门生徐志摩向他转达英国哲学家罗素希望梁氏撰写一本《中国思想史》。之后梁启超在东南大学讲授"中国政治思想史"期间,遂将讲稿写成此书。可以说,梁启超撰写此书的目的之一,就是向饱尝"一战"之苦的西方知识分子展现中国文化的优异之处。参见俞国林:《校订说明》,载《先秦政治思想史》,北京:中华书局,2022 年,校订说明第 6—7 页。
② 关于梁启超等人与中国的社会主义者之间论战的梗概,参见彭明:《五四运动史(修订本)》,北京:人民出版社,2019 年,第 450—465 页。

民也。"①其次,"人人皆可以为天子也。此种人类平等的大精神,遂为后世民本主义之总根芽"②。最后,民本思想直接导出革命论,商周之际的变革成为儒家革命论的重要历史资源。除了革命论,民本思想还要求统治者广泛采纳舆论。不过,梁启超也承认:"我先民极知民意之当尊重,惟民意如何而始能实现,则始终未尝当作一问题以从事研究。故执政若违反民意,除却到恶贯满盈群起革命外,在平时更无相当的制裁之法。"③

在梁启超看来,西周时期只是民本思想之萌生期,将其发扬光大者,还属生活于春秋战国时期的孔、孟、荀。梁氏指出,儒家政治思想的起点是"仁"观念,即基于"同类意识"而形成的休戚相关感。因此,儒家论政尤为重视教育,因为教育实乃培育理想人格与道德意识的必由之径,"仁"观念亦随之而生。儒家所向往的理想政治形态是让教化普及于四方,使全体民众都具有道德感。因此,传授与实践道德理想,本身就属于政治活动的一部分。梁启超认为,此乃包括民本思想在内的儒家政治思想的核心要素。而正因为实践"仁"观念需要所有人的参与,所以也可视为"儒家所谓人治主义者,绝非仅恃一二圣贤在位以为治,而实欲将政治植基于'全民'之上"。"儒家之言政治,其唯一目的与唯一手段,不外将国民人格提高。以目的言,则政治即道德,道德即政治;以手段言,则政治即教育,教育即政治。道德之归宿,在以同情心组成社会。"④总之,儒家

---

① 梁启超:《先秦政治思想史》,第 51 页。
② 梁启超:《先秦政治思想史》,第 50 页。
③ 梁启超:《先秦政治思想史》,第 54 页。
④ 梁启超:《先秦政治思想史》,第 130 页。

143

"积极的引导人民道德之向上",故"曷尝于民治精神有所障耶?"①

梁启超如此这般诠释儒家政治思想,主要目的是凸显相较于西方近代政治思想,儒家学说有着不可磨灭的价值,甚至可以克服前者所带来的"弊病"。梁氏认为,近代西方政治思想主要基于"权利"与"斗争"来立论,无论是资本主义私有制,还是社会主义者主张的阶级斗争,都离不开对于"权利"的争夺,离不开对某一阶级利益的诉求,这就很容易流于纷争,造成社会动荡。而儒家政治思想,特别是民本思想,是基于道德意识来思考政治问题的,不代表某一特定阶级,唯以全体民众利益为旨归,故相关举措更能符合人之本性,更有助于社会关系的和谐,对理想政治秩序的理解也更为高明。受此熏染,中国社会绝少阶级冲突,贫富之间的差距也不像近代西方资本主义国家那样悬殊。② 用他自己的话来讲,就是"儒家之政治思想,与今世欧美最流行之数种思想,乃全异其出发点:彼辈奖励人情之析类而相嫉。吾侪利导人性之合类而相亲"③。

既然在《欧游心影录》里,梁启超已经指出资本主义体制带来的弊端,那么其在《先秦政治思想史》里再次申说此意,并不令人感到意外。因此,梁启超此论更为主要的目的,其实是延续其阵营先前与中国马克思主义者的论战,证明中国并无立即实行社会主义的必要。在他看来:

---

① 梁启超:《先秦政治思想史》,第143页。
② 当然,这只是梁启超个人的看法,在中国历史进程中,特别是从经济生产关系与社会结构来看,是否真如他所言,恐怕还是一个值得探讨的问题。而关于中国古代的社会结构、阶级关系、支配与被支配形式,唐长孺、朱绍侯、谷霁光、漆侠、傅衣凌等老辈学者已经做了不少深入且扎实的研究。
③ 梁启超:《先秦政治思想史》,第112页。

"民本"的近代新诠——对三种不同诠释路径的探讨

彼(近代西方)中所谓资本阶级者,以不能絜矩故,恒以己所不欲者施诸劳工,其罪诚无可恕。然左袒劳工之人——如马克思主义者流,则亦日日鼓吹以己所不欲还施诸彼而已。《诗》曰:"人之无良,相怨一方。"以此为教,而谓可以改革社会使之向上,吾未之闻。①

在与《先秦政治思想史》写于同一时期的《中国政治思想中之三大特色与四大潮流》里,梁启超复强调中国古代就有"平民主义"的思想,所以"论及中国元首,毫无特权之可享",民众对于阶级压迫感受不深,阶级斗争在中国也就不适用。"中国既无贵族,又无资本家,其与谁争者乎?"而"吾国由君主专制,一跃而为共和国者,实由国民涵育民本主义已根深蒂固。种民本主义之因于前,食民本主义之果于后也亦宜"。换言之,近代西方政治思想中的精华,在儒家思想里早已显其端倪,近代西方社会的弊病,中国因受儒家思想熏染,故得以避免。更有甚者,梁启超认为近代社会主义思想也早已在中国古代出现。他认为"孔孟为极端之社会主义。其根本精神,均以裁抑豪强兼并为第一要义"。因此,"彼欧洲民族,鲜有能享受经济平等之机会,吾国民族则反是,此实受社会主义之赐也"。② 既然孔子、孟子思想里已有社会主义的要素,那么当下中国还有什么必要去一意向往源自欧洲的社会主义?

---

① 梁启超:《先秦政治思想史》,第 112—113 页。
② 以上引文均见梁启超:《中国政治思想中之三大特色与四大潮流》,载《先秦政治思想史》,第 322—323 页。

由此可见,梁启超在《先秦政治思想史》里表彰包括民本思想在内的儒家政治思想,其直接针对对象就是当时在社会上越来越有影响力的社会主义思想。他希望通过表彰儒家政治思想,来消解人们对于社会主义的向往——毕竟近代社会主义的主张中国古已有之,在近代为实现社会主义而进行的阶级斗争实与中国社会传统和文化传统大相径庭,作为儒家政治思想之起点的心性论也比社会主义所依托的唯物主义要"高明"得多。①

二、戴季陶:民本思想的异化

要想全面考察民本思想在近代被诠释的情形,不能忽视曾经对中国政治、文化与学术产生巨大影响的国民党意识形态。虽然孙中山本人很早就离开中国,青年时代接受的教育也主要是西式的,在同盟会时期,相比于章太炎、刘师培等对中国传统学术有精深研究的人,孙中山的传统学术根底很难称得上有多深厚;但在辛

---

① 1927年4月,目睹国民革命军一路北上,梁启超的门生、曾想将《先秦政治思想史》译为英文的徐志摩在给他人的信中说:"如果说俄国革命很成功地根绝贵族和资产阶级,这里的革命也是以此为目的的。以我看来,共产党目前在这里最伟大的成就不但划分了阶级,更造就成阶级仇恨。你是知道的,中国在以往的世代里根本没有这劳什子,所以现在是魔鬼得势了。昔日有些地方还可以享受一点和平与秩序,但一经他的影响,就立刻充满仇恨。"参见徐志摩:《致恩厚之》(1927年4月),载金黎明、虞坤明整理:《徐志摩书信新编》,杭州:浙江古籍出版社,2017年,第307页。相比于梁启超因长期在舆论场沉浮而深谙政治论说之道,徐志摩在这里就把相关意思表达得很明白。而梁启超那些包装在学术话语里的思想与立场,是否与徐志摩这番直白的说辞颇为一致呢?

亥革命之后，孙中山构建自己的学说体系时却经常将三民主义往中国传统学术那边靠拢，强调三民主义与中国传统学术之间有着紧密联系。五四新文化运动中登上历史舞台的青年知识分子，固然成为国民革命运动时期国共两党党员的主要来源，但对于五四新文化运动中的批孔思潮，孙中山似乎并未表示太多认同，而是更进一步地使三民主义看上去古色古香。

在讲授于1924年的《三民主义》的"民族主义"部分中，孙中山说："我们今天要恢复民族精神，不但是要唤醒固有的道德，就是固有的智识也应该唤醒他。中国有什么固有的智识呢？就人生对于国家的观念，中国古时有很好的政治哲学。我们以为欧美的国家近来很进步，但是说到他们的新文化，还不如我们政治哲学的完全。中国有一段最有系统的政治哲学，在外国的大政治家还没有见到，还没有说到那样清楚的，就是《大学》中所说的'格物、致知、诚意、正心、修身、齐家、治国、平天下'那一段的话。……像这样精微开展的理论，无论外国什么政治哲学家都没有见到，都没有说出，这就是我们政治哲学的智识中独有的宝贝，是应该要保存的。"[①]

孙中山提到的《大学》里的这段话，将修身至平天下一以贯之，把心性论与经世之学有机结合。或许是想效仿前贤，孙中山在先前出版的《孙文学说》里，也是先从心性论（他用的是"心理建设"）讲起，主张知行关系是"行易知难"，甚至认为"不知亦能行"，以此

[①] 孙中山：《三民主义·民族主义》，载魏新柏主编：《孙中山著作选编》（下），北京：中华书局，2011年，第737页。

凸显"先知先觉"的革命党人领导"后知后觉"的普通民众的必要性。① 而在《三民主义》里,他将民权主义与民本思想挂钩:

> 根据中国人的聪明才智来讲,如果应用民权,比较上还是适宜得多。所以,两千多年前的孔子、孟子便主张民权。孔子说:"大道之行也,天下为公。"便是主张民权的大同世界。又"言必称尧舜",就是因为尧舜不是家天下。尧舜的政治,名义上虽然是用君权,实际上是行民权,所以孔子总是宗仰他们。孟子说:"民为贵,社稷次之,君为轻。"又说:"天视自我民视,天听自我民听。"又说:"闻诛一夫纣矣,未闻弑君也。"他在那个时代,已经知道君主不必一定是要的,已经知道君主一定是不能长久的,所以便判定那些为民造福的就称为"圣君",那些暴虐无道的就称为"独夫",大家应该去反抗他。由此可见,中国人对于民权的见解,二千多年以前已经早想到了。②

南京国民政府成立之后,不少与国民党走得比较近,或者本身就属于国民党阵营的学者,开始反复阐扬孙中山的这些主张。比如杨幼炯说,"三民主义中的民权主义,虽在补救西方民主政治的流弊,但其精神仍是继承我国古代的民本主义的政治思想""民本

---

① 孙中山:《建国方略·孙文学说》,载魏新柏主编:《孙中山著作选编》(中),第363—368页。按:对比一下毛泽东的《实践论》,或许就能够很清楚地看出国共两党在政治理论上的本质区别。
② 孙中山:《三民主义·民权主义》,载魏新柏主编:《孙中山著作选编》(下),北京:中华书局,2011年,第750—751页。

"民本"的近代新诠——对三种不同诠释路径的探讨

主义实为三民主义的民权先导"。① 杨大膺一面研究孟子的民本思想,一面不忘强调:"孟子这种民本主义的思想,可以说是中山先生的三民主义的根源。换句话说,中山先生的三民主义,是从孟子的民本主义思想脱胎而来的。"② 谢扶雅则认为:"五千年来之政治思想,至三民主义而登峰造极,盖此主义能推陈出新,使传统的民学晋为科学的民学。"③ 钱穆说:"中国传统主张'贤能政治',不主张'多数政治'。贤能始得明治道来代表多数,而多数则并不能明治道来选出贤能。果能选出贤能,亦不当再由多数来加以监视。故中山先生所谓民权,实即中国传统'国以民为本'之义,与西方之昌言'民治'有不同。"④ 贺麟说:"在中国,孙中山先生则无疑是有儒者气象而又具耶稣式品格的先行者。今后新儒家思想的发挥,自必尊仰之为理想人格,一如孔子之推崇周公。他的民权主义,即可以说是最能代表儒家精神的民主政治思想。"⑤ 萧公权更是声称:"先生(孙中山)之政治思想会通中外,融旧铸新。采中国固有之原理为基础,以西洋现代之实学为内容。惟能融旧,故吻合于国民性情。惟能铸新,故适应现代之需要。"因此,"中国现代政治思想至先生而始成立"⑥。总之,孙中山有着将民本思想转换为近代民主

---

① 杨幼炯:《当代中国政治学》,转引自金耀基:《中国民本思想史》,北京:法律出版社,2008年,第192页。
② 杨大膺:《孟子民本主义的政治学说》,《复兴月刊》1935年第10期,第12页。
③ 谢扶雅:《中国政治思想史纲》,转引自金耀基:《中国民本思想史》,第184页。
④ 钱穆:《中山先生之三民主义与民族文化》,载《中国学术思想史论丛(十)》,北京:华夏出版社,2011年,第25页。
⑤ 贺麟:《儒家思想的新展开》,载《文化与人生》,北京:商务印书馆,1988年,第15页。
⑥ 萧公权:《中国政治思想史》下册,台北:联经出版事业公司,1982年,第998页。

思想,让民本思想精义发扬光大的地位。

不过,真正对孙中山的这些主张进行系统诠释,并成为国民党意识形态重要组成部分的,当属戴季陶主义。1925年前后,原本一度倾心社会主义的戴季陶目睹中国共产党的力量蓬勃发展,担心国民党的"联共"政策会进一步让中国共产党与国民党左派势力占据主流,因此频繁撰文,希望通过重新解释孙中山的思想,达到抵御中国共产党理论宣传的目的。他自言其所著书"是国民党员之纯正的言论,拟尽力传播,每种至少印十万册",①甚至"实为今日救国救党之一应急手术"②。在他看来,"中山先生的思想,完全是中国的正统思想;就是继承尧舜以至孔孟而中绝的仁义道德的思想。在这一点,我们可以承认中山先生是二千年以来中绝的中国道德文化的复活"③。孙中山思想的"一个特点,是随时随地,都尽力鼓吹中国固有道德的文化的真意,赞美中国固有道德的文化的价值;说明我们要复兴中国民族,先要复兴中国民族文化的自信力,要有了这一个自信力,才能够辨别是非,才能认清国家和民族的利害,才能够为世界的改造而尽力"④。总之,"我们可以完全承认中山先生这一个继承中国正统思想、复兴中国固有道德文化的

---

① 戴季陶:《戴季陶致胡汉民函》(1925年7月14日),转引自陈红民辑注:《戴季陶1925—1926年间致胡汉民等几封信》,《民国档案》2005年第4期,第4页。
② 戴季陶:《戴季陶致胡汉民函》(1925年7月),转引自陈红民辑注:《戴季陶1925—1926年间致胡汉民等几封信》,《民国档案》2005年第4期,第5页。
③ 戴季陶:《孙文主义之哲学的基础》,载中国人民大学党史系编:《戴季陶主义资料选编》,校内用书1982年版,第35页。
④ 戴季陶:《孙文主义之哲学的基础》,载中国人民大学党史系编:《戴季陶主义资料选编》,第21页。

觉悟,的确是二千年来中国文化创造史上的异彩!"①如果说在孙中山版的三民主义那里,中国传统和近代西方思想(包括社会主义思想)还各有其重要性的话,那么到了戴季陶版三民主义,中国传统的要素就显得越来越突出。②而之所以如此,主要原因自然是希图与中国共产党的反帝反封建主张保持距离。

基于此,戴季陶认为,既然孙中山继承了包括民本思想在内的儒家道统,那么对于后者所主张的革命自然也要从中国传统的角度来理解,而不应以阶级分析这样充满激进色彩的域外学说为依据。所以,他强调国民革命应以儒家的仁爱之心为起点,而"中国的社会,就全国来说,既不是很清楚的两阶级对立,就不能完全取两阶级对立的革命方式,更不能等到有了很清楚的两阶级对立才来革命。中国的革命与反革命势力的对立,是觉悟者与不觉悟者的对立,不是阶级的对立"。但是"在中国这样的国家里面,除了生活能够自如的人而外,实不易得到革命的智识"。因此,"结果只是由知识上得到革命觉悟的人,为大多数不能觉悟的人去革命"。③据此,戴季陶明确指出:

革命是由先知先觉的人发明,后知后觉的人宣传,大多数

---

① 戴季陶:《孙文主义之哲学的基础》,载中国人民大学党史系编:《戴季陶主义资料选编》,第43页。
② 孙中山对近代社会主义的派别与主张还是比较了解的。参见孙中山:《在上海中国社会党的言说》,载魏新柏主编:《孙中山著作选编》(上),第192—208页。
③ 戴季陶:《孙文主义之哲学的基础》,载中国人民大学党史系编:《戴季陶主义资料选编》,第33—34页。

不知不觉的人实行,才能成功的。①

他又说:

> 仁爱是革命道德的基础,革命家的努力,完全是为知仁而努力的……在现代这样以利己的个人主义为中心的资本主义跋扈的世界中,我们的仁爱,要如何应用才是真的呢?就是处处要以爱最受痛苦的农夫工人和没有工作的失业者为目的;要能够爱他们,才是仁爱。②

他还说:

> 先生(孙中山)所主张的国民革命,在事实上,是联合各阶级的革命。但是这一个联合各阶级的革命,一方面是要治者阶级的人觉悟了为被治者阶级的利益来革命,在资本阶级的人觉悟了为劳动阶级的利益来革命,要地主阶级的人觉悟了为农民阶级的利益来革命,所谓"成物智也"。③

从儒家民本思想的立场来看,统治者基于仁爱之心来照顾民众,将

---

① 戴季陶:《孙文主义之哲学的基础》,载中国人民大学党史系编:《戴季陶主义资料选编》,第34页。
② 戴季陶:《孙文主义之哲学的基础》,载中国人民大学党史系编:《戴季陶主义资料选编》,第34—35页。
③ 戴季陶:《孙文主义之哲学的基础》,载中国人民大学党史系编:《戴季陶主义资料选编》,第35页。

民众福祉时常放在心上,如此这般自然没有问题。但戴季陶在这里所想强调的,是把国民革命所包含的解放被压迫民众、推翻过去的剥削与被剥削关系、创造更为平等的社会结构、实现名副其实的大众民主扭曲成"先知先觉"者出于道德意识来"拯救"嗷嗷待哺的"后知后觉"者,消解工农大众的主体意识,用教条的儒家思想来掩盖活生生的社会矛盾,用抽象的"民族精神"遮蔽具有时代感的阶级分析,用古色古香的"仁爱"作为现代革命者与受资本主义剥削的劳苦大众之间建立紧密联系的前提,使国民党意识形态趋于精英主义与保守主义。戴季陶主义之所以能成为南京国民政府的重要理论话语,根本原因亦在于此。在这个意义上,前文所引的那些对于孙中山民本思想的解读,可以说处在戴季陶主义的延长线上。

对于戴季陶主义的这些特征,中国共产党的理论家早就进行了深刻的剖析。瞿秋白于1925年发表《中国国民革命与戴季陶主义》一文,其中颇为犀利地指出:

> 戴季陶用所谓民生哲学的仁慈主义来解释,便使中国民众联合战线的国民革命,变成了少数知识阶级"伐罪救民"的贵族"革命"。他的主张,实际上是只要诱发"资本家仁爱的性能"和知识阶级"智勇兼备以行仁政"的热诚,来替农工民众革命。这不但是纯粹的空想主义,而且是要想暗示工农民众停止自己的斗争,听凭上等阶级的恩命和指使。简单些说,便是上等阶级要利用农工群众的力量来达到他们的目的,却不准

153

农工群众自己有阶级觉悟。①

在这里,瞿秋白强调的是国民革命运动应建立在工农群众自己的政治觉悟之上,革命的目标除了让中国摆脱第一次鸦片战争以来遭遇的外部侵略,还包含了解放劳苦大众,让那些过去处于被压迫与被剥削地位的人成为国家名副其实的主人。因此,革命的过程不能仅靠"先知先觉"者自上而下地启示、指导"后知后觉"者。他强调:"试问农工阶级连自己切身的利益尚且不能力争,所谓'民族文化'、'孔孙道统'能使他们起来力争吗?农工阶级不来积极参加,而想国民革命成功,这才是空想呢!戴季陶要以所谓中国的哲学思想为基础,要用所谓仁慈主义诱发资本家的'仁爱'性能,如此便想消弭阶级斗争,使世界人类进于大同,这才真是空想呢!"②

瞿秋白的这些批评,其实道出了民本思想与近代大众民主理论之间的主要区别。前者固然把民众置于十分重要的位置,并且一定程度上视民意为政权合法性的来源,但其实践形式基本上是自上而下的,统治阶级是否遵循民本思想来施政主要取决于其道德意识的高下。在整个政治过程中,民众始终处于被动地位。而瞿秋白强调名副其实的民主应建立在广大民众的政治觉悟之上。在政治活动中,民众是起点、是主体,是能动的,而非被动的。包括民本思想在内的中国传统固然有可能让一些精英群体心生为民众

---

① 瞿秋白:《中国国民革命与戴季陶主义》,载《瞿秋白文集·政治理论编》第3卷,北京:人民出版社,2013年,第324页。
② 瞿秋白:《中国国民革命与戴季陶主义》,载《瞿秋白文集·政治理论编》第3卷,第333—334页。

福祉奋斗之念,但这种结果的偶然性远大于必然性。要想使必然性增加,则需要引入马克思主义关于阶级分析与群众斗争的视角,凸显革命群众掌握国家政权与生产资料的重要性。由此出发,其实也体现了新民主主义革命时期中国共产党与国民党在政治理论上的本质区别。

三、陶希圣与嵇文甫:对民本思想的批评

1927年大革命失败之后,中国共产党开始总结失败的原因与教训,进而深入至学理层面研究中国社会的性质、中国社会的基本矛盾等问题。而国民党内部一些仍有革命理念的人士,也开始担忧"清党"之后,不少在国民革命运动中曾被打倒的对象——土豪劣绅、北洋系官僚等,纷纷加入国民党,致使国民党迅速变质。于是他们组织团体,频繁撰文,强调要让国民党保持革命本色,避免腐化堕落。① 在对这些问题进行阐述的同时,此类国民党人也加入了关于中国社会史与中国社会性质的论战之中。陶希圣便是其中的代表。

虽然陶希圣关于中国社会性质的判断屡有变迁,但他一直强调士大夫阶层在中国社会结构中的重要性,并对之进行带有极强批判色彩的剖析。在他看来:"中国社会是什么社会呢? 从最下层的农户起到最上层的军阀止,是一个宗法封建社会的构造,其庞大

---

① 王锐:《重思国民党改组派的政治主张》,《江海学刊》2022年第2期。

的身份阶级不是封建领主,而是以政治力量执行土地所有权并保障其身份信仰的士大夫阶级。"①之所以强调这些,是由于他担心国民党也变质为新的士大夫集团,即放弃先前打倒特权阶级的主张,反而与后者结成同盟关系。他强调:"士大夫是超阶级的,超出生产组织各阶级以外,自有特殊的利益。"而"中国国民党决不是这样的集团。他负有国民革命的使命。而在国民革命中,必须有农工群众参加和小企业家小商业家的协力,才可以完成反帝国主义的运动。必须发展农工商民众的组织,共讨民贼,才可建设革命政权,以达到民主政治"。② 有感于国民党"清党"之后的状况,他十分警惕"本党官僚化的危机",忧虑"本党官僚化以后,则党籍成了士大夫升化的阶梯,而政治便成为官僚政治"。③ 他呼吁"革命的知识分子"应当自觉"克服士大夫身份的传统意识,防止官僚化的危机"。④

基于此,陶希圣对古代士大夫阶级时常称颂的民本思想展开批评。他指出:"中国的民本主义是士大夫的民本。"具体言之:

> 他们"不患寡",但患"名器之滥"。所以士人阶级的"民本",在巩固身份的等级,而巩固身份的等级,必须"明职分不得相逾越",尤必须"君君臣臣"。所以其所谓"民本",是以君

---

① 陶希圣:《总论——中国社会到底是什么社会?》,载《中国社会之史的分析》,沈阳:辽宁教育出版社,1998年,第29页。
② 陶希圣:《士大夫身份的发展和变迁》,载《中国社会之史的分析》,第45页。
③ 陶希圣:《士大夫身份的发展和变迁》,载《中国社会之史的分析》,第46页。
④ 陶希圣:《绪论——研究中国社会史的必要和方法》,载《中国社会之史的分析》,第9页。

主为枢纽,"格君心之非",使得民心。民心自然是民众所供养的士人阶级的意识。若以简明的话来说:"得民心"就是"得士"。得士的方法,在战国时代是养士,在汉以后是贡举。①

与之相关,陶希圣极力辨别孙中山的民权主义与民本思想的不同:

> 民权主义的意义,在"唤起民众"使生产者主张并充实其亘古以来未有的政治要求,使怕国家者一变而管理国家,如"身之使臂,臂之使指"。所以,民权主义之民权是革命民权与"天赋人权"殊科,更与从来士人阶级的民本主义有天渊云泥之别。②

不同于戴季陶主义,陶希圣强调三民主义并不是简单地继承中国传统,而是体现了国民革命运动中那些极具影响力的政治口号。他之所以要辨析民本与民权主义之别,也是担忧国民党在意识形态上越来越保守化、精英化,丧失理想主义与批判色彩,不再能代表大多数民众的利益。总之,在他看来,"孔子学说到今日已经成为地主阶级生命之火""儒教三民主义是地主阶级三民主义的解释。我如果是地主豪绅,我当然用儒教来解释三民主义"。而"清党"之后,国民党意识形态面临的一大挑战就是"残余的地主士大

---

① 陶希圣:《中国问题解决之基点》,载陈峰编:《中国近代思想家文库·陶希圣卷》,北京:中国人民大学出版社,2014年,第163—164页。
② 陶希圣:《中国问题解决之基点》,载陈峰编:《中国近代思想家文库·陶希圣卷》,第165页。

夫拿孔学来解释三民主义"。① 在此背景下，用民本思想来解读民权主义，实为恶紫夺朱，使国民党成为地主阶级在政治上的安身立命之所。

作为中国社会史与中国社会性质论战的主要参与者，虽然为了与中国共产党人保持距离，陶希圣宣称自己的立论基础源自第二国际的理论家考茨基与德国社会学家桑巴特、政治学家奥本海默，②但实际上，从陶希圣分析历史与现实问题的框架中，仍然能够比较明显地看到马克思主义的影子。不过，要说起充分运用马克思主义来分析民本思想，还得以中国共产党人的论著为探讨对象。在这方面，史家嵇文甫的论著尤为值得注意。③

基于对马克思主义历史唯物主义的认识，嵇文甫主张要想完整把握一个时代的社会思潮，需要先了解那个时代的经济背景。熟悉经济史是研究思想史的重要前提。具备了经济史视野的思想史研究，方能更为完整地呈现一个时代的思想全貌。在发表于1929年的《周末社会之蜕变与儒法两家思想上的斗争》里，嵇文甫运用这样的方法论来研究以儒家与法家为代表的先秦政治思想。他认为，从社会形态上看，周代是典型的封建社会，其经济基础建立在封建贵族的土地私有制之上，而平民没有土地。周天子及大小贵族垄断了土地，平民大多沦为替前者耕作的农奴。历代儒者

---

① 陶希圣：《什么是儒教》，载陈峰编：《中国近代思想家文库·陶希圣卷》，第254、256页。
② 陶希圣：《潮流与点滴》，北京：中国大百科全书出版社，2016年，第103—104页。
③ 嵇文甫1926年加入中国共产党，不久之后，接受组织委派赴苏联留学，进入莫斯科中山大学，系统学习马列主义，因此具有扎实的理论功底。

所称颂的井田制,即建立在这样的土地所有关系之上。这是儒家思想诞生的重要经济基础。孔子所谓"吾从周",本质是对春秋末期土地关系发生剧烈变动的事实所产生的强烈不满,希望在经济与政治体制上回到西周时期的样态。孟子所说的"为政不难,不得罪于巨室",同样可从这个角度来理解其内涵。基于此,嵇文甫说:"儒家代表贵族,主张贵族是特殊阶级,不与民争利;阶级的悬殊,儒家认为是应该的。"①只有把握了这个特征,才能从历史的角度来分析先秦儒家的政治思想,包括其中一些体现出强烈批判色彩的主张。因为判断一种学说是否带有批判性,不能仅从修辞上看其是否壮怀激烈,更要剖析它是从怎样的立场与角度出发来进行批判,其所描绘的理想的政治与社会图景是怎样的。对此,嵇文甫进一步指出:

> 儒家的政治原则是:"修身齐家治国平天下",把"家"看得很重。但是这个"家",乃宗法社会贵族之大家。当时的一国,不过几个贵族之家耳。儒家把贵族之家看得很重要,能齐家就能治国平天下。这也是儒家拥护贵族政治的思想。②

嵇文甫对于中国古代民本思想的剖析,正是建立在这样的方法论之上的。1932年,嵇文甫出版了《先秦诸子政治社会思想述要》。

---

① 嵇文甫:《周末社会之蜕变与儒法两家思想上的斗争》,载《嵇文甫文集》上册,郑州:河南人民出版社,1985年,第45页。
② 嵇文甫:《周末社会之蜕变与儒法两家思想上的斗争》,载《嵇文甫文集》上册,第47页。

159

他自言之所以撰写这本书,是因为对于先前在学术界掀起巨大影响的中国社会史论战的不满。在他看来,参与中国社会史论战的人,大多缺乏思想史的素养,所以一遇到历史上的思想问题,就很容易陷入不顾史实、强作解人的境地。嵇文甫认为:"思想虽然是生活的反映,虽然是以一定物质条件为基础的上层建筑,但从生活到思想,从下层到上层,是一个复杂的过程,并不是才明彼即晓此的。"①在分析孟子思想时,嵇文甫承认孟子那些与民本思想关系紧密的主张,无论是直接针对战国时期统治阶级大兴杀伐之风、民众死于非命的抗议,还是作为一种政治文化传统深刻影响后世的读书人,都是有其正面意义的。但他同时提醒人们注意,由于孟子的思想有这样的正面意义,就将其政治主张与现代意义的民主视同一物,无疑是有极大问题的。对于《孟子》书中记载的"民为贵,社稷次之,君为轻"(《孟子·尽心章句下》)之类的话,不能脱离先秦时期的历史背景来过度诠释,而是应将这样的话放到当时的社会结构中去认识:

> 孟子重民,是很明显了。可是这就可以算民权思想么?恐怕靠不住。孟子无论怎样尊重民意,无论怎样反对暴君,但是他始终没有想到让民众自己支配政权。他所理想的社会,仍然是天子、诸侯、大夫、士、庶人,宝塔式组织的封建社会;他的政治哲学,仍是修身、齐家、治国、平天下的德化主义……治人是"君子"们的专业,一般劳力的"野人"是不容参与政权的。

---

① 嵇文甫:《先秦诸子政治社会思想述要》,载《嵇文甫文集》上册,第144页。

160

"民本"的近代新诠——对三种不同诠释路径的探讨

一方是治者,一方是被治者,这样的等级社会,与民权政治绝不相容。民权与君权,不是程度上的差别,乃是性质上的差别。君无论仁暴,而君只是君。尊重民意,体恤民隐,固是做圣君的必要条件,可是民权政治总还说不上。孟子称当时人君为"人牧",又拿"今有受人之牛羊而牧之者"去比地方官受君之百姓而治之。可见人君无论怎样爱民,亦不过如牧人之爱其牛羊而已。①

很明显,嵇文甫不是抽象地在探讨民本思想之优或劣,而是在一定的历史背景中具体考察普通民众在如此这般的社会结构与经济生产关系当中处于怎样的位置,是拥有支配政权、管理国家机器的权力,还是只作为被统治对象,为了能被更好地驱使,而被给予一些小恩小惠,来换取他们心甘情愿地认同这样的统治秩序。这既是理解先秦时期民本思想的关键,也是理解中国古代政治传统的重要切入点。

具体到对先秦儒家政治思想的评价,嵇文甫说:"我们始终不要忘掉,儒家无论孔、孟、荀都主张王道政治。而所谓王道政治,既不是民主政治,也不是君主独裁制下的官僚政治,而实在就是理想化了的贵族政治。这种政治的社会背景,是自然经济,是宗法制度。"②在此背景下,对于被历代儒者频繁表彰并不断阐释的孟子思想当中关于士人出处进退与政治操守的言说,同样也不能脱离具体的社会经济背景来认识。嵇文甫认为,孟子之所以如此强调士

---

① 嵇文甫:《先秦诸子政治社会思想述要》,载《嵇文甫文集》上册,第187页。
② 嵇文甫:《先秦诸子与古代社会(讲义)》,载《嵇文甫文集》上册,第304—305页。

161

人的重要性，其基本前提实为相信一般民众比士阶层更为低下，因此后者成为担有"治人"之责的"劳心者"也就无可非议了。他说道：

> "无恒产而有恒心者，惟士为能"。他（孟子）把"民"和"士"对立起来，"民"是受物质支配的，而"士"却不受物质支配；行于"民"里边的是一种理法，行于"士"里边的却另有一种理法。"以唯心论待己，以唯物论待人"；"以超人哲学待己，以唯物史观待人"；我们的"亚圣"或者也是这种意思罢？然而，"士"于是乎高立于民众之上了。①

在近代中国，一些有识之士为了更为顺畅地向国人传播民主思想，时常将儒家民本思想作为一种中介，通过对之进行新的诠释，来引入近代民主思想的要义。因此，孟子强调的"民贵君轻"就被赋予各种正面的解读，他主张士阶层应具备强烈的道德意识，也被不少人视为历史上对抗君权肆虐的重要思想因素。虽然近代知识分子在职业、习惯、价值观上已经与古代士阶层有着不小的差异，但直到20世纪30年代，知识分子群体依然大多出身于士绅之家，这是他们在当时的社会经济条件下有机会获取知识、掌握文化不容忽视的前提。因此，基于文化层面的"路径依赖"，孟子的这些言说很容易被他们用来论证自己的政治责任、政治地位，甚至政治特权。就此而言，嵇文甫此论的意义在于，揭示了孟子对士阶层地位与作

---

① 嵇文甫：《先秦诸子政治社会思想述要》，载《嵇文甫文集》上册，第192页。

用的表彰,其实是建立在认为民众的政治与经济地位较之士阶层更为低下的前提之上的。站在普通民众的角度,士阶层与君主虽偶有冲突,但其实都是统治集团中的成员。他们之间的博弈、对抗、互相利用,说到底皆为统治集团内部的矛盾罢了,与现代意义上的民主政治并无什么关联,此乃理解儒家民本思想时辄需意识到的问题。

嵇文甫不但辨析前秦儒家的民本思想,而且对于在近代被赋予更多正面色彩的明清之际政治思想,也从历史唯物主义的角度进行剖析。嵇文甫也承认,明清之际的思想家,如顾炎武、黄宗羲、王夫之等人,面对时代危机,通过一系列政治、历史、哲学的反思与思辨,提出了许多真知灼见。特别是他们的政治主张,置于中国政治思想史的流变过程中,堪称璀璨的瑰宝。其高度与深度远非一般陋儒俗士所能企及。[1] 也正因为如此,在嵇文甫的学术生涯中,晚明思想史是一个研究重点。他之所以在学界扬名,主要就是由于出版了《左派王学》《晚明思想史论》等著作。但问题在于,承认这些思想在中国历史中的卓越地位,并不能引申出这些思想与近代民主理论暗合,二者绝非一事。就拿不断被人称为中国本土"民主"思想之先驱的黄宗羲来说,他在《明夷待访录》的《原君》《原臣》《学校》《置相》等篇章中批判明代君权过于强势,反思朱元璋废除宰相所带来的弊病,强调相权应成为君权的有效制约、学校应成为地方士人参政议政的重要场所,其批判力度不可不谓犀利,建议主张不可不谓辟透。但嵇文甫强调:"近代民权政治的原则'民

---

[1] 嵇文甫:《十七世纪中国思想史概论》,载《嵇文甫文集》上册,第89页。

有,民治,民享'。'民有','民治',梨洲都还说不到,只有'民享',总算慨乎其言之了。这种思想,我以为只可称为'重民思想',径称为'民权思想'似乎还不大妥当。"究其实,黄宗羲的这些政治主张"总没有想到民众自己支配政权"。①

此外,黄宗羲思想之所以受到近代中国政学精英的重视,一个主要因素就是他对于君主权力过度膨胀所造成的危害有颇为犀利的剖析,这在中国古代是比较难能可贵的。他基于儒家传统中对于"公"与"共"的推崇,认为君权肆虐有碍于"公"与"共"的政治理想,因此在制度设计上主张抬高宰相的地位、扩大地方士绅的作用。针对黄宗羲的这些思想,嵇文甫并未将其进行不顾历史语境、过度拔高的解读,而是提醒人们注意黄宗羲的政治理想其实是实践一种理想的士大夫政治,用士大夫政治来替代君主个人专断独行。而士大夫政治,相比于近代民主政治,其实也是一种贵族政治,代表了当时地主士绅阶层的政治诉求。②

嵇文甫的观察,意义在于揭示了中国古代的君权与绅权关系的主要特点。纵观宋代以降的中国历史,士绅集团固然与皇权会有一定的冲突,但在占有与支配土地,控制主要经济、文化与社会资源,控制、役使大多数农民这一点上,绅权与皇权的利益一致之处远大于彼此分歧。③ 在这个意义上,嵇文甫认为:"他(黄宗羲)主张加重宰相的职权,而造成一种虚君制;又主张以学校监督行

---

① 嵇文甫:《十七世纪中国思想史概论》,载《嵇文甫文集》上册,第91页。
② 嵇文甫:《十七世纪中国思想史概论》,载《嵇文甫文集》上册,第98页。
③ 关于这个问题,参见费孝通、吴晗等:《皇权与绅权》,北京:生活·读书·新知三联书店,2013年。

政。这都是他的苦心孤诣,欲以济君主专制之穷。倘若他的理想竟能实现,或者会成一种绅权政治。"①所以说,"相权也罢,士权也罢,都只能算作绅权,而不能叫民权"。② 重审嵇文甫的这些观点,有助于完整把握明清之际的士绅阶层如何维护、伸张自己的政治与经济特权,以及如何将这些言说不断地学理化、普遍化,同时也可洞悉这样的诉求与名副其实的近代民主之间的本质差别。中国马克思主义史家对于民本思想的剖析,其基本立场、研究方法与理论贡献,也于此可见一斑。

四、余论

南京国民政府成立后,戴季陶的学说成为国民党官方意识形态的重要组成部分。而为了巩固统治,国民党政权反复强调要先施行一段时间"训政",才可再谈其他。在通过于1929年的关于确定训政时期政府与民众之关系的文件里,就有这样一段描述:

> 总理遗教,认定由国民革命所产生之中华民国,人民在政治的知识与经验之幼稚上,实等于初行之婴儿。中国国民党者,即产生此婴儿之母。既产之矣,则保养之、教育之,方尽革命之责。而训政之目的,即以保养教育此主人成年而还之政,为其全部之根本精神。

---

① 嵇文甫:《中国历史上曾有过民权思想么?》,载《嵇文甫文集》上册,第472页。
② 嵇文甫:《〈黄梨洲文集〉序言》,载《嵇文甫文集》下册,第256页。

细品这段话里关于"婴儿"与"父母"的表述,或有助于把握戴季陶学说之本质。① 而通过前文的梳理可见,在近代中国,民本思想固然有助于深受中国传统熏染的政学两界人士更为主动地去接受近代民主思想,使后者在中国的传播减少一些思想观念的障碍,但无论是在近代中国思想界影响极大的梁启超,还是成为南京国民政府官方意识形态组成部分的戴季陶主义,其实都将民本思想作为对抗社会主义与大众民主的工具。他们或是声称民本思想较之社会主义更为"高明",或是把近代民主政治扭曲成"先知先觉"者依靠仁爱之心来领导"后知后觉",进而消解占中国人口绝大多数的工人与农民的政治主体意识。对此,无论是国民党内具有批判意识的理论家陶希圣,还是中国马克思主义史家嵇文甫,都对民本思想本身以及假借民本思想兜售精英政治的做法展开批评。总之,分析民本思想在近代被诠释的状况,不能忽视近代中国不同政治意识形态之间的论争,同时需对不同意识形态的服膺者与宣传者的思想特质有较为全面的认识,否则极易将复杂的历史过程简化为观念层面的逻辑关系。

尤有进者,当前对于中国传统思想的认识,除了要明晰其本旨与流变,或许还需对相关学说在近代所呈现的特征、所起到的作用有所辨析,这样方能更为全面地思考哪些学说或观念对于当前的理论建设有切实效用,哪些则不那么适合作为理论建设的关键环节。我们固然可以承认,民本思想中对于民众福祉与民生问题的

---

① 《确定训政时期党政府人民行使政权治权之分际及方略案》,载夏新华等整理:《近代中国宪政历程:史料荟萃》,北京:中国政法大学出版社,2004年,第804页。

重视,以及对革命论的承认,有助于人们从思考逻辑与价值立场上接受社会主义的一些内容。但要想真正理解后者,则离不开对近代资本主义政治与经济状况展开详尽分析,进而探讨改造那种不平等的支配与被支配关系的方法。在这个意义上,民本思想确有其价值所在,但要想使其实现转化,则需要更为广阔的理论视野,以及丰富的历史感,以免陷于知古而不知今之弊。

"世界之中国"

晚清知识分子的帝国主义论

一、引言：反思当下的"世界视野"

当前,随着中国与世界形势发生深刻变化,以及新媒体兴起而带来的资讯与观点传播愈发便利,越来越多的人喜欢就国际问题发表意见。从参与公共生活的角度而言,这自然是一件值得重视的事。但据本人这些年的观察,在人们兴致勃勃地指点江山之时,诸如"文明的冲突""大国霸权竞争""海权与陆权之争""修昔底德陷阱""新兴大国与守成大国"等概念与分析框架经常成为解释当前国际局势的时髦话语。不少著作、论文、公众号文章、微博帖子、时政类短视频,表面上是在分析符合中国自身实际情况的外交政策,但背后总能让人看到斯皮克曼、亨廷顿、米尔斯海默、布热津斯基、基辛格等当代美国纵横家的影子。

其中的重要预设就是认为中国综合国力的增强与 20 世纪初

美国的崛起在性质上没什么差别,中国国际地位与影响力提升的历史并未自外于19世纪以来霸权在全球范围内的转移过程。中国的社会主义实践与国际主义精神、中国重视同第三世界国家建立友好平等关系的主张,在这样的概念与分析框架下都被隐没了。在秉持这些概念与分析框架的人士眼里,用美国人基于美国崛起过程而总结出来的理论话语去批判美国是一件很理所应当的事,因为中国综合国力的提升就是在重复美国人曾经干过的事情,中国未来的使命就是替代美国成为新的"霸主"。当然,此类观点的另一潜台词就是,既然目前还没这个"能力",那就不要到处"惹事"或"逞能"。

此外,中国的社会主义传统、中国革命过程中推翻"三座大山"的艰辛历程也被裹挟进带着极强美国色彩的民族主义或国家主义话语里。新中国外交实践的性质也被源于与美国国家利益高度匹配的冷战史研究范式审视和定义。乔治·凯南与约翰·加迪斯的观点成为我国相关领域研究中的某种"日用而不知"的精神根源。甚至可以说,如此这般,与那种认为美式现代化理论或新自由主义放之四海而皆准的言说在思维逻辑上其实没什么区别,虽然不少人表面上声称要检讨这两种意识形态话语。因为这样的言说一定程度上未能思考或不愿思考中国能够为全世界,特别是为广大的亚非拉国家提供什么新的发展道路,未来的新国际秩序是否应延续19世纪以来资本主义强国之间为称霸而你争我夺的形态。

因此,如果想更为全面地认识历史与现实当中的国际关系,并让相关研究更具丰富的历史感,尤其是从近代以来中国的变局出发思考中国发展道路,那么恐怕需要回到历史现场,重温那些曾经深刻影响着众多中国知识分子的重要概念,探究这些概念的学理逻辑与现实所指,从世界近代史的角度分析近代中国人是如何探索符合中国实际的外部视野,并在此基础上思考行动方案的。其中,帝国主义问题尤其值得重新审视。①

19世纪中叶以后,随着西方列强与明治维新后的日本资本主义经济进一步发展,为了占据更多的原料与廉价劳动力获取地,以及商品倾销地,为了让本国成为区域霸主或全球霸主,为了转移国内的社会矛盾,尤其是长期处于恶劣工作环境中的工人阶级要求改善工作生活条件,获得参与政治权利的诉求,东西列强开始积极进行对外殖民扩张。

其结果,对于那些资本主义国家而言,不但本国统治阶级大力鼓吹殖民扩张的益处,当然他们在此过程中也确实获得不少益处,那些处于被剥削地位的工人阶级在如此这般的民族主义或国家主义宣传下,也逐渐淡忘自己真实的社会地位,为本国扬国威于四海感到"自豪",并且相信在殖民扩张的过程中,自己也会得到一些经济利益。这也是第二国际主张社会主义政党要看到资本主义生产

---

① 关于本文所涉及的话题,李时岳与李子林在几十年前曾分析晚清士人讨论帝国主义与他们的民族主义思想之间的关系。陈力卫与曹龙虎从概念研究的角度对相关名词的语法构成与名词转换进行了详细梳理。葛静波则从资料梳理的角度,详细呈现了晚清哪些报刊、哪些人士对帝国主义话题有所论述,在重建史实层面贡献良多。参见李时岳:《二十世纪初年中国知识界的帝国主义观和民族主义观》,《吉林大学社会科学学报》1962年第2期。李子林:《试论本世纪初资产阶级革命派对帝国主义的认识》,《华中师院学报(哲学社会科学版)》1982年第1期。陈力卫:《"帝国主义"考源》,《东亚观念史集刊(第3期)》,台北:政大出版社,2012年。曹龙虎:《近代中国帝国主义概念的输入及衍化》,《武汉大学学报(人文科学版)》2017年第4期。葛静波:《"帝国主义"在清末中国:译介、认识与话语》,《西南大学学报(社会科学版)》2019年第2期。

方式仍有很大发展空间，不要轻言暴力革命，要寻求与本国统治阶级合作，通过进入议会的方式为工人争取更多利益的深层次原因。

具体言之，英国一面巩固其在印度和南非的殖民统治，一面在北非、西亚、中亚、东亚等地区进行殖民活动，扩大势力范围，希望在全球地缘政治中继续保持大英帝国的霸主地位。法国虽然在北美地区已经失去了影响力，并且因普法战争中失利而国力受损，但仍旧在东南亚、非洲、东亚等地区或是直接拥有殖民地，或是占据势力范围，或是操控当地政治。

沙皇俄国自从16世纪起，就开始通过暴力行动进行殖民扩张，它在中亚、中国东北经常采取十分野蛮的手段占领土地，奴役、屠杀当地民众。到了19世纪，沙俄与英国在欧亚大陆上进行着从近东到远东的争夺殖民地与势力范围的斗争。克里米亚战争让俄国吃了亏。但在远东，俄国利用英法联军攻占北京，清朝统治者惊魂未定之际，通过一系列外交阴谋，攫取了中国北方边境的大片土地；甲午战争之后，又借着与法国、德国迫使日本归还辽东半岛的机会，在中国东北地区进一步扩大势力范围。

自从普鲁士王国实现德意志统一以来，德国一直对殖民扩张跃跃欲试，认为世界被英、法、俄这样的国家瓜分殆尽是一件很不"公平"的事情，于是大力发展海军，在非洲、东亚等地展开殖民活动。相比于英国、法国这样已经形成一套颇为老练且纯熟的殖民策略，如控制当地财政金融部门，培植当地政治精英与一批认同西方文明的中上层知识分子，利用当地原有的各种政治矛盾进行分而治之等的老牌殖民帝国，作为新兴列强的德国在殖民活动中更显横冲直撞、简单粗暴。

美国在19世纪初,曾以门罗主义为说辞,将美洲视为自己的势力范围,一面拒绝欧洲列强染指美洲,一面效仿欧洲列强控制亚非地区那样控制美洲国家。到了19世纪80年代以后,随着美国工业化水准与工业产值越来越高,美国的工业资本主义寡头开始鼓吹效仿英、法之所为,向美洲大陆之外进行殖民扩张。海军将领马汉的"海权论"即体现了美国统治阶级希图参与到全球争霸之中的强烈愿望。美国先是吞并夏威夷,之后占领菲律宾。

明治维新之后的日本,不但在内政上效仿欧洲列强,在对外事务上也积极复制后者之所为,并很早就把吞并朝鲜,进而占领中国,随后称霸亚洲作为对外扩张的目标。日本进行对外战争时的残暴性,较之美国白人统治者屠杀印第安人,英国统治阶级镇压印度反英斗争与爱尔兰反英斗争,不遑多让,甚至有过之无不及。但面对同在儒家文化圈的朝鲜与中国,特别是长期位于儒家文化圈中心位置的中国,日本统治阶级一面采取与西方列强毫无差别的殖民扩张政策,比如将朝鲜与中国东北地区作为农业产品种植地与日本国内剩余人口移民地,将中国台湾作为白糖、樟脑、大米产地与"南进"政策的桥头堡,一面炮制以儒家学说为外衣的各类话术,如"亚细亚主义""东洋理想""中日之间同文同种"等,把自己在东亚的殖民活动包装成领导东亚儒家文化圈对抗白种人的力量。这些说辞,曾一度让不少中国与朝鲜士人颇受迷惑。

在这样的时代背景下,帝国主义问题日渐受到人们的关注。霍布斯鲍姆将1875年至1914年称为"帝国的年代"。他指出,在此期间,"地球上大约有四分之一的陆地,是在六七个国家之间被分配或者再分配的殖民地"。而"'帝国主义'一词,是在1890年代

175

对殖民地征伐的讨论中，首次成为政治和新闻词汇的一部分。同时它也在这个时期取得经济意涵，而且一直保持至今"。这一概念"在1870年代首次进入英国政治，1870年代晚期，尚被视为一个新词汇，直到1890年代才突然变成一般用语"。就此而言，"它是为了描绘一个全新现象而设计的全新词汇"。①雷蒙·威廉斯也说："Imperialism是在19世纪中叶之后才形成的词。""依照19世纪末期英国的一般定义，帝国主义主要是指一种政治体系；在这种政治体系下，帝国中心基于经济上的原因或是其他重要原因对殖民地进行统治。""另一方面，帝国主义大体上可以被视为一种经济体系，其中包含着对外投资与对市场、原料来源的掌控。"②当代史家在追溯第一次世界大战的起源时也指出：

> 第一次世界大战的直接原因存在于欧洲，并且整个19世纪和20世纪初的帝国主义竞争有些时候跨越了大国在欧洲的种种联盟关系。然而，近一个世纪的帝国主义扩张给人们审视国际关系的方法以及他们讨论外交政策所使用的语言都打上了烙印……尤其是在19世纪的最后20年里，几乎所有的政府都以不同程度的热情深信，用一位法国政治家的话来说，"要保持为一个大国或变为一个大国，你就必须殖民"。或者用1914年一战爆发时担任英国首相的赫伯特·阿斯奎斯的

---

① [英]霍布斯鲍姆：《帝国的年代》，贾士蘅译，台北：麦田出版公司，1996年，第85、86、87页。
② [英]雷蒙·威廉斯：《关键词：文化与社会的词汇》，刘建基译，北京：生活·读书·新知三联书店，2005年，第272、273页。

话来说,殖民扩张是"一个国家活力的正常、必要、不可避免和明白无误的象征,就像人体成长的对应过程一样"。①

回到历史现场,1895 年,英国殖民者罗德斯如此这般宣称殖民扩张的"必要性":

> 我昨天在伦敦东头工人区参加了一个失业工人的集会。我在那里听到了一片狂叫"面包,面包!"的喊声。在回家的路上,我反复思考着看到的情景,结果我比以前更相信帝国主义的重要了……我的一个夙愿就是解决社会问题。就是说,为了使联合王国 4000 万居民免遭流血的内战,我们这些殖民主义政治家应当占领新的土地,来安置过剩的人口,为工厂和矿山生产的商品找到新的销售地区。我常常说,帝国就是吃饭问题。要是你不希望发生内战,你就应当成为帝国主义者。②

不仅是政客如此认为,对时代变动极为敏感的马克斯·韦伯在 1897 年也认为:

> 只有彻底的政治错乱和天真的乐观主义才会拒不承认,所有被资产阶级支配的文明民族那种不可避免的贸易扩张努力,经历一个表面的和平竞争过渡期之后,无疑将会到达一个

---

① [英]詹姆斯·乔、[英]戈登·马特尔:《第一次世界大战的起源(第三版)》,薛洲堂译,北京:商务印书馆,2022 年,第 302 页。
② 列宁:《帝国主义是资本主义的最高阶段》,北京:人民出版社,2014 年,第 77 页。

177

节点。在那里,决定每个民族的全球经济份额,因而也就是决定它的经济活动范围,特别是决定其劳动者谋生潜力的,只有权力。①

此外,他颇为冷峻地指出:

> 我们正在以令人惊恐的速度抵近一个节点,那里将是半开化亚洲各民族的市场边界。然后,只有权力,赤裸裸的权力,才将在国际市场上说一不二。只有小资产阶级才会怀疑这一点。德国工人阶级现在还能选择在国内或者到国外寻找工作。但这种时光很快就将一去不返,无论他们愿不愿意。那时,工人们将会仅限于在他们祖国的资本与权力所能到达的地方求生存。这个过程何时完成尚未可知,但毫无疑问将会发生;同样毫无疑问的是,更艰苦的斗争将会取代表面上的和平进程。在这场浩大的斗争中,唯有最强者才是胜利者。②

韦伯的这番话,某种程度上代表着19世纪末欧洲知识分子的普遍时代感觉,霍布森那本影响深远的名著《帝国主义》即诞生于这一历史背景之中。总之,欧洲政学两界似乎都已隐约感到,一场遍及全球的、越来越白热化的全球霸权争夺战山雨欲来。

---

① [德]沃尔夫冈·J.蒙森:《马克斯·韦伯与德国政治(1890—1920)》,阎克文译,北京:中信出版社,2016年,第79页。
② [德]沃尔夫冈·J.蒙森:《马克斯·韦伯与德国政治(1890—1920)》,阎克文译,第79页。

二、"灭国新法"与帝国主义

当帝国主义日渐在西方列强那里成为热门话题时,1894年中日甲午战争的失败对中国知识分子产生极大冲击。康有为、梁启超、严复、章太炎、谭嗣同等新一代士人深感忧虑,他们开始投身于各种救亡运动之中,成为之后中国政坛与舆论界的要角。其中,尤以梁启超的老师康有为最具影响力。通过"公车上书",康有为成为备受朝野关注之人,虽然他对于今文经学的大胆解释让不少士人将其视为离经叛道的"野狐禅",但他关于变法的主张,以及对中国所面临的内外危机的论述,还是得到不少有识之士的认同。

在对世界形势的认知上,康有为不但深受当时传教士所翻译的著作与主导的报刊影响,而且随着与来华传教士往来越来越密切,在不知不觉间受到后者的有意引导。在甲午战争期间,李提摩太建议身为地方大员的张之洞迅速与日本谋和,主张中国应主动成为英国的保护国,并让英国驻华公使欧格纳将自己撰写的《中英同盟密稿》交给李鸿章,极力宣扬中国应与英国结盟。而在此前,李提摩太、林乐知等人创办的报刊上经常刊登文章美化英国及其对外政策,丑化长期在远东、中东与近东和英国对抗的俄国,劝说中国与英国结盟。① 1895年,李提摩太撰写了《新政策》一文,建议中国政府广泛延请西人担任职务,包括聘请他们担任政府顾问,让

---

① 王树槐:《外人与戊戌变法》,台北:"中研院"近代史研究所,1970年,第125—128页。

其负责对外邦交;成立所谓"新政部",让八人担任总管,其中一半必须是英、美两国人士;聘请西人负责中国修筑铁路的事宜。① 也就是在这一年,康有为认识了李提摩太。

正是有着这些因缘,1898 年,康有为代其弟康广仁撰写了一篇名为《联英策》的文章。在文中他强烈建议清政府应和英国建立联盟关系,并声称英国基于现实利害考量,定会帮助中国对抗俄国等其他列强。更为重要的是,康有为此论很大程度上建立在他对英国外交政策的"独到"认知之上:

> 且历考西故,英真救人之国也。康熙四十一年,以助奥故而攻西班牙;乾隆二十年,以助普故而拒法兰西,连师七年;嘉庆七年,以助意故而拒拿破仑;咸丰三、四、五年以助土耳其故,死士二万,糜饷七千万镑而拒俄;光绪元、二年,助土拒俄,调二十四师船。顿重兵于毛鲁塌岛焉。故英真能出死力以救邻国也,其成案彰彰也!若夫俄则徒闻自辟土以攻人而已,未闻助师以救人者也。故虽以至切近之土耳其,而不敢托以庇焉。此真英、俄之别也。故谓宜联英也。②

必须看到,康有为在这里对俄国的评价是比较到位的。第一次鸦片战争以来,俄国就是在不断侵占中国领土,掠夺中国资源,残害

---

① 王树槐:《外人与戊戌变法》,第 78—79 页。
② 康有为:《联英策》,载姜义华、张荣华编校:《康有为全集》第 4 集,北京:中国人民大学出版社,2008 年,第 8—9 页。

中国民众。① 但问题在于,康有为此处对英国的评价,和来华传教士及其中国簇拥者发表的论调如出一辙,很明显能看到后者对康有为的巨大影响。据茅海建教授的考订,康有为此处所言的英国对外关系史,大部分皆为一知半解、似是而非之谈。而"康的这种对英国历史与政治的曲解,显示其对英国扩张史与外交手段的无知,若以此为基础而作清朝外交的战略思考,将是很危险的"。② 而针对以康有为为代表的当时中国士阶层对于世界形势的认识与判断,茅海建教授有着极为中肯而透彻的分析:

> 由于清朝官员以及知识人不熟悉也不理解近代国际知识及其外交方式,大多以中国传统的"合纵连横说"来思考外交战略,很容易受英、日某些并不负实际责任的官员鼓吹的影响。许多人由此主张联英、联日,以抗拒德、俄。康有为也是其中的一个。近代世界外交史及此后的中国外交史已经证明,结盟是一极其重大的外交决策,本国需有相应的军事政治实力与外交经验,方可与大国交手;如果没有充分的研究与准备,弱国在"结盟"的名义下东靠西靠,只能一次次地充当列强之间的牺牲品。③

---

① 关于这一点,参见复旦大学《沙俄侵华史》编写组:《沙俄侵华史》,上海:上海人民出版社,1975年。
② 茅海建:《从甲午到戊戌——康有为〈我史〉鉴注》,北京:生活·读书·新知三联书店,2018年,第261页。
③ 茅海建:《从甲午到戊戌——康有为〈我史〉鉴注》,第265页。

虽然康有为在外交判断上由于受到外国传教士主导的消息来源影响而出现偏差，但从动机上来说，他其实充分意识到了近代中国所遭遇的危机，并且已对现代国家诸如主权、领土等要素的重要性有所认识。因此，当之后有机会亲眼看到西方列强的实际情况，他就很容易真正深入探寻与思考列强的行动逻辑，以及中国如何实现富强。

与康有为的情况相似，唐才常在戊戌变法前后也相信英国和日本肯定不会坐视中国被其他列强侵略，他们无论是从道义出发，还是从现实考量出发，都会愿意帮助中国。因此他建议中国应和英国与日本结为同盟。他畅想："如联盟计成，吾当为介于英，而铁轨资焉，国债资焉，兵轮资焉，一切政学资焉。"[①]对于日本，他称赞"日本志士"向中国传播新学知识，并认为经由日本转手的新学知识不会与中国传统学术发生冲突，因为日本也是奉行儒学的国家。因此他相信日本是在"实心保华"。[②] 如果对照一下当时英国和日本的对华方针与企图，就能看出唐才常的这番国际视野显得多么一厢情愿。而谭嗣同更是在与好友贝元徵的信里建议将西北大片疆域出售给英、俄两国以筹集国内建设所需经费。[③] 这显示出他当时所能获得的关于世界政治的信息颇为稀缺，以至于对19世纪以

[①] 唐才常：《论中国宜与英日结盟》，载中华书局编辑部编：《唐才常集》，北京：中华书局，2013年，第279页。
[②] 唐才常：《日人实心保华论》，载《唐才常集》，第409—411页。
[③] 谭嗣同：《与贝元徵书》，载《谭嗣同集》整理组整理：《谭嗣同集》下册，杭州：浙江古籍出版社，2018年，第486页。

来英、俄两国争夺东亚的来龙去脉不甚了解。①

也正因为如此,对于近代中国的知识分子而言,要想实现名副其实的政治觉醒,除了要基于时代变局洞察中国传统政治学说与政治实践当中的症结并思考解决之道,更要对近代以来的世界形势与列强的行动特征、对中国周边险恶的地缘政治环境有确切的认识,避免将儒家政治理想投射到列强身上,比如认为后者反而是在实践三代之道,忽视了其热衷于殖民扩张的特征,产生许多不切实际的议论。而要想实现这一点,除了时代的进一步刺激,还需要有一个更为全面了解世界现状的契机。

1898年戊戌变法失败之后,已在言论界引人瞩目的梁启超东渡日本。在日本期间,他除了继续撰写评论晚清时局的文章,还花了不少精力去阅读当时日本学者译介的关于历史、政治、经济、地理等领域的论著。据他自己回忆,这段阅读经历使他眼界大开,吸收了不少过去没有机会接触到的知识,尤其是关于近代世界政治与经济变迁的知识。这让他在思考中国问题时能够形成比较广袤的世界视野,同时对当时东西列强的行动逻辑也有了较为全面而深入的认识。②

其中,梁启超尤为重视阅读日本学者译介、著述的历史学、法政学著作。在发表于1902年的《东籍月旦》里,梁启超列举了许多

---

① 关于此事详情,参见[英]彼得·霍普柯克:《大博弈:英俄帝国中亚争霸战》,张望、岸青译,北京:中国青年出版社,2015年。
② 关于梁启超在日本时期的阅读史,以及如何吸收日本学者的观点,参见[日]狭间直树编:《梁启超·明治日本·西方(修订本)》,北京:社会科学文献出版社,2012年。郑匡民:《梁启超启蒙思想的东学背景》,上海:上海书店,2003年。

日本出版的历史学著作,其中关于晚近历史的著作,梁启超指出:"著最近世史者,往往专叙其民族竞争变迁,政策之烦扰错杂。"①这些内容恰恰对于他更为全面地认识近代以来的世界大势极有助益。而在这一时期发表的政论时评,诸如《论民族竞争之大势》《国家思想变迁异同论》里,他时常援引同时代日本政治学者的著作。当然,今天的研究表明,在讨论世界大势之时,梁启超所援引的日本学者多属于明治维新以降的国家主义者,如德富苏峰、浮田和民、加藤弘之等。② 客观来讲,这些人其实是在鼓吹日本应秉持国家主义立场,效仿西方列强进行殖民扩张,并将帝国主义作为历史进化大势来看待,强调日本若不顺应此大势,则难以在国家竞争越来越激烈的时代里立足。③ 就拿浮田和民来说。他除了是一位史学研究者,更是一位政论家。他认为帝国主义式的扩张为国内民众力量膨胀的自然结果,也是当时的大势所趋,难以避免。只有增强国力,与其他国家展开竞争,才能保证本国的生存。他运用作为19世纪西方殖民扩张意识形态话语的"文明等级论",声称"文明国"征服半开化或野蛮地区、吞并不能独立自主的国家,非但无需遭受道德谴责,反而是促进该地步入文明的"善行"。此外,浮田颇为认同社会进化论,主张国家应致力于生存竞争,击败潜在的

---

① 梁启超:《东籍月旦》,载吴松等点校:《饮冰室文集点校》第3集,昆明:云南教育出版社,2001年,第1382页。
② 郑匡民:《梁启超启蒙思想的东学背景》,第170—227页。
③ [日]井上清:《日本帝国主义的形成》,宿久高等译,北京:人民出版社,1984年,第131—148页。

竞争对象,此乃符合伦理道德之举。① 在现实外交政策层面,浮田和民主张应"扶植朝鲜""保全中国",确保日本在东亚地区的支配地位。究其实,所谓"扶植朝鲜",就是逐渐控制朝鲜,所谓"保全中国",就是不许别的国家分割日本的在华利益,使中国逐步成为日本的势力范围。② 而近代日本的军国主义之所以能俘获不少日本国民的心,与浮田和民这样的意识形态家为之极力鼓吹大有关系。

但也正因为他们是以一种向日本民众介绍世界大势、提醒日本政学两界不能对西方列强的行动方式心存幻想的立场来撰写文章的,所以其论著里对于世界大势的分析,反而能在一定程度上揭示关键问题。因此,其国家主义立场是需要批判的,但这些论著对晚近政治现象的描述却有助于让当时知识来源比较匮乏的中国知识分子更好地明晰中外大势。

比如1900年《清议报》上刊登了有贺长雄撰写的《第十九世纪外交一览》一文。其中强调从19世纪下半叶开始,殖民主义成为欧洲列强的普遍行动纲领,他们开始将目光投射到非洲与亚洲:

> 欧洲殖民地,非非洲则亚洲耳! 于未有一定人民之土地,不妨公然作合并之谋。虽然,至若有土著人民之邦土,以奉国民主义之欧洲各国,欲合并之,不免互相冲击,且多动兵之患,乃设种种口实,避吞并之名而取其实,文之曰"永远租借",曰"保护其国",曰"威权之界域",曰"允许布设铁道权之地",曰

---

① [日]浮田和民:《帝国主义》,出洋学生编辑所译,上海:商务印书馆,1902年,第15—16页。
② [日]井上清:《日本帝国主义的形成》,宿久高等译,第141—146页。

"不割让于他国之地"云。第二十世纪之阿非利加,既已割削无余地,故今后各国之殖民力,齐集于太平洋岸,即中国、朝鲜诸国也。①

可以设想一下,这样的观点,对于那些经历过戊戌变法与庚子事变的中国知识分子来说,无异于当头棒喝,让他们更加深刻地意识到中国所面临的巨大危机。相似的,1900年《清议报》第61册刊登了一篇名为《英国之帝国主义》的文章,以英国为例,向国人介绍了帝国主义的基本内容。此外,1901年《开智录》上刊登了一篇名为《论帝国主义之发达及二十世纪世界之前途》的文章,认为由于科技发明与技术手段日趋先进、人口数量急剧增加、西方列强对外扩张动机越发强烈等原因,20世纪将会是帝国主义盛行的时代。在这一时代里,西方列强的侵略扩张活动将会遍及全球。而国势衰微的中国在此背景下何以自存,实为一件让人倍感焦虑之事。②

在这样的思想氛围里,1901年8月梁启超在《清议报》上发表了《灭国新法论》。他在文中借由叙述埃及、印度、波兰、菲律宾等地的亡国史来提醒国人,近代西方列强的对外扩张早已不再局限于传统的攻城略地,而是会充分运用经济、金融、教育等手段来控制非西方国家。列强可以允许后者保持表面上的政治独立,甚至可以允许其拥有一套从外观上看起来颇为现代化的政府架构,但

---

① [日]有贺长雄:《第十九世纪外交一览》,载史洪智编:《日本法学博士与近代中国资料辑要(1898—1919)》,上海:上海人民出版社,2014年,第30页。
② 《论帝国主义之发达及二十世纪世界之前途》,载张枬、王忍之编:《辛亥革命前十年间时论选集》第1册上卷,北京:生活・读书・新知三联书店,1960年,第53—58页。

同时经常建议该国聘请本国政治顾问来"帮助"其实现政治现代化,让本国大企业在当地投资进而控制该国经济命脉,让本国金融集团向该国发放贷款,并以监督贷款使用为名义派遣经济顾问进入该国政府财经与关税部门,使该国财政受本国遥控,最终让该国逐渐沦为半殖民地或殖民地。①

梁启超此文在当时具有两层意义:首先,他对于近代西方列强通过金融、教育、派遣顾问等非武力方式来控制非西方国家的剖析,可以说是在较为系统地反思从甲午到戊戌中国士人的对外关系设想。当时士人包括梁启超与康有为在内,都相信中国当时的主要威胁来自俄国,而作为老牌殖民帝国的英国已经基本没有侵占中国领土的意图,其只是想与中国通商,而在甲午战争中予中国以重创的日本,基于所谓"同文同种"之谊,也愿意与中国保持良好关系共同对抗俄国,因此认为中国应和英国、日本结盟,甚至聘请该国人士来中国担任政府顾问,这样就能让中国在列强环伺的局面下找到有力靠山,借此徐图改善内部状况。康梁等人之所以有如此这般的认识,并非动机如何不良,而是在很大程度上受了李提摩太等来华传教士的影响。后者一面打着介绍新知的旗帜,一面不断在报刊上暗示英国并非中国之敌,俄国才是中国大患。他们虽然对俄国外交战略的分析还算客观,但对英国有明显的美化,特别是将英国在埃及等地进行的殖民活动解释成英国在"帮助"埃及摆脱困境。② 这其实就是在掩饰、美化以英国为代表的西方资本主

---

① 梁启超:《灭国新法论》,载吴松等点校:《饮冰室文集点校》第 2 集,第 723—732 页。
② 关于此事之详情,参见王树槐:《外人与戊戌变法》,台北:"中研院"近代史研究所,1970 年。

义国家的"灭国新法"。在这个意义上,梁启超所揭示的那些19世纪外交史上的场景,堪称是在反思、检讨包括自己在内的一批维新志士在分析对外政策上的单纯。

其次,梁启超此文在描述列强的"灭国新法"时,其实已经触及并剖析了影响近代世界历史走向的概念——帝国主义。较之《开智录》上的《论帝国主义之发达及二十世纪世界之前途》,梁氏对国际形势的分析明显更为深刻且全面。在发表于同一时期的《论民族竞争之大势》一文里,梁启超参考浮田和民关于帝国主义问题的论著,向中国读者介绍已经进入帝国主义阶段的西方列强如何在全球范围内展开争夺,中国在这样的局势下将会面临哪些严峻的考验。① 而在将《论民族竞争之大势》作为单行本,以《现今世界大势论》为名出版时,梁启超将全文分成几个小节,分别加上"英国之帝国主义""德国之帝国主义""俄国之帝国主义""美国之帝国主义""铁路政略""传教政略""工商政略"这些小标题,以此让帝国主义问题显得更为醒目。②

回到《灭国新法论》。梁启超在文中着眼于分析西方列强如何采取借债与修筑铁路这样的手段来操控埃及等国,更是与早期帝国主义研究经典著作——霍布森的《帝国主义》的核心观点极为契合。在这本书里,霍布森认为帝国主义是资本主义国家为了进行资本输出与抢占市场而进行的殖民扩张活动。由于它背后的核心

---

① 梁启超:《论民族竞争之大势》,载吴松等点校:《饮冰室文集点校》第2集,第787—802页。
② 梁启超:《现今世界大势论》,载夏晓虹辑:《饮冰室合集集外文》下册,北京:北京大学出版社,2005年,第1250—1271页。

理由是经济上的,因此它也常用经济与金融的手段来达到目的。可是为了将这些行为进行美化,帝国主义国家经常将自己的殖民扩张活动视为"文明国家"对"半文明"或"不文明"地区的义务,是为了在当地实现"文明开化"。① 总之,揭示帝国主义与金融资本之间的紧密联系以及帝国主义背后的意识形态工程及其表现形式,是霍布森帝国主义理论的关键所在。不可否认,梁启超的相关分析固然没有霍布森那样全面且深入,但他在当时能注意到相似的问题,则不得不令人佩服其政治见识。

三、帝国主义问题渐受时人重视

正如霍布森的帝国主义论极大启发了包括列宁、罗莎·卢森堡在内的无产阶级革命家对于帝国主义问题的分析,梁启超《灭国新法论》的核心论点也影响了不少当时立志于救亡图存的中国知识分子。1902年,一位笔名为"雨尘子"的读书人在《新民丛报》上发表了《论世界经济竞争之大势》一文,认为彼时列强之间的竞争主要就是"经济上之竞争",决定国家强弱的关键在于资本之多寡。在此情形下,"所谓商、工业家,非多数之劳动者迫于求食之念,乃少数之资本家求资本之繁殖也"。因此,各国政府成为本国大企业的代言人,汲汲于对外扩张以获取经济利益。"其政府,公司之事务所也;其君与大臣,公司之事务员也。"而列强之所以在庚子事变

---

① [英]约翰·阿特金森·霍布森:《帝国主义》,卢刚译,北京:商务印书馆,2020年,第72—89、174—196页。

之后主张"门户开放"之论,表面上是在保证中国的主权,实际上却让中国门户大开,使外国商品更为便利地倾销至中国,让中国的资金不断外流,本国工业难有起色。所以"经济上之侵略,较之政治上之侵略,其为祸乃更烈"。而列强如此这般考量的背后,就是"帝国主义既盛行于列国,凡政治家所经营,士大夫所议论,皆无不奉之为标表"。① 1902年,曾对梁启超产生极大影响的加藤弘之的《天则百话》由吴建常在广智书局翻译出版。在加藤弘之论述殖民地问题的段落里,译者吴建常写下这样一段按语:

> 各国素以瓜分中国为心。乃近则一再言和,一若唯恐我之危亡者。非有爱于我也,盖侵略主义愈用愈精,暴烈手段遂一变为平和。而不知其唯其平和,其内心之狠毒乃益膨胀。如议商约、改税则、索路矿、谋内河行轮,无非欲揽我之经济交通权,扩张其势力范围,而隐以制我之死命也……②

1903年,曾鲲化出版了《中国历史》,此书虽在内容上因袭日本人撰写的东洋史或中国史著作,却为20世纪中国知识分子用近代章节体撰写本国史的先驱之作。在书中讨论"人种"的部分,曾氏写道:

> 二十世纪之世界,帝国主义之世界也。帝国主义之时代,

---

① 雨尘子:《论世界经济竞争之大势》,载张枏、王忍之编:《辛亥革命前十年间时论选集》第1卷上册,第196—206页。
② [日]加藤弘之:《天则百话》,吴建常译,上海:广智书局,1902年,第36—37页。

种族竞争之时代也。横览地球各国分合之原由,莫不以地形之区域,民族之种类,为天然之鸿沟……自今以往,须各振其国民精神,脱外族奴隶之羁轭,恢复我汉种固有之国之权力,发挥我汉种固有之优等文化,而抹煞外族一切界限而吞吐之,然后雄飞于二十世纪之世界,以与白皙人种竞争。①

1907年,杨度在《中国新报》上发表了著名的《金铁主义说》。他提醒国人:"中国为世界各国之中国,而非复中国人之中国。"②之所以如此,就是由于资本主义列强不断向中国输出商品与资本,控制中国的经济命脉与交通命脉,已让中国成为全球资本主义体系里的下游环节。列强的坚船利炮在很大程度上就是为实现这样的经济目的而服务的。基于此,杨度认为,虽然列强在其国内不断宣扬自己是"文明"的,但在对外关系上,他们非常"野蛮"。国际政治的趋势是少数几个大国进行全球扩张,其所依靠的,除了军事势力,便是经济势力。政治军事行动的背后,是日益明显的经济动机。"今世文明国之对于文明国,盖无一日而不在经济战争之中;今世文明国之对于不文明国,亦无一日而不在经济战争之中。"基于此,他认为要想挽救中国的颓势,需"以中国为金国,为铁国,变言之即为经济国、军事国,合为经济战争国"。③尽管杨度在文中主要用"经济的军国主义"而非帝国主义来描述列强的这些行为,

---

① 曾鲲化:《中国历史(上卷)》,上海:上海古籍出版社,2020年,第17页。
② 杨度:《金铁主义说》,载刘晴波主编:《杨度集(一)》,长沙:湖南人民出版社,2008年,第216页。
③ 杨度:《金铁主义说》,载刘晴波主编:《杨度集(一)》,第221、224页。

191

但他在分析框架上依然与由梁启超所开启的帝国主义论述一脉相承。1911年,梁启超拟联合杨度等人创办"国民常识会",编写"国民常识丛书",其中就包括了《帝国主义略论》。可见,在他们眼里,了解帝国主义是中国民众必备的常识之一。[①] 凡此种种,进一步印证了章开沅先生多年前的观察:"帝国主义是中国人民第一个和最凶恶的敌人,中华民族在19世纪受尽了帝国主义的欺凌与损害。先进的中国人在研究20世纪的时代特征时,自然首先要把目光集注于帝国主义。"[②]

帝国主义概念不但在晚清知识分子中间流行,甚至还影响到了清廷权贵。在催请清廷施行立宪的《请定国是以安大计折》里,戴鸿慈和端方这样分析中国所面对的国际形势:

> 今日世界之大势……彼(列强)其国家,以内政修明、人民发达之故,其国既富,兵既强,国力之发展有前进而无后退。凡此世界之上,无论何洲何国,苟有内政不修、国贫兵弱者,即为彼等投资本、殖人民、扩势力、争国土之地。西人谓此为帝国主义。帝国主义者,即霸国主义,攘夺人之所有以为己有者也。百年以来,欧洲各国之势力,即皆以此主义而涨出于外,若美洲,若澳洲,若非洲,几于无一尺寸之地而非列强之所有……中国今日正处于世界各国竞争之中心点,土地之大,人

[①] 梁启超:《国民常识小丛书说略》,载许俊雅编注:《梁启超与林献堂往来书札》,台北:万卷楼图书有限公司,2007年,第93页。
[②] 章开沅:《时代·祖国·乡里——辛亥革命时期社会思潮试探》,《社会科学战线》1981年第4期,第19页。

民之众,天然财产之富,尤各国之所垂涎,视之为商战兵战之场。苟内政不修,专制政体不改,立宪政体不成,则富强之效将永无所望。①

相似的,达寿1908年在奏折里也说:

> 今天下一国际竞争之天下也。国际竞争者,非甲国之君与乙国之君之竞争,实甲国之民与乙国之民竞争也。故凡欲立国于现世界之上者,非先厚其国民之竞争力不可。国民之竞争力有三:一曰战斗之竞争力,一曰财富之竞争力,一曰文化之竞争力。备此三者而后帝国主义可行。帝国主义者,聚全国人民之眼光使之射于世界之上,高掌远跖,不为人侮而常欲侮人,不为人侵而常欲侵人,故军国主义者,即战斗之帝国主义也。殖民政策也,势力范围也,门户开放也,利益均沾也,关税同盟也,即财富之帝国主义也。宗教之传播,国语之扩张,风俗习惯之外展,即文化之帝国主义也。今之列国,或于此三主义中取其二焉,或并取其三焉,而要以战斗、财富为尤重。大抵欲行帝国主义者,咸以财富、文化为先锋,而以战斗为后盾,此为今日世界列国之公例。②

---

① 戴鸿慈、端方:《请定国是以安大计折》,载胡绳武主编:《清末立宪运动史料丛刊·清廷的预备仿行立宪》第1卷,太原:山西人民出版社,2020年,第35、36页。
② 《考察宪政大臣达寿奏考察日本宪政情形折》,载故宫博物院明清档案部编:《清末筹备立宪档案史料》上册,北京:中华书局,1979年,第29页。

他们的这番话,虽然缺少对于19世纪后期的帝国主义之反思,将其视为不可违逆的"公例",认为此乃一国国力膨胀之后的必然结果,把强国侵略弱国看作理所应当之事,并将各国统治阶级运用国家机器整合国力以行对外扩张之事理解为各国国民的总体意愿,但还是基本上将当时列强进行对外殖民扩张的手段与目的扼要地揭示出来了。① 更为重要的是,如此这般描述国际形势,并不是为了迎合列强,而是强调身处危局,中国更应有所警醒,发愤图强,变革落后且不合理的政治制度。

总之,在梁启超等晚清知识分子那里,帝国主义象征着近代列强对中国这样的国家采取的更为全面、猛烈的侵略与吞噬行动,它会对中国的国家主权、经济命脉、社会文化产生巨大的冲击,让中国有遭列强瓜分的危险。在此背景下,中国所面临的危机既是空前的,也是全方位的。

只要对世界近代史有所了解,就不会忽视铁路在近代列强殖民扩张过程中起到的重要作用,也不会忽视列强之间为了控制某一战略要地或资源聚集地的铁路修筑权而进行的争夺。② 梁启超

---

① 19世纪以来,许多欧洲国家实行代议制,其执行者相信,这一制度安排能保障本国公民积极地向政府提出自己的要求。但实践证明,当权的政治活动者时常一面高谈民主,一面警惕议会人选的变动,同时非常在意能否控制地方与全国选举。通过代议制来实践的自由主义,无法解决市民社会中广泛存在的劳资冲突、失业等根本性问题,这引来许多知识分子批评狭隘的议会协议,越来越多的人主张改变民主的面貌,从狭隘的"政治"范畴转向广阔的"社会"范畴,让工人运动参与其中。因此,彼时所谓"国民全体",其实是要大打折扣的。关于这个问题,参见[意]萨尔沃·马斯泰罗内:《欧洲民主史——从孟德斯鸠到凯尔森》,黄华光译,北京:社会科学文献出版社,1998年,第277—278页。
② 宓汝成:《帝国主义与中国铁路(1847—1949)》,上海:上海人民出版社,1980年。

在《灭国新法论》里提及列强通过获得在落后国家修筑铁路的权利来控制该国经济命脉:

> 夫铁路之地,中国之地也,借洋债以作铁路,非以铁路作抵不可;路为中国之路,非以国家担债不可。即今暂不尔,而他日稍有嫌疑,则债主且将执物所有主之名,而国家之填偿,实不能免。以地为中国之地也,又使今之债主,不侵路权,而异时一有龃龉,则债主又将托办理未善之说,而据路以取息,势所必然。以债为外洋之债也,以此计之,凡借款所办之路,其路必至展转归外人之手而后已。路归外人,而路所经地及其附近处,岂复中国所能有耶?试观苏彝士河之股份,其关系于英国及埃及主权之嬗代者何如?呜呼,此真所谓自求祸者也!此所以芦汉铁路由华俄银行经理借款,而英国出全力以抗之;牛庄铁路之借款于汇丰银行,而俄国以死命相争也。诚如是也,则中国多开一铁路,即多一亡国之引线……若是则文明事业,遍于国中,而国即随之而亡矣。①

他痛陈:"若是则文明事业,遍于国中,而国即随之而亡矣。"这里的"文明事业"云云,不禁让人想起列宁的那段著名的话:

> 建筑铁路似乎是一种普通的、自然的、民主的、文化的、传播文明的事业。在那些由于粉饰资本主义奴隶制而得到报酬

---

① 梁启超:《灭国新法论》,载吴松等点校:《饮冰室文集点校》第2集,第729页。

的资产阶级教授看来,在小资产阶级庸人看来,建筑铁路就是这么一回事。实际上,资本主义的线索像千丝万缕的密网,把这种事业同整个生产资料私有制连结在一起,把这种建筑事业变成对10亿人(殖民地加半殖民地),即占世界人口半数以上的附属国人民,以及对"文明"国家资本的雇佣奴隶进行压迫的工具。①

列宁对帝国主义国家争相在殖民地与半殖民地修筑铁路的讽刺,是建立在他对作为资本主义最高阶段的帝国主义热衷于金融资本输出与瓜分世界进行缜密分析的基础上的。在他看来,修筑铁路就是帝国主义国家输出金融资本的重要途径。他形象地指出:"在殖民地及亚美两洲其他国家建筑20万公里的新铁路,这意味着在特别有利的条件下,在收入有特别的保证、铸钢厂可以获得厚利定货等等的条件下,新投入400多亿马克的资本"。② 其结果,使那些被帝国主义盯上的国家"在政治上、形式上是独立的,世界上却被金融和外交方面的依附关系的罗网缠绕着"。③ 而梁启超此论的意义在于,他从半殖民地国家自身的立场出发,探讨列强如此热衷在华修筑铁路,将对中国的主权造成怎样的损害。这既是在批判清廷的对外政策,又是在警醒国人意识到列强"灭国"之手段。就此而言,将梁启超的这些观点置于19世纪末、20世纪初全球反帝国主义思潮的脉络里来认识,更能显现出他对于中国与世界形势分

---

① 列宁:《帝国主义是资本主义的最高阶段》,第6页。
② 列宁:《帝国主义是资本主义的最高阶段》,第95页。
③ 列宁:《帝国主义是资本主义的最高阶段》,第83页。

析的洞见。进一步而言,或许是对铁路与本国经济主权的关系有了更为深刻的认识,清末中国知识分子不断就路权问题发表各种意见,警告清政府要意识到路权丧失对中国的巨大危害。如杨度就强调:"今世各国之亡人国者,皆以铁道政策。铁道之所至,即商务、政权、兵力之所同时并至。质言之,则瓜分线之所至,势力范围圈之所至。"①在时人眼里,"铁道之于国家,犹血脉之于人身也。血脉流畅,则身体健康。铁道交通,则国家富强""盖铁道而为本国人自修,则有百利而无一害。若为他国人或他国国家修之,则有百害而无一利"。②更有人直截了当地说:"亡人国之法,计无巧妙于铁路者。"③辛亥革命前夕各地保路运动层出不穷,虽然表面上是在反对清政府将地方精英集资修建的铁路国有化,但实际上是反对清政府将铁路国有化之后,或转手就将路权卖给东西列强,或向后者借巨款来修路。在保路运动参与者眼中,如此这般,将会使中国的经济命脉受控于他人,无助于本国经济发展与民生福祉。也正是1911年四川保路运动蓬勃发展,为武昌起义创造了重要时机。④

值得一提的是,在论述菲律宾的亡国史时,梁启超指出该国军事领导人希望利用美国的力量来推翻西班牙的殖民统治,最终却引虎拒狼,让菲律宾成为美国殖民地。他强调:"世有欲借外国之

---

① 杨度:《粤汉铁路议》,载刘晴波主编:《杨度集(一)》,第110页。
② 侠少:《论国民保存国土之法》,载《云南杂志选辑》,北京:知识产权出版社,2013年,第71页。
③ 大悲:《呜呼腾越铁路之运命》,载《云南杂志选辑》,第415页。
④ 隗瀛涛:《四川保路运动史》,成都:四川人民出版社,1981年,第191—196、209—214页。

助力以成维新革命之功者乎？吾愿与之凭吊菲律宾之战场也。"[1]但更为重要的是，梁启超强调菲律宾之所以沦为殖民地与美国的东亚战略直接相关，从菲律宾的命运可以窥见美国的本质：

> 菲人以为美国文明义侠之称，久著于天下，坦然信之，表亲爱焉。至一千八百九十八年，菲国独立军既奏成功，民主政府既已建设，其时菲政府所辖者，有十六万七千八百四十五方里之地，所统治者有九百三十九万五千余之民，而美军所侵掠领有者，地不过百四十三方里，人不过三十万余耳。菲未尝借美之兵力以复国权，美却借菲之声援以杀班力，两国之关系，如是而已矣。岂意美人挟大国之势，借战胜之威，一旦反戈以向菲人，虽血战三年，死伤疫疠，其所以惩创美人者不可谓不剧。而卒至今日，刀缺矢绝，大将被俘，百战山河，又易新主。[2]

正如梁启超观察到的，随着美国工业产能不断提高，为了扩大海外市场与原料获取地，美国开始步武欧洲列强后尘，加入殖民扩张的行列之中。霍布森在《帝国主义》一书里犀利地指出，到了19世纪末，"美国制造业的资本已呈饱和状态"，因此，"对于石油、钢铁、制糖、铁路、银行等工业和金融巨头来说，它们面临着一个两难处境：要么花钱花到自己都不知道怎么花，要么去夺取国外市场。摆在它们面前有两条出路，告别过去的政治孤立，面向未来采取帝

---

[1] 梁启超：《灭国新法论》，载吴松等点校：《饮冰室文集点校》第2集，第727页。
[2] 梁启超：《灭国新法论》，载吴松等点校：《饮冰室文集点校》第2集，第726—727页。

国主义政策"。在参与过美西战争的西奥多·罗斯福的观念中,帝国主义既能激发国民的热情,又能使那些已经"文明化"的国民恢复活力。他认为,负责任的帝国管理也将产生心理上的有益后果,如果美国在菲律宾和西印度群岛的工作做得好,将对美国国民性格有很大的帮助。美国在未来几个世纪的伟大将主要取决于它在多大程度上为维持盎格鲁-撒克逊文化的前进势头做出了贡献。一个文明大国的每一次扩张都意味着法律与秩序的胜利。只有通过文明人的战争力量,世界才会有和平。从长远来看,文明人只能通过征服他的野蛮邻居来维持和平,因为野蛮人只懂得屈服于武力。① 对此,霍布森形象地说道:"罗斯福总统及其'天定命运论'、负有'文明使命'的政党冒险热情不应当使我们迷惑。需要帝国主义的是洛克菲勒、皮尔庞特·摩根、汉纳、施瓦布先生及其伙伴们,是他们把帝国主义加在这个西方的伟大共和国的头上。他们需要帝国主义,因为他们想利用本国的国家手段为资本寻求有利的投资场所,否则,这些资本就成为多余的了。"②

更有甚者,美国在统治菲律宾时布下了严密的监控体系来阻止当地人的抵抗,其主要内容包括搜集菲律宾民族主义运动领导人的情报与当地精英的负面信息,靠前者来遏制反殖运动,靠后者来确保当地精英的服从。这一套监控机制后来被美国政府用于国内来加强警察队伍行动力、完善监控手段,以此来对抗工人运

---

① Frank Ninkovich,"Theodore Roosevelt: Civilization as Ideology",*Diplomatic History*, Vol. 10, No. 3, 1986, pp. 233-234.
② [英]约翰·阿特金森·霍布森:《帝国主义》,卢刚译,第76—77页。

动。① 当然，虽然美国统治阶级出兵菲律宾的现实原因是如此这般，但他们依然不会忘记将此行为加以美化。1898年，在美国开始觊觎菲律宾之际，时任美国总统的麦金莱向陆军部长说:"占领军司令官的责任将是，用最公开的方式宣布，我们不是作为一个侵略者和征服者，而是作为朋友来保护当地居民的家园，保护他们的职业和保护他们个人的和宗教的权利。所有那些积极进行援助或真诚归顺，并与美国政府合作以实现这些仁慈目的的人，都将报之以美国政府的支持和保护。"②所谓"作为朋友来保护当地居民"，所谓"仁慈目的"之类的说辞，与美国在占领菲律宾初期进行的杀戮行为做对比，无疑显得十分讽刺。③

第一次鸦片战争以降，相比于其他西方列强，美国在中国士人的眼里形象并不太坏，甚至由于美国通过推翻英国殖民统治而建国，美国采取不同于欧洲主要国家的共和制，美国外交官蒲安臣在中国洋务派圈子里颇有声望，对比其他东西列强汲汲于瓜分中国，美国长期宣扬"门户开放"的对华政策，因此不少中国士人对之颇有好感。而对于美国殖民菲律宾，当时还对世界大势颇为懵懂的章太炎，甚至认为"美故以商立国，与东亚相亲昵"，美国本来并无太多占领海外领土的诉求。因此让美国占据菲律宾，不但无害于东亚局势，反而有助于中国、美国、日本、英国结盟，共同抵御俄国，

---

① [美]阿尔弗雷德·W. 麦考伊:《美国全球权力的兴衰》，小毛线译，北京:金城出版社，2019年，第85—90页。
② 杨生茂等编:《美西战争资料选辑》，上海:上海人民出版社，1981年，第256页。
③ 关于美军在菲律宾的行径，参见[巴西]班代拉:《美帝国的形成:从美西战争到伊拉克战争》，舒建平译，北京:中国人民大学出版社，2013年，第16页。

让中国在此结盟关系中受益。①

当时章太炎初入舆论场,对19世纪美国对华政策所知还比较有限。他或许并不晓得,19世纪60年代曾任美国驻华公使的劳文罗斯1869年在写给英美在华商人的信中就明确指出,因为美国是文明国家,中国是"低劣"国家,所以"优越者不能进入一种后退的路程去适应低劣者;如果他们之间有任何关系存在的话,这些关系必须基于像较强者可能愿意采取的那种公允条件而存在"。② 也正是因为他觉得中国是"低劣"国家,所以他向英美在华商人喊话:"在他们能够在文明国家社会中站稳平等立场以前,他们必须停止破坏一切交往;他们必须把国家开放……我们有全权去强迫他们遵守条约的义务。"③换言之,只要判定中国不是"文明国家",那么中国就理应接受像美国这样的"文明国家"对中国的要求,虽然这样的要求说穿了主要是为了让中国服服帖帖地打开国门,方便英美商人利用不平等条约在华牟利。因此,梁启超如此这般评价美国,让国人明晰美国的真实面目,认识到列强进行殖民活动的普遍特征,对于近代中国知识分子实现名副其实的"开眼看世界"而言,重要性不言自明。

此外,在作为单行本出版的《现今世界大势论》里,梁启超专门用一节来分析"美国之帝国主义"。他提醒人们,虽然美国人长期

---

① 章太炎:《非岛属美利害论》,载《章太炎全集》第10册,上海:上海人民出版社,2017年,第126—127页。
② [美]马士:《中华帝国对外关系史》第2卷,张汇文等译,上海:上海书店出版社,2002年,第479页。
③ [美]马士:《中华帝国对外关系史》第2卷,张汇文等译,第481—482页。

鼓吹"门罗主义",不介入美洲大陆以外的争逐,但"门罗主义,实美人帝国主义之先河也"。因为门罗主义的要旨在于"美国不徒以己之独立而自足,隐然以南北两大陆之盟主自任,以保护他人之独立为天职也。是实帝国主义之精神也"。随着其国力的增强,"既欲防他国之干涉西半球,势不得不先握大西、太平两洋之海权。故其县古巴,攫菲岛,实皆此主义之精神,一以贯之者也"。[①] 不过,虽然梁启超对美国的扩张野心言之凿凿,但庚子事变之后美国的对华策略也表现得更为"巧妙"。为了降低英国和日本等列强在清政府中的影响力,美国驻华外交官建议美国政府在中国精英中培植亲美势力。他们建议美国大学做好中国留美学生的工作,通过社交活动等方式让他们对美国产生好感,融入美国社会,并与其大学同学产生共同利益。[②] 1907、1908年间,美国政府决定"退款兴学",这固然有助于中国留学生赴美学习,有助于让中国吸收现代化的知识,但在美方眼里,此举实为更好地培植在华代言人的绝佳手段。时任伊利诺伊大学校长的詹姆斯(E.D.James)就声称:"哪一个国家能够做到教育这一代的中国青年人,哪一个国家就将由于这方面所付出的努力而在精神的与商业的影响方面收获最大可能的回报。如果美国在三十五年前已经做到把中国学生出国学习的潮流引向这个国家来,并能使这个潮流继续扩大,那么,我们现在一定能够使用最圆满和最巧妙的方式,控制中国的发展。也就是

[①] 梁启超:《现今世界大势论》,载夏晓虹辑:《饮冰室合集集外文》下册,北京:北京大学出版社,2005年,第1261页。
[②] 崔志海:《美国与晚清中国(1894—1911)》,北京:社会科学文献出版社,2022年,第295—296页。

说,使用那种从知识上与精神上支配中国领袖的方式。"①

到了"一战"结束前夕,美国的"公共情报委员会"就开足马力向各国宣传时任美国总统威尔逊的"十四点原则"。1918年,"公共情报委员会"在上海成立中国分会。它通过美国的在华新闻机构有针对性地向中国知识阶层宣传威尔逊的主张。其代表克劳更是委托后来长期担任北京大学校长的蒋梦麟将威尔逊的政治演说翻译出版。这本名为《美国总统威尔逊参战演说》的小册子在中国颇为畅销,后来在文史领域握有大量资源的傅斯年甚至可以将其一字不漏地背诵出来。而为了进一步培养中国人的亲美心理,威尔逊还委派富商克兰来华进行宣讲活动。克兰在华期间,不断在各种场合宣扬美国的优越性与进步性,并表现出一副同情中国的姿态,这赢得了不少中国文化精英对美国的认同。② 当时正在中国各地旅行的杜威,就观察到中国知识分子"对美国的信任是那么的天真无邪","中国在其绝望处境中创造了一个具备强烈民主意识、爱好和平的美国人的形象,后者尤其致力于为弱国确保国际的公理和正义"。对他们而言,美国担当了"一个拯救者的角色"。③

---

① 崔志海:《美国与晚清中国(1894—1911)》,第321—322页。
② 熊玉文:《在华英美报刊与五四运动》,北京:社会科学文献出版社,2021年,第67—83页。
③ [美]杜威:《在中国进行的国际对决》,马迅译,载顾红亮编:《中国心灵的转化——杜威论中国》,上海:华东师范大学出版社,2017年,第16页。

四、视帝国主义国家为榜样:康有为的"物质救国"论

有关美国的话题先谈到这里。回到本文主题,今天回头再看,德意志皇帝威廉二世实为庸君,德国也为其帝国主义扩张付出了惨痛的代价。但在清末,德国在铁血宰相俾斯麦的领导下实现统一,一跃成为世界强国,在帝国主义列强的全球争霸中一度颇具优势。这对中国知识分子还是很有诱惑力的。曾赴海外许多国家游历的康有为就是其中的典型。

近代英国著名地缘政治学家麦金德认为人类的历史充满为生存而进行的斗争。他说:"正是在外来野蛮人的压力下,欧洲才实现它的文明。""在非常真实的意义上说,欧洲文明是反对亚洲人入侵的长期斗争的结果。"[1]可以说,正是因为在每一个时期都有具体的敌人存在,欧洲文明才得以确立自我的形象与内容。这种"敌我关系论"致使在麦金德的视域里,全球秩序无非为控制"心脏地带"而展开的斗争与角逐。如果按照近代西方的政治地理版图规划,中国其实处于非常尴尬的地位:要么被帝国主义列强瓜分,丧失主权;要么努力成为帝国主义列强所希望的样子,勉强进入由后者主导的国际体系。但正如近代瑞典著名政治地理学家契伦所说,近代国际法体系并无新来者的地位,因为"已建立起来的制度,拥有灵巧的分配和细致平衡的法律体系,但终究必须重新安排,以腾出

---

[1] [英]麦金德:《历史的地理枢纽》,林尔蔚、陈江译,北京:商务印书馆,2016年,第52页。

空间给新来者。在国际法和国际舆论的眼中,每个新国家的诞生显然是一种丑闻,在国际法的登记册中,这个新生儿将被视为一个私生子"①。

或许是与这两位西洋人有着相似的现实政治感观,在撰于1903年的《论强国富民之法》一文里,康有为认为在国际关系中,"得其术者,可以强、可以安、可以存、可以荣、可以富、可以贵、可以乐,可以取人之地、灭人之国、奴人之身、灭人之种;不得其术者,至于弱、至于危、至于亡、至于苦、至于贫、至于贱,甚至举国见灭,全种见奴,渐且灭绝,惨状不可言、不可道"。他强调,当下的世界之本质就是"万国竞争,弱国日被剪灭"。②他历数海外华人被当地国家的国民侮辱之事,认为之所以有此现象,归根结底还是因为"中国太弱之故"。所以,要想让中国人活得有尊严,必须要想方设法提升中国的国家实力,至少要在此"万国竞争"之世里,让帝国主义列强有所忌惮,不敢小觑中国。他指出:"竞争之世优胜劣汰,万无中立之理。"国际政治的现实十分"冷酷","强则安,弱则危;强则荣,弱则辱;强则乐,弱则苦;强则富,弱则贫;强则贵,弱则贱;强则存,弱则亡。此今世界之现状"。③

1908年,康有为在广智书局出版了《物质救国论》一书。在序

---

① [瑞典]契伦:《作为生命形式的国家》,转引自[德]图南德:《为了新世纪的瑞典——德国地缘政治学——契伦的〈作为生命形式的国家〉》,方旭译,载娄林主编:《经典与解释:地缘政治学的历史片段》,北京:华夏出版社,2018年,第49页。
② 康有为:《论强国富民之法》,载姜义华、张荣华主编:《康有为全集》第7集,第201页。
③ 康有为:《论强国富民之法》,载姜义华、张荣华主编:《康有为全集》第7集,第203页。

言中他感慨：

> 吾既遍游亚洲十一国、欧洲十一国，而至于美。自戊戌至今，出游于外者八年，寝卧寝灌于欧美政俗之中，较量于欧亚之得失，推求于中西之异同，本原于新世之所由，反覆于大变之所至。其本原浩大，因缘繁夥，诚不可以一说尽之。欧洲百年来最著之效，则有国民学、物质学二者。中国数年来，亦知发明国民之义矣。但以一国之强弱论焉，以中国之地位，为救急之方药，则中国之病弱非有他也，在不知讲物质之学而已。①

随着对西方文明有身处其地的观察，康有为发现西方国家内部有激烈的阶级冲突，中国古书里写的"富者连阡陌，贫者无立锥"现象在资本主义体制下常能见到，伴随而来的就是各种"贪诈、淫盗、杀掠之风"，那里并非如人们所想象的俨然"三代之世"再现。而近代西方列强之所以能称雄世界，既非其哲学如何精深，也非其道德如何高尚，更与"自由"这样的政治诉求关系不大，而是在于后者的"物质"水平极高，并且极力提倡讲求"物质"之学。

康有为所说的"物质"，涉及内容颇广。而他针对中国的现实，认为"物质之方体无穷，以吾考之，则吾国所取为救国之急药，惟有工艺、汽电、炮舰与兵而已"。② 用今天的名词来描述，这类"物质"基本上等同于制造业、军工业，以及与之配套的一系列制度设计与人才培养方案。康有为承认当时中国有许多需要改进的地方，但

---

① 康有为：《物质救国论》，载姜义华、张荣华主编：《康有为全集》第8集，第63页。
② 康有为：《物质救国论》，载姜义华、张荣华主编：《康有为全集》第8集，第71页。

是由于处在"万国竞争"之世,建设方案应有轻重缓急之分。他坚信有效的"救国之方"在于大力提倡"物质之学"。他对国人疾呼:"然则今而欲救国乎?专从事于物质足矣。于物质之中,先从事于其工艺、兵炮之至粗者,亦可支持焉。若舍工艺、兵炮而空谈民主、革命、平等、自由,则使举国人皆卢骚、福禄特尔、孟德斯鸠,而强敌要挟,一语不遂,铁舰压境,陆军并进,挟其一分时六百响之炮,何以御之?"①同时他还说道:"故觇国力者,量其蒸汽力与人力之多寡为反正比例,而可定其国势焉。"在他看来,各国地位之消长与工业水平息息相关:

  夫势由力升,故欧美之能以小为大、以弱为强者,能以物质学自增其力也。力增则势增,故吾国之见弱于欧美,吾民之贱辱于欧美,力之多寡为之,非幸致也,数使然也。今开口动言自强,夫强弱者势力之谓也。既较实力,而不从事于物质,乃从事于空言民主、自由、革命之说,岂非望空而射天、缘木而求鱼乎?②

实话说来,康有为的这番见解虽然不一定为文人学士所乐于接受,但从近代以来的国家兴衰角度来看,其实是比较有道理的。工业革命极大地提升了生产力,让完成工业化的国家能够在短时间内创造巨大的财富来增强国力。在这之后,随着作战装备的不断进步,是否有先进、完备的工业体系,对于一个国家在战争中的

---

① 康有为:《物质救国论》,载姜义华、张荣华主编:《康有为全集》第8集,第67页。
② 康有为:《物质救国论》,载姜义华、张荣华主编:《康有为全集》第8集,第88页。

胜败至为重要。而另一方面,面对战争的威胁,要想保证国家的主权完整与国土安全,就必须集中力量发展工业,让国内的工业产量不断提高,一旦出现战事,能够充分提供军事部门的各种基本物资需求。英国能够长期处于世界霸主地位,很重要的原因就是它较早完成了工业化,生产力水平大为提高,军事能力也迅猛增长。后来德国之所以能够成为列强中的后起之秀,也是由于19世纪以来德国工业的高速发展。用19世纪德国经济学家李斯特的话来说,"当处于这样的时代,从政治观点来衡量,工业就比以前任何时期更加值得重视"[①]。这恰恰也是近代中国所必须面对的时代问题。鸦片战争以后,面对列强的坚船利炮与高效的组织动员能力,李鸿章、左宗棠、丁宝桢等地方大员开始购买机器、聘请客卿、创办军工企业、培养工业人才,希望通过提高中国的工业水平来抵御外侮,所谓"富国强兵",从那时起便是一体之两面,这一口号也成为近代中国人不断追求的主要目标。

不过康有为却对洋务运动以降的工业成就并不满意。他认为中国的洋务事业皆仰赖官办,并且资金严重不足,无法与欧美各国相匹敌。像德国克虏伯工厂那样的大企业,资金充足、产品精良、销路广阔,并能充分与国家合作,获得国家的大力扶持,为德国的崛起做出巨大贡献。因此康有为指出洋务运动与西方各国工业建设的主要区别在于"不奖励民厂,而欲待官厂之为之"。他强调:"欲治海陆之军,其根本又不在兵政,而在财政。"然欲兴"财政",

---

[①] [德]李斯特:《政治经济学的国民体系》,陈万煦译,北京:商务印书馆,1961年,第203页。

"其本又在富民。民不足,国孰与足"。① 当然,这里的"民",绝非升斗小民,甚至也非小商小贩,而是得像近代西方的大资本家或垄断企业巨头才能胜任。所以,康有为的工业论述,很大程度上是把工业革命中所出现的阶级冲突排除在思考视野之外的。

康有为很清楚,要想实现工业的高速发展,离不开在政治上有一套适合发展工业的制度,以此来提高国家的汲取能力、动员能力、组织能力,同时应扩大政治参与,让各种社会力量加入国家建设的行列之中,在此基础上形成稳固的国家认同。因此,康有为主张施行地方自治,赋予地方精英更多的权力,使他们能为工业发展做贡献。与此同时,康有为强调应一改中国过去"无为而治""各不相扰"式的政治作风,杜绝"天高皇帝远"式的现象,师法近代新兴资本主义国家,扩大国家权力覆盖范围,增添官吏数量,加强中央政府,尤其是教育、财政、民政、军事这些关系到国计民生与国防安全的部门的行政效率,使其能有效制定出符合国家利益的政策,并且保证中央政令能够畅行于地方,改变中国传统政治模式下"帝力于我何有哉"的松散、疏漏、低效率局面。② 这种在中央层面通过集权以提高国家基础能力,在地方施行自治以联合地方精英的体制,就是康有为眼里最适合发展"物质",最适合在此"万国竞争"之世生存的政治体制。

19世纪初期,面对波谲云诡的国际环境,李斯特呼吁处于后发地位的德国,必须鼓足干劲,一心一意发展工业,尤其是基础工业;

---

① 康有为:《物质救国论》,载姜义华、张荣华主编:《康有为全集》第8集,第79页。
② 康有为:《官制议》,载姜义华、张荣华主编:《康有为全集》第8集,第231—321页。

同时应运用国家力量来保护新兴的本国产业,切不可被英国的"开放门户""自由贸易"等说辞蛊惑。他强调"国家建立了工业以后,一切精神力量、政府收入、国防事业的物质和精神手段以及国家独立自主的保证这些方面,都会作等比例的增长"①。另一位德国经济学家施穆勒则通过研究近代经济史,告诫人们不要忽视近代列强崛起过程中时常蛮不讲理的特点,他们缺少信誉、使用暴力手段、不遗余力打击对手。因此,经济活动必须要依靠国家支持,必须要以国家利益为旨归。② 而康有为的"物质救国"方案,背后一个主要参照对象就是19世纪中叶以来蒸蒸日上的德意志帝国。他认为:"二十年来德国物质盛,故最强。"③在《德国游记》里他称赞"德政治之美,实甲百国"。④ 此外,康有为视当时德意志帝国的统治者威廉二世为一代英主,认为德国的立国之道有许多方面值得同样身处"国竞"时代的中国学习,特别是在制度严肃整齐、物质蒸蒸日上、军备威武雄壮、教育普及甚广等方面。他甚至预测:"吾观德之政治,吾以为德必霸欧洲,盖有适宜之政体也。"⑤他还将德国从分裂到统一的过程,视为全球日后臻于"大同"之境的前奏或预演,即在以强国为主导的全球政府下,将各个国家整合起来。当然,不仅康有为如此,梁启超也认为:"欧洲列国中,其最能发挥现

---

① [德]李斯特:《政治经济学的国民体系》,陈万煦译,第203页。
② [德]古斯塔夫·冯·施穆勒:《重商主义制度及其历史意义》,严鹏译,上海:东方出版中心,2023年,第115—120页。
③ 康有为:《物质救国论》,载姜义华、张荣华主编:《康有为全集》第8集,第81页。
④ 康有为:《德国游记》,载姜义华、张荣华主编:《康有为全集》第7集,第443页。
⑤ 康有为:《德国游记》,载姜义华、张荣华主编:《康有为全集》第7集,第444页。

世帝国主义之特性,代表近来世界历史之趋向者,莫德国若也。"①与康梁二人关系紧密的伍宪子更是声称:"德之政治、武备、文学、警察、制造、电学、化学、宫室、道路讲求精绝,变化更新,无一不为宇内第一。其霸主威廉,政治之才,冠绝天下。"②可是征诸史实,德国统一的过程,绝非温情脉脉的联合,而是充满了血腥与权谋。更有甚者,威廉二世虽继承俾斯麦之遗产,但处事乖张,胸无城府,不但不英明,反而颇昏庸,最终导致德国在"一战"中一败涂地,第二帝国寿终正寝。由此可见,康有为"以德为师",虽然显现出一定的国际视野,但也带有不小的局限性。③ 由此亦可见,那种忽视改造不合理社会经济结构的国家主义、军国主义,并非解决近代中国内外困境的良方。中国振衰起弊,也绝非简单效仿19世纪欧洲列强之所为就能实现的。

五、清末革命党的帝国主义论

清末民初的舆论传播往往呈现这样的特征,即由名震一时的知识分子在具有全国性影响力的报刊上撰文,宣传一些新的概念、术语与学说,随后一些知名度不那么出众的知识分子在具有地方

---

① 梁启超:《论民族竞争之大势》,载吴松等点校:《饮冰室文集点校》第2集,第790页。
② 伍宪子:《伍宪子布告南洋各埠商会学界哀痛书——哀痛中国之亡》,载章开沅、罗福惠、严昌洪主编:《辛亥革命史资料新编》第5卷,武汉:湖北人民出版社,2006年,第123页。
③ 这一部分的论述,主要参考了章永乐的研究。参见章永乐:《万国竞争:康有为与维也纳体系的衰变》,北京:商务印书馆,2017年,第75—106页。

性影响力的报刊上进一步撰文普及、推广这些新概念、新术语与新学说。通过这样的信息传递方式，这些新概念、新术语与新学说渐渐广为人们所熟知，成为开展政治动员与文化运动的重要凭借。此外，由于一些新概念、新术语与新名词能产生广泛的时代共鸣，能促使人们更为深入地认识中国与世界的基本形势，因此它们往往被在现实政治分野中处于对立状态的政治力量共享。

　　帝国主义概念在晚清的流行就体现了这样的特征。梁启超深受浮田和民等人的影响，认为："近世列强之政策，由世界主义而变为民族主义，由民族主义而变为民族帝国主义，皆迫于事理之不得不然，非一二人之力所能为，亦非一二人之力所能抗者也。"在此情形下，"今日欲救中国，无他术焉，亦先建设一民族主义之国家而已"。①"民族帝国主义"的特征，一是强调通过宣传与教育手段动员各国民众主动支持国家的对外扩张活动，使帝国主义日渐成一项"全民事业"；二是凸显国与国之间的竞争和吞并不仅要在军事上决出胜负，而且将战火延伸至经济与贸易领域，"经济理由"成为帝国主义活动的重要动力。而在列强不断积聚内部力量，来进行殖民扩张、武力杀伐，将世界其余地区划入自己势力范围之际，中国要么效法那些已经成为列强的国家曾经之所为，要么难逃亡国灭种之险，舍此别无他法。更为重要的是，"民族帝国主义"的意识形态核心是披着科学外衣的社会达尔文主义。它预设了生物界的弱肉强食同样也是人类政治活动中理应尊奉的伦理准则。基于"人种学"的"论证"，有些民族天生就适合统治世界，有些民族则在

---

① 梁启超：《论民族竞争之大势》，载吴松等点校：《饮冰室合集点校》第2集，第789、802页。

生理与心理上存在难以改善的缺陷,所以必须被"优等民族"支配与统治。那些在国际政治斗争中失败的民族,不值得人们予以过多同情,因为这恰恰证明了他们是社会进化过程中的"弱者",故而依据进化规律,难逃被淘汰的命运。而在生存竞争当中,只要能使本民族不断壮大、不断获利,各种手段皆可运用,无论其是否残忍。①

毋庸多言,梁启超在当时深受这些观点的影响。② 因此他的视野,比较欠缺对19世纪以降的殖民体系与帝国主义体系的反思,更难以设想一条突破帝国主义体系,实现国与国之间建立更为平等的关系的道路。因此,他主张施行"开明专制",并将成功实现整军经武的德国与日本视为榜样。更有甚者,梁启超认为社会主义的理想固然高尚,但以当时中国的生产力水平而言,提倡社会主义尚非其时,而应大力保护中国的资本主义,让本国的资本主义来对抗外国的资本主义,避免劳工运动妨碍本国资产阶级利益。用他自己的话说:"今日乃经济上国际竞争你死我活之一大关头。我若无大资本家起,则他国之资本家将相率蚕食我市场,而使我无以自存。"他认为将来中国如有可能抵御外国资本主义的侵略,进而"自立于世界",乃是因为"有大资本以为之盾也"。他颇为坚决地宣称:"吾之经济政策以奖励保护资本家,并力外竞为主,而其余皆为辅。苟持论反于吾之政策者,吾必认为国贼,竭吾力所及以申讨伐。"按照这样的逻辑,那些"惟资本家独占利益是惧,鳃鳃然思所

---

① 关于社会达尔文主义如何被运用到帝国主义活动中,参见[美]霍夫施塔特:《社会达尔文主义:美国思想潜流》,上海:上海人民出版社,2022年,第211—248页。
② 郑匡民:《梁启超启蒙思想的东学背景》,第218—227页。

213

以遏抑之"的言说,都属于"国贼"之论。① 梁启超的这一观点,从清末到民初,几乎没有多大变化,对时人的影响也尤其大,前引杨度、达寿的话,基本是在继承、阐发这一观点。如果要梳理近代中国国家主义史,梁启超的言说应该是重要起点。

梁启超介绍的"民族帝国主义",同样也被革命党人挪用。在《新湖南》中,杨毓麟指出要想救中国,需要了解列强对华政策的"远因"与"近因"。他说:

> 夫所谓历史上之远因者,何也? 则民族建国主义是也。所谓历史上之近因者,何也? 则由民族主义一变而为帝国主义是也。民族主义之前,固已有所谓帝国主义矣,顾其为此主义之原动力者,或出于世主一人之野心,或出于武夫健将一二人之权略,而非以其全国人之思想为发生之基本,非以其全国人之耳目为运动之机关,故其末路往往丧败不可收拾。民族主义变而为民族帝国主义则异是。其为此主义之原动力者,非出于政府一二人之野心也,国民生殖蕃盛之力之所膨胀也;亦非出于武夫健将一二人之权略也,国民工商业发达、资本充实之所膨胀也。发生之基本,则全国人之思想也;运动之机关,则全国人之耳目也。故其风潮之猛,若倾海水而注之大陆。②

相似的,在进行政治宣传时,陈天华也直呼:

---

① 梁启超:《杂答某报》,载吴松等点校:《饮冰室文集点校》第 3 集,第 1501 页。
② 杨毓麟:《新湖南》,载严昌洪、何广编:《中国近代思想家文库·杨毓麟陈天华邹容卷》,北京:中国人民大学出版社,2014 年,第 12 页。

> 前此之灭中国者,其文明不如我,其蕃殖力不如我,故为我所化,而于种族界之膨胀无损焉。今则非其伦也。民族帝国主义渐推渐广,初以我为奴隶,继将以我为牛马,终则等诸草芥,观于澳、美之土人及中国之苗、瑶,可以省也。①

陶成章在《中国民族权力消长史》中论述"中国民族"迁徙事迹时亦言:

> 盖迁徙之说所以明祖也,明祖所以尊祖,尊祖则敬祖心生,敬祖心生则自爱心生,自爱心生则保守之性质日益固,而团结之力日益强,此近世民族主义,民族帝国主义所以弥沦滂渤而充塞于大地也。②

《民报》的重要作者汪精卫甚至认为,未来中国也要效仿欧洲列强,实行"民族帝国主义":

> 彼英法等方盛行民族帝国主义,以广拓殖民地,而民族主义弃置不复道者,其境遇使之然。我中国实行民族主义之后,终有实行民族帝国主义之一日。③

---

① 陈天华:《敬告湖南人》,载严昌洪、何广编:《中国近代思想家文库·杨毓麟陈天华邹容卷》,第146页。
② 陶成章:《中国民族权力消长史》,载汤志钧编:《陶成章集》,北京:中华书局,1986年,第228页。
③ 精卫:《希望满洲立宪者盍听诸》,《民报》1906年第5期。

215

可见,在这些革命党人的视野里,"民族帝国主义"代表着人类未来政治与经济的发展趋向,这一历史潮流势不可挡。既然如此,中国就应该不断增强国力,培育健全的国民,以便将来也像东西列强那样推行"民族帝国主义"政策。他们与梁启超的区别,仅在于实现"民族帝国主义"的路径有所不同。前者主张推翻清政府实为达此目标的必要手段,后者则认为革命反而会耽误这一历史进程。

而要说起革命党内对帝国主义问题有比较深入剖析的,当属章太炎、刘师培等人。1907年,张继、刘师培等人在东京发起"社会主义讲习会",一些日本的社会主义者、无政府主义者,如幸德秋水、大杉荣、界利彦等,常被邀请来讲座,章太炎、钱玄同等人也参加过其中的活动。① 他们借鉴当时在日本颇有影响的社会主义(包括无政府主义)学说,对资本主义国家的殖民扩张政策进行剖析与批判,其中既涉及列强如何通过资本输出影响中国的政治与经济,又涉及揭示这一殖民扩张活动的意识形态说辞——"文明等级论"的真实面貌,同时思考如何改变亚洲地区帝国主义的支配局面。其中,幸德秋水的名著《二十世纪之怪物帝国主义》似乎对他们颇有影响。幸德秋水认为帝国主义体现"野蛮的爱国心"与军国主义,以"大扩张领属版图"为目的,是当前世界纷争不止的根源。② 作为日本著名社会主义者,他尤其侧重批判日本的帝国主义

---

① 郑匡民:《社会主义讲习会与日本思想的关系》,《社会科学研究》2008年第3期,第138—148页。
② [日]幸德秋水:《二十世纪之怪物帝国主义》,赵必振译,上海:广智书局,1902年,第26页。

思潮。在他看来,究其实,帝国主义仅代表"少数之政治家与军人""少数之资本家与少数之投机师"的利益,对广大平民并无益处。① 因此,幸德秋水认为,要想彻底埋葬帝国主义,需进行"世界的大革命运动"。具体言之:

> 变少数之国家为多数之国家,变海陆军人之国家为农工商人之国家,变贵族专制之社会为平民自治之社会,变资本家横暴之社会为劳动者共有之社会。而后以正义博爱之心压其偏僻之爱国心也,以科学的平和主义而亡其野蛮的军国主义也,以布拉沙呼德之世界主义而扫荡刘除其侵略的帝国主义也。②

很明显,这样的视野是浮田和民、加藤弘之式的帝国主义论所不具备的。它设想了一条不以帝国主义为目标的发展道路,并认为国际纷争的最终解决,离不开每一个国家内部政治与社会矛盾的解决,尤其是改变不合理的政治与经济剥削结构。资本主义列强想依靠对外扩张来转移国内矛盾,只会进一步扩大国际战争的规模,造成更多的平民命丧黄泉。

1907年,章太炎在与日本人权藤成卿、武田范之的笔谈中提到:

> 我所希望的是在亚洲各国凡有政府者同时革命,被征服

---

① [日]幸德秋水:《二十世纪之怪物帝国主义》,赵必振译,第27页。
② [日]幸德秋水:《二十世纪之怪物帝国主义》,赵必振译,第37页。

者同时独立。宫崎君说中国革命一旦成功,日本也将带来变化。但我以为日本革命并非当务之急。我很希望让安南、印度、缅甸等地,从现在的悲惨境地中解脱出来。①

基于此,同年4月,章太炎与张继、刘师培等中国革命者,联合印度、越南、缅甸、菲律宾、朝鲜、日本等地的志同道合者,在日本东京成立"亚洲和亲会"。在该会的"约章"中,章太炎指出:"百余年顷,欧人东渐,亚洲之势日微,非独政权兵力,浸见缩朒,其人种亦稍稍自卑。"在这一帝国主义入侵浪潮之下,"越南、缅甸,继遭蚕食"。因此,亚洲和亲会旨在"反抗帝国主义,期使亚洲已失主权之民族,各得独立"。关于会员,"凡亚洲人,除主张侵略主义者,无论'民族主义''共和主义''社会主义''无政府主义',皆得入会"。各国会员之间,互相尊重彼此的传统文化,通过文化的纽带建立起休戚相关的联系。在政治领域,"亚洲诸国,若一国有革命事,余国同会者应互相协助,不论直接间接,总以功能所及为限"。而中国在其中的意义,便是作为一个亚洲的大国,"幸得独立,则足以为亚洲屏蔽,十数邻封,因是得无受陵暴"②。换言之,章太炎等人所构想的亚洲区域体系,是建立在被帝国主义压迫的国家实现独立的基础上,形成的一种全新的、平等的政治格局。他希望中国的反清革命在其中能起到示范作用,带动周边地区的反帝运动。可以说,这是近代以来中国知识分子第一次较为系统地思考如何突破由资本主义列强主导的世界体系,在改变中国自身命运的同时,探索一

---

① 章太炎:《与权藤成卿、武田范之笔谈记录》,载《章太炎全集》第10册,第272页。
② 章太炎:《亚洲和亲会约章》,载《章太炎全集》第10册,第279、280、281页。

个有助于实现和平与平等的世界体系。

值得一提的是,以刘师培夫妇为核心的《天义报》上曾刊登《共产党宣言》的中文节译。根据梁展教授的研究,《共产党宣言》的译本是近代中日革命者密切交流与合作的产物,两国知识分子面对各自的国内外政经局势,借由社会主义的理想产生了思想上的共鸣,堪称20世纪初期东亚思想交流的重要环节。刘师培等倾向无政府主义的革命者受到社会主义运动中的国际主义精神影响,开始尝试修正前期革命党人略显偏狭的民族主义主张。此外,《共产党宣言》所体现的对人类发展史犀利透彻的分析,也给予刘师培一种深邃的历史眼光,使他开始重新思考中国历史与现实中的政治文化,并调整其对革命道路的构想。① 刘师培等人关注世界其他国家的政治与经济状况,时常在《天义报》《衡报》上报道世界各地平民与政府的冲突、社会主义运动的展开、资本家对劳工的压榨,将中国的社会与政治不平等问题置于全球资本主义扩张与社会主义运动蓬勃发展的视野之下,呈现出全球反压迫运动的丰富图景。如果说在近代变局之下中国人必须"开眼看世界",那么刘师培等人从社会主义、无政府主义的视角出发,看到的世界就不再只是像西方资本主义国家主流话语所宣称的那样,充斥着文明、进步与繁荣,而是观察到了资本主义政经体制在全球范围内的统治所带来的社会矛盾与冲突,听到了被主流话语压制的声音。

在发表于1907年的《亚洲现势论》中,刘师培说:"今日之世界,强权横行之世界也。而亚洲之地,又为白种所加之地。欲斥白

---

① 梁展:《世界主义、种族革命与〈共产党宣言〉中译文的诞生——以〈天义〉〈衡报〉的社会主义宣传为中心》,《外国文学评论》2016年第4期。

种之强权,必排斥白种加于亚洲之强权。"①他叙述了法国殖民越南、日本殖民朝鲜、美国殖民菲律宾、英国殖民印度的概况,强调:"帝国主义乃现今世界之蟊贼也。"②受到无政府主义的影响,刘师培认为帝国主义及其背后的资本力量是造成中国社会矛盾频生的主因,但他认为要想彻底改变这一局面,需要以无政府主义为理论指导来进行反抗。那种建立强大而有组织的革命力量来反抗侵略的做法,在刘师培看来并不可取。他不断论证在中国易行无政府主义的理由,包括中国古代思想学说里有与无政府主义相似的内容,中国农民比较容易接受无政府主义的主张。③ 相似的,另一位在欧洲的无政府主义者吴稚晖也说:"帝国主义,即强盗主义也。自帝国主义兴,而后世界无公理、无人道、无良心,惟有最野蛮黑暗之强权。十九世纪之下半,即帝国主义毒气熏腾之时代。"他号召中国人"勿徒眩于帝国主义之光荣,须细思帝国主义之罪恶",不应汲汲于歆羡、仿效帝国主义列强之所为。④ 刘师培、吴稚晖等人的这些观点颇为深刻地影响到了辛亥革命至五四新文化运动时期的中国无政府主义者。但也正因为他们刻意回避组织、动员革命力量与建设革命政权的问题,无政府主义者们的主张往往流于小圈子内的呼喊,而几乎没有实践的可能性。

---

① 刘师培:《亚洲现势论》,载李妙根编:《刘师培论学论政》,上海:复旦大学出版社,1990年,第407页。
② 刘师培:《亚洲现势论》,载李妙根编:《刘师培论学论政》,第409页。
③ 路哲:《中国无政府主义史稿》,福州:福建人民出版社,1990年,第52—78页。
④ 吴稚晖:《帝国主义之结果》,载金以林、马思宇编:《中国近代思想家文库·吴稚晖卷》,北京:中国人民大学出版社,2015年,第45、46页。

六、拆解帝国主义:章太炎的哲学批判

作为清末革命党内首屈一指的理论家,章太炎非常重视从哲学层面拆解近代西方列强对外进行帝国主义扩张的意识形态话语,这是他较之同时代人显得思想尤为深刻的重要原因。如果要说在世界近代史上有哪一个概念能流传甚广,那么"进化"当之无愧。在启蒙运动时期,认同启蒙理想的学者开始强调世界历史的发展是线性的、进步的,其潜台词就是相信随着科学水平的不断提高,人类的生活水准也会不断进步,因此,启蒙主义的服膺者们常以乐观的态度审视社会发展。在他们的视野里,这种进步是带有普遍意义的,世界各地概莫能外,是一种不可逆转的历史潮流。如果从学理层面看,启蒙运动时期的这些主张还带有些许理想主义的特征的话,那么到了19世纪,这些主张就从文人学士们的畅想,变为经历工业革命洗礼的资本主义国家对内施行统治,对外进行扩张的意识形态说辞。① 资本主义国家的意识形态家们将本国实力上升解释为历史进化序列中的必然结果,将本国的对外扩张解

---

① 其实在18世纪启蒙运动时期,进步主义就往往伴随着对殖民扩张的畅想。孔多塞在著名的《人类进步史表纲要》中就声称,在启蒙风气熏陶下,"强盗们的金库将会变成公民们的殖民地,这些公民将在非洲、亚洲传播欧洲的自由、知识和理性的原则和先例"。在亚洲与非洲,"这些辽阔的国土上有着大量的民族,它们有的地方仿佛就只是在期待着接受我们的办法来使自己文明化,并在欧洲人中间找到自己的兄弟们来使自己变成他们的朋友和他们的学徒"。参见[法]孔多塞:《人类进步史表纲要》,何兆武、何冰译,北京:北京大学出版社,2013年,第168、169页。

释为遵从社会进化原理来向"落后地区"传播"文明",那些"落后地区"之所以要被殖民,也是由于他们在优胜劣汰的自然法则中位于"劣"的一方。而为了平息本国内部的社会矛盾,意识形态家们向本国民众宣称统治阶级的内外政策如何符合进化原理,统治阶级对内巩固政权、对外施行扩张,成果迟早会让国内各阶层都受益。假如不支持这样的政策,就是自外于进化过程,不能享受因进化而带来的"文明"。而从世界范围来看,近代资本主义国家无疑认为自己位于人类进化过程的顶端,人类未来的发展将由资本主义国家来主导。

中日甲午战争之后,在严复的译介下,进化论迅速在中国传播开来。当然,严复翻译《天演论》,在甲午至戊戌年间的一系列文章里运用社会进化论来分析中国问题,主要目的是唤起国人的忧患意识,让人们意识到中国所处的外部环境十分险恶,中国如果不发愤图强,将难逃优胜劣汰法则。进化概念在晚清被广泛传播,也和人们通过了解这一概念及其背后的历史图景而意识到它与救亡图存的紧迫性息息相关。但是,如果不能剖析进化论的基本内涵,以及它如何被列强用来为自己的殖民活动做辩护的话,就很难意识到这一概念的复杂面貌,也很难辨析这一概念在不同语境下的现实所指。比如梁启超在清末一方面发表了许多批评帝国主义国家全球扩张的文章,另一方面却又对当时头号帝国主义国家英国赞誉有加,宣称:"五色人相比较,白人最优,以白人相比较,条顿人最优;以条顿人相比较,盎格鲁撒逊(盎格鲁-撒克逊)人最优。"[①]按

[①] 梁启超:《新民说》,台北:文景书局,2011年,第11页。

照这样的逻辑,既然梁启超还认为"夫以文明国而统治野蛮国之土地,此天演上应享之权利也,以文明国而开通野蛮国之人民,又伦理上应尽之责任也",①那么暂时处于"落后"位置的中国抵抗"文明"的西方,正当性又在哪里呢?

为了从哲学层面展开批判,1906年,章太炎发表《俱分进化论》,深入剖析进化这一在世界近代史上掀起巨大波澜的概念。章太炎认为:"近世言进化论者,盖昉于海格尔(黑格尔)氏。虽无进化之明文,而所谓世界之发展,即理性之发展者,进化之说,已蘖芽其间矣。"②在这里,他意识到黑格尔的历史哲学使进化论从一种科学理论变为一种对历史发展过程的描述,让进化论更为深刻地影响着人类活动。在这里,可见章太炎极为敏锐的理论洞察力。此外,他不像叔本华那样把人类的思想与实践视为盲动的结果,以此来否定带有极强理性主义色彩的进化论,而是承认进化论有一定道理,它也确实可以解释人类活动。不过,章太炎强调,在理解进化论时,需要意识到进化本身是不带价值判断的,将进化与某种价值判断相结合,就遮蔽了进化过程的复杂性。因为属于善与乐的东西会进化,属于苦与恶的东西也会进化,必须合而观之,方可洞察其本质。在此视野下,进化论就不能再被用来替现实当中存在的剥削与被剥削、支配与被支配关系进行辩护。

当然,章太炎认为在考察人类活动时依然需要进化论,但不是那种体现支配与被支配、剥削与被剥削关系的进化论,而是"随顺

---

① 梁启超:《张博望、班定远合传》,载吴松等点校:《饮冰室合集点校》第4集,昆明:云南教育出版社,2001年,第2021页。
② 章太炎:《俱分进化论》,载《章太炎全集》第8册,第404—405页。

进化",即"择其最合者而倡行之",让进化过程中好的一面展现出来,避免坏的一面不断蔓延。在他看来,当时属于进化论范畴的各种学说里,唯有社会主义因"其法近于平等",所以值得提倡。① 只要对社会主义史稍有了解就会知道,社会主义理论并不排斥进化论,而是通过对生产力与生产关系进行科学分析,呈现社会发展史的基本脉络,探索人类未来实现具有普遍意义的平等与公平的道路。章太炎认为社会主义体现良性的进化,更可证明他绝非出于守旧立场才反对进化论,而是揭示并批判借进化论来施行压迫与剥削的现象。在这一点上,章太炎确实比梁启超等人要深刻得多。

随着对进化论展开剖析,章太炎进一步揭示那些与进化论紧密相连的其他概念。1908年,他发表《四惑论》,除了依然提及进化概念,还将批判的焦点置于"公理""唯物""自然"这些同样在世界近代史上产生巨大影响的概念。

从篇幅来看,章太炎此文的主要内容集中于揭示"公理"的意识形态本质与表现形式。所谓公理,指的是那些不证自明的事实、不可逆转的趋势、不可违背的规律、毋庸置疑的命题。在世界近代史上,公理与进化论一样,在启蒙运动时期被解释为一种具有普遍性的东西,并将解释范围从科学理论扩展至所有人类活动。到了19世纪,虽然知识界对于公理的内核与外延有不同论述,但在政治与社会层面,如何掌握对于公理的解释权更受西方资本主义国家统治阶级的重视。只要拥有了对公理的解释权,就可以对内以公理的名义让民众成为统治阶级希望成为的样子,让个人的独立意

---

① 章太炎:《俱分进化论》,载《章太炎全集》第8册,第413页。

识被消解于公理的强大话语笼罩之中,使民众的活动不能越出打着遵循公理旗号设置的各种界限,公理成为绝佳的动员、整合国内各阶层的意识形态话语,让人们忽视这背后的压迫与剥削现象;对外则将自己的扩张活动解释为实践公理,特别是将殖民统治装扮成依据公理而承担的"义务",并让被殖民国家或地区的民众接受这样的统治与被统治关系,同时给后者一种幻象,即只要按照自称秉承公理而行事的殖民国家的要求来实现自我改变,就有可能让本国实现进步。除此之外,别无他法。不消说,这样的意识形态说辞,让近代许多殖民地与半殖民地精英深信不疑。

章太炎指出:"(公理)非有自性,非宇宙间独存之物,待人之原型观念应于事物而成。"公理并非自然界本来存在之物,是人们根据社会经验总结而成的。它并不具备不证自明的特性,而是带着极强的主观色彩。所以"其所谓公,非以众所同认为公,而以己之学说所趋为公"。但是由于强大的话语压迫,以及论证过程中掺入科学名词,并带有极强的历史必然性色彩,公理比宋明理学喜谈的天理对普通人更具支配力。"天理之束缚人,甚于法律;而公理之束缚人,又几甚于天理。"①

通过揭示公理本来并不"公"的本质,章太炎意在批判那些打着公理旗号对个体进行统治与支配的行为。他指出,人在世上本有独立性,并非天然受到各种外在因素的支配。人之所以意识到对他人有义务,是缘于个体道德意识,之所以会受到法律制裁,是由于侵害他人,这些都与公理无关。以公理的名义来支配人,本质

---

① 章太炎:《四惑论》,载《章太炎全集》第 8 册,第 469 页。

上就是那些掌握着对公理解释权的个人或组织在支配别的个体，并试图将这种支配固定化、永久化，让人在时刻得接受公理裁判的压力下生活，产生无所逃于天地之间的压抑感。就此而言，"公理者，以社会常存之力抑制个人，则束缚无时而断""公理之惨刻少恩，尤有过于天理"。①

章太炎的这番批判有助于揭示近代资本主义体制对个体的规训方式，即不仅使用硬性的法律规章，而且善于运用意识形态话语，让人们将这种意识形态话语视为一种无形监督，主动服膺这套意识形态话语对个体的要求，将个人价值和人生意义与这套意识形态话语挂钩，战战兢兢地唯恐有悖于后者的要求，从而丧失个人的主体性，使个人成为资本主义国家机器中的零部件。相似的，章太炎对"自然"的剖析，并非否定自然界的各种现象，而是批判将自然现象改造为"自然法则"，并以此来统治人、命令人。对于"唯物"，他针对的对象其实并非马克思主义，而是像英国哲学界休谟那样的经验论者。在他看来，休谟的特点是只强调现象，不探寻本质，由此而得的感性经验并不能描述世间万物的真实逻辑，也与科学方法不相符。一旦涉及事物之间的因果关系与事物自身的本质属性，就需要进行主观思考。休谟式的"唯物论"（其实是经验论）并不能涵盖这个过程。章太炎对"唯物"的批评是为了张扬个体的能动性，凸显个体在思维活动中不可替代的作用。②

章太炎所批评的这些概念之所以能成为流行之物，离不开近代资本主义国家的对内与对外活动。因此，要想彻底揭示这些概

---

① 章太炎：《四惑论》，载《章太炎全集》第 8 册，第 470—475 页。
② 章太炎：《四惑论》，载《章太炎全集》第 8 册，第 478—482 页。

念所产生的政治与社会效果,需要将批判的视野转移至近代国家的形态与性质上面。1907年,章太炎发表《国家论》。他指出,首先,近代国家主义将国家视为超越时间的存在,在民众与国家关系上,宣称国家是主体民众是客体。这样的观点是站不住脚的。因为国家是历史与时势的产物,如果没有民众,也就没有国家,所以民众是主体,国家是客体。认识到了这一点,就能发现19世纪以降国家主义理论的破绽。其次,国家的性质是为了防御外敌,是不得已才出现的,它身上并不带有特别神秘的要素,也不像国家主义所论述的那样神圣。国家如果超出防御外敌的任务,变为侵略他国的先锋,就没有存在的正当性了。最后,与国家有关的政治事务往往需要多人协作才能完成,特别是离不开民众的支持,但在近代国家主义的论述里却常将其归功于某一人,让其余的大多数人默默无闻,通过突出政治领导者的功绩来激发人们的爱国之念,这其实也属于颠倒是非之举。[1]

联系19世纪以来资本主义国家常常以国家利益为借口来掩盖社会矛盾、巩固自身统治,并时常把让本国统治阶级获利最多的殖民扩张活动说成为了国家整体利益,章太炎的这些观点就显得极有洞见。在晚清的政治论说里,受到日本国家主义的影响,不少人常认为近代国家从民族主义变为"民族帝国主义"是一种历史必然,一国内部的政治与经济组织趋于集中化是一种时代趋势,如此方能更好地积聚国力,彼此竞逐,中国要想在列强竞逐的时代里生存,就必须效仿列强所为,使自己变得和它们一样。而在章太炎的

---

[1] 章太炎:《国家论》,载《章太炎全集》第8册,第484—489页。

视域里，这样的政治主张并不能真正解决中国的问题，中国未来的发展也绝非仅此一条路可行。而要想探索其他实现救亡图存目标的方案，就先得揭示近代国家主义的本质，拆穿在这一意识形态话语笼罩下的资本主义国家的"神秘性"与"神圣性"，为开启更为广阔的政治视野创造前提。

必须注意到，章太炎虽然批判近代国家主义，但并不简单否认世间所有国家存在的价值。他说："爱国之念，强国之民不可有，弱国之民不可无。"像中国、印度、朝鲜、越南等遭受西方列强侵略的国家，为了抵御强敌，必须加强国家实力。而这些地区反抗侵略的过程，恰恰也是在用行动批判近代西方的国家主义，因为这让那些打着国家主义名号进行对外扩张的帝国主义列强无法实现其野心。而放弃抵抗，只会让帝国主义列强更为轻易地统治世界，在这个意义上，对于弱国来说，"他国一日不解散，则吾国不得不牵帅以自存"[1]。也正是在这个问题上，章太炎不同于当时的无政府主义者。他对国家主义的批判，与他反对帝国主义、强调救亡图存的思想并不矛盾。

在章太炎看来，"至于帝国主义，则寝食不忘者，常在劫杀。虽磨牙吮血，赤地千里，而以为义所当然"[2]。之所以如此，是因为帝国主义者常将"文明等级论"作为自己的行动理由。"文明等级论"肇始于启蒙运动时期，滥觞于19世纪帝国主义、殖民主义盛行的时代。它以近代西方文明为标准，将广大的非西方地区划分为"半文明"与"不文明"（或曰"野蛮"）两个等级，旨在"论证"西方列强

---

[1] 章太炎：《国家论》，载《章太炎全集》第8册，第491—492页。
[2] 章太炎：《五无论》，载《章太炎全集》第8册，第462页。

对这些地区进行殖民扩张的正当性,把殖民活动打造成"教化""规训"非西方地区的"义务",同时强调非西方地区若想成为"文明"社会一员,必须效仿近代西方的一整套政治、文化、社会体制,并接受后者的"指导"。著名的约翰·密尔在《代议制政府》一书里,着重分析代议制政体在实践过程中可能出现的各种问题,以及对政治与社会的影响。而当谈及殖民地地区是否应引进这一具有许多正面价值的制度时,密尔坦陈:

> 另外一些并未达到那种状态的属地,如果要加以掌握的话,就必由支配国家去统治,或由该国为此目的委派的人统治。这种统治方式同任何其他方式一样是合法的,如果它是在该附属人民的现有文明状态下最便于他们向进步的更高阶段过渡的统治方式的话。如前所述,在有些社会状况下,强有力的专制政治本身就是在为使人民适于较高文明所特别欠缺的方面对他们加以训练的最好的统治方式……在本地的专制政治下,好的专制君主是一件罕见的和稍纵即逝的偶然事件,但当该地人民受到一个更文明的国家统治时,则该国应当能够继续不断地提供这种好的专制君主……这就是自由的人民对野蛮的或半野蛮的人民的理想的统治。①

密尔的这番话就是典型的"文明等级论"式的言说。按照其逻辑,那些处于"半文明"或"野蛮"状态的地区,不能径直引进"文明

---

① [英]约翰·密尔:《代议制政府》,汪瑄译,北京:商务印书馆,2019年,第248—249页。

国家"的政治制度,因为当地的人还没有足够的素质来实践这些制度。因此,对于这些地区,应该采取更为严厉且专制的手段来统治,这样方能符合当地的文明程度,甚至可以有助于通过"训练",使当地的文明水准得到提升。当然,在密尔的视域里,要想从野蛮步入文明,需要经历漫长而艰难的过程,并且其间会有许多堕落或停滞的危险,这就进一步论证了对"不文明"地区采取强制性制度的必要性。① 相似的,曾为英女王讲授殖民史的考尔德科特在《大英殖民帝国》一书里就将传教与殖民的关系用写历史的方式不断美化,声称:"我们必须承认,高尚的道德行为和优良的道德品质都是天性使然。雅利安人因宗教信仰显得高贵,明显优于蒙古人和黑人。"②此外,他还表彰对比于西班牙在中南美洲的殖民活动,"英国殖民者往往会采取比较温和的方式",即不像西班牙人那样大肆杀戮,而是"征服了当地的印第安部落,将其驯化为奴"。③ 对于被视为英女王王冠上宝石的印度,作者更是一本正经地强调:"英国统治印度的目的在于教化。"④基于同样的逻辑,作者如是总结英国的殖民活动:

殖民地应该感激伟大的欧洲母亲,因为是欧洲孕育了积极进取的帝国建设者。这些建设者在殖民地实行教育、推行

---

① [美]卡露娜·曼特娜:《帝国的辩解——亨利·梅因与自由帝国主义的终结》,何俊毅译,上海:华东师范大学出版社,2018年,第55—56页。
② [英]阿尔弗雷德·考尔德科特:《大英殖民帝国》,周亚莉译,北京:华文出版社,2019年,第327页。
③ [英]阿尔弗雷德·考尔德科特:《大英殖民帝国》,周亚莉译,第248页。
④ [英]阿尔弗雷德·考尔德科特:《大英殖民帝国》,周亚莉译,第116页。

文明。与希腊和罗马不同的是,英国并没有从殖民地获益,铸就金山银山。①

明治维新以后,日本政学两界迅速掌握了"文明等级论"的话语。其中,福泽谕吉尤具代表性。在19世纪60年代以幕府使节团随员身份赴欧洲与美国考察的过程中,福泽购买了许多英文书籍,特别是中学教科书。这些书籍当中对于欧洲中心论的宣扬,是促成他接受并传播"文明等级论"的重要渊源。② 在著名的《文明论概略》里,他认为:"现代世界的文明情况,要以欧洲各国和美国为最文明的国家,土耳其、中国、日本等亚洲国家为半开化的国家,而非洲和澳洲的国家算是野蛮的国家。"因此,"现在世界各国,即使处于野蛮状态或是还处于半开化地位,如果想使本国文明进步,就必须以欧洲文明为目标,确定它为一切议论的标准,而以这个标准来衡量事物的利害得失"。既然对于日本而言,"当前的唯一任务就是保卫国体,保卫国体就是不丧失国家的政权",那么"唯有汲取西洋文明才能巩固我国国体,为我皇统增光"。③ 如果联系近代日本的"国体论"与殖民扩张之间的紧密联系,那么福泽的这番东亚版的"文明等级论"就绝非书生启蒙之语,而是与日本的军事侵略

---

① [英]阿尔弗雷德·考尔德科特:《大英殖民帝国》,周亚莉译,第218页。
② 赵京华:《福泽谕吉"文明论"的等级结构及其源流》,载刘禾主编:《世界秩序与文明等级:全球史研究的新路径》,第215页。关于"文明等级论"在19世纪欧洲教科书中的呈现,参见郭双林:《近代英美等国文明等级论溯源》,《中国人民大学学报》2017年第6期,第133页。
③ [日]福泽谕吉:《文明论概略》,北京编译社译,北京:商务印书馆,2017年,第9、11、25页。

相伴而行的。

事实上也正是如此。中日甲午之战,中国战败,日本借助《马关条约》侵占台湾。在福泽谕吉主持的《时事新报》上,发表了不少为殖民台湾摇旗呐喊的文章,或是认为台湾民众乃"蒙昧"之徒,应被日本人统治,如同英国殖民北美那样;或是强调要严惩那些反抗之士,对台湾采取高压政策,因为当地属于"野蛮"地区;或是主张日本应效法英国,以殖民台湾为起点,去占领更多的"未开化"地区。从这些言说中,可以很明显地看到"文明等级论"的影子。[1] 而福泽谕吉本人更是运用"文明等级论"的逻辑来分析日本与亚洲其他地区的关系,强调相比于后者,日本实属"文明国家",进而认为为了解决日本国内的人口增长问题,需要向那些"落后"地区进行殖民活动;同时区分对待国内民众与对待殖民地民众的政策,关于前者,或可采用英式自由主义,关于后者,则必须以帝国主义的方式行事。[2]

基于对哲学问题的高度关注,章太炎对近代帝国主义者运用"文明等级论"说辞之举洞若观火。他指出:

> 综观今世所谓文明之国,其屠戮异洲异色种人,盖有甚于桀纣。桀纣惟一人,而今则合吏民以为之;桀纣无美名,而今则借学术以文之。独一桀纣,犹不如去之为愈,况合群策群力

---

[1] 蓝弘岳:《明治日本的"自由帝国主义"与台湾统治论:从福泽谕吉到竹越与三郎》,《人文及社会科学集刊》第32卷第4期。
[2] 蓝弘岳:《明治日本的"自由帝国主义"与台湾统治论:从福泽谕吉到竹越与三郎》,《人文及社会科学集刊》第32卷第4期。

以为桀纣矣。夫斗殴杀人者,其心戆;计谋杀人者,其恶深;独力杀人者,其害微;聚众杀人者,其祸剧。①

19世纪的一位法国殖民者曾经毫不掩饰地声称:"征服土著居民最基本的合法性在于我们相信我们是上等人民,这点不仅仅体现在机械、经济和军事上,而且也体现在道德上。"②同一时期的英国殖民者也认为:"欧洲人在非洲的全部影响是通过维持一种博得野蛮人尊敬并引起野蛮人效仿的优越性而获得的。"③可见,在"文明等级论"的包装下,殖民扩张过程中出现的杀戮与奴役,都可在殖民者比被殖民者更有"道德"、更有"优越性",殖民活动能让"落后地区"变得更"文明"等幌子下被忽略不计。这种"借学术以文之"的话术,是古代专制帝王都难以做到的。而这种"文明"的实质,在章太炎看来恰恰是虚伪而狠毒的。他说:"今之言文明者,非以道义为准,而以虚荣为准。持斯名以挟制人心,然人亦靡然从之者。盖文明即时尚之异名,崇拜文明,即趋时之别语。"④其影响所及,"今之论者,于同一行事,小且弱者则非之,强且大者则是之"⑤。在《国故论衡》的《辨性下》中,章太炎强调虽然"文教之国"时常指责"蠕生之岛"野蛮,但根据"见与痴固相依"的原理,"其见愈长,故

---

① 章太炎:《五无论》,载《章太炎全集》第8册,第463页。
② [荷]韦瑟林:《欧洲殖民帝国(1815—1919)》,夏岩等译,北京:中国社会科学出版社,2012年,第118页。
③ 《卢加德论市场问题和传教活动(1893年)》,载刘克华选译:《一八七〇——一九一四年的英国》,北京:商务印书馆,1987年,第129页。
④ 章太炎:《复仇是非论》,载《章太炎全集》第8册,第281页。
⑤ 章太炎:《复仇是非论》,载《章太炎全集》第8册,第279页。

其痴亦愈长"。① 他借助佛学的概念,指出"文教之国"内部同样有着各种各样的问题,因此并无资格去鄙夷"蠕生之岛"。"文"与"野"这两个概念的内涵本来就不是固定不变的,而是象征着某种权力支配关系。

基于此,章太炎在1910年前后借助佛学概念来疏解庄子学说,撰写《齐物论释》,形成独具特色的"齐物哲学"。他指出:"齐物者,一往平等之谈。详其实意,非独等视有情,无所优劣,盖离言说相,离名字相,离心缘相,毕竟平等,乃合《齐物》之义。"②齐物哲学之所以能体现名副其实的平等,是因为它破除名相,揭示各种名词与概念背后的权力关系,将万物本来具备的主体性从单一的政治与文化秩序中解放出来,同时质疑这样的政治与文化秩序存在的依据。在认识世界的过程中,"自心还取自心,非有外界知其尔者,以见量取相时,不执相在根识以外,后以意识分别,乃谓在外,于诸量中见量最胜。见量既不执相在外,故知所感定非外界,即是自心现影"③。质言之,"自心"是唯一的认识主体,外界种种现象,皆为"自心"以各种形式展开实践活动的结果。顺此推论,世间各种学说与实践是否具有价值,皆由作为认识主体的心来判断。在这一过程中,认知者是主动而非被动的,具有自我抉择与独立行动的能力,既不会在各种价值冲突中随波逐流,丧失主见,也不会面对流行于世的虚名与声势,因惧怕被视为野蛮落后而不知所措,自我否定,一味迎合某种基于权力结构而生的文明标准。

---

① 章太炎:《国故论衡·辨性下》,上海:上海古籍出版社,2003年,第142—146页。
② 章太炎:《齐物论释》,载《章太炎全集》第6册,第5页。
③ 章太炎:《齐物论释》,载《章太炎全集》第6册,第10页。

齐物哲学通过对现存名实关系的否定,重新界定"物"自身的内涵与价值,使之处于普遍平等的状态,并在此基础上思考新的人间秩序。① 在齐物哲学的论述里,"必有真心为众生所公有,故曰若有真宰。真心既为众生公有,何缘彼我隔别"②。它并非简单地将所谓多样性置于不可置疑的地位,而是在承认"真心"为万物公有,万物无分彼此,不论高下,皆能体悟"真心"的前提下,建立能使万物各得其所的政治与社会秩序,达到"世无工宰,见无文野,人各自主之谓王,智无留碍然后圣"的境界。③ 这样的秩序超越坚持单一性或多样性的非此即彼二分法,它虽然承认万物之间以"真心"为枢轴而形成的联系,但并不将特定的价值预设作为"齐物"之前提。在这一视野下,章太炎认为"兼爱酷于仁义,仁义憯于法律"。④ 他并非否定"仁义"和"兼爱"本身,而是揭示某些政治力量用"兼爱"和"仁义"来掩盖不平等的支配与被支配关系,甚至将此作为大兴杀伐的理由,并使人眩于这样被扭曲的名实关系而不自知,进一步将这样的支配与被支配关系合理化,使被支配者内心丧失质疑、批判、反抗这种支配关系的意愿。

在章太炎看来,齐物哲学具有很强的现实意义:

> 原夫《齐物》之用,将以内存寂照,外利有情,世情不齐,文野异尚,亦各安其贯利,无所慕往。飨海鸟以大牢,乐斥鷃以

---

① 汪晖:《代表性的断裂——再问"什么的平等"?》,载《短20世纪:中国革命与政治的逻辑》,香港:牛津大学出版社,2015年,第419—426页。
② 章太炎:《齐物论释》,载《章太炎全集》第6册,第14页。
③ 章太炎:《齐物论释》,载《章太炎全集》第6册,第66页。
④ 章太炎:《齐物论释》,载《章太炎全集》第6册,第5页。

钟鼓,适令颠连取毙,斯亦众情之所恒知。然志存兼并者,外辞蚕食之名,而方寄言高义,若云使彼野人,获与文化,斯则文野不齐之见,为桀跖之嚆矢明矣……今之伐国取邑者,所在皆是……向令《齐物》一篇,方行海表,纵无减于攻战,舆人之所不与,必不得藉为口实以收淫名,明矣。①

在这里,章太炎指出文野之别与近代列强殖民扩张之间的关系。其中他特别强调这样的"文明等级论"话语会造成"外辞蚕食之名,而方寄言高义"的假象,让那些被定义为"野蛮"的国家与地区民众认为列强的殖民扩张是让他们"获与文化"。这一观察深具洞见。"文野之见,尤不易除,夫灭国者,假是为名。"②"杀人放火金腰带,修桥补路无尸骸。"纵观中国近代思想史,除了一些坚守中国传统价值的士人与信仰马克思列宁主义的革命家,作为典型的西方列强意识形态话语的"文明等级论"对于近代士人与知识分子有着比较明显的影响。其主要特征在于,不少人在西方列强的坚船利炮面前,开始服膺"文明等级论"所描绘的世界图景,视西洋为"文明",视中国为"半文明"或"野蛮",认为近代中国的主要奋斗目标之一就是按照列强所设定的"文明标准",不断地进行自我批判与自我改变,并发自内心地渴望得到那些"文明国家"的承认。他们认为中国应该彻底"融入"由那些所谓"文明国家"主导的世界体系之中,相信这是让中国实现现代化的唯一路径。甚至在国家主权问题上,秉持此一立场的人士经常宣扬列强来华并非在侵犯中国

---

① 章太炎:《齐物论释》,载《章太炎全集》第6册,第46、47页。
② 章太炎:《齐物论释》,载《章太炎全集》第6册,第47页。

主权,只是想做生意罢了。在这样的商业活动里,中国也能分取一些利益。而随着如此这般的中外交往日渐频繁,中国就能慢慢地走向"文明"。他们的知识结构、所属阶层、社会关系、利益取向,决定了他们很难有机会意识到除了遵循"文明等级论"式的发展道路,人类还可以探索更为丰富的实现现代化的方式。所以他们经常认为帝国主义是一个虚幻的概念。相似的,他们也不相信中国能够通过独立自主的发展来实现富强,因为一个没有西方"文明国家"主导的世界秩序是他们所不能想象,也不敢想象的。在这个意义上,章太炎在清末从哲学层面展开的这些批判性思考,不但在当时远远高出同辈一筹,就算放到中国近代史上看,也显得弥足珍贵。当然,某种程度上也属空谷足音。

七、余论:难以走出的"旧世界"想象

如果说章太炎的思考代表了晚清知识分子批判帝国主义及其意识形态话语的最高水准,那么梁启超及其同好大概就是将与帝国主义相关的政治概念滥用于历史论著中的典型代表。比如梁启超本人就写了一篇《中国殖民八大伟人传》。他将明代以降移民东南亚的华侨视为中国的"殖民者",主张应表彰他们的事迹。梁启超向往着"自今以往吾国若犹有能扩张其帝国主义以对外之一日",认为"列强殖民,莫不以政府之力直接间接奖励之",这一点值

得中国借鉴。① 此外,他将汉代的张骞与班超也描述成类似近代西方殖民者的形象,感慨:"今日五大洲无复可以容我民族膨胀之余地,其然耶?岂其然耶?勿征诸远,即张、班二杰所留纪念之一大地,犹足以当欧洲一强国而有余也。"之所以这样看待古人,是因为在梁启超眼里,"夫以文明国而统治野蛮国之土地,此天演上应享之权利也,以文明国而开通野蛮国之人民,又伦理上应尽之责任也。中国以文明鼻祖闻于天下,而数千年来怀抱此思想者,仅有一二人,是中国之辱也"。②

相似的,蒋智由也认为殖民扩张是人类历史的发展趋势,中国亦不能自外于此。他说:

> 夫使我人种而果能于殖民之处发达文化而建新国,则直于中国外,可得无数之新中国,而全地球将为我人种之所占尽。此固非虚言也。不然万物竞争,劣弱者退,他人种之适于殖民者出,而我人种将遂为其所挤,至欲保其今日所有之地、残留其根柢而不可得,其危险为何如焉。夫进则全地球尽为我中国人所有,而退则全地球至无我中国人,两者间之祸福相去悬殊,而将不得不择而处其一也。③

---

① 梁启超:《中国殖民八大伟人传》,载吴松等点校:《饮冰室文集点校》第4集,第2058页。
② 梁启超:《张博望、班定远合传》,载吴松等点校:《饮冰室文集点校》第4集,第2031、2021页。
③ 蒋智由:《我殖民地之不发生文化何欤》,载王敏红等编注:《蒋智由全集》,杭州:浙江大学出版社,2021年,第618页。

很明显,虽然在对世界形势的分析上,梁启超与蒋智由比洋务运动时期的官绅要深刻、细致得多,并且也抓住了19世纪西方列强进行海外殖民扩张的行动逻辑,但由于知识结构上的原因,他们其实比较缺乏一种反思、批判19世纪由列强主导的世界体系的视野,更不会通过分析全球政治力量的变化来寻找替代这一体系的可能性,而将这样的体系视为历史发展的必然,强调中国要想摆脱第一次鸦片战争以来的困境,需要重走一遍近代西方列强走过的路。所以他们或是感慨中国古代为何没有类似西方近代史上的殖民活动,或是担忧未来世界各地都被西方列强(包括日本)瓜分完毕了,留给中国的外溢空间所剩无几。

在梁启超颇为重视的"新史学"中也能看到类似的毛病。他一面强调历史研究中要注意"人种"问题,一面却声称纵观人类历史,"五色人相比较,白人最优,以白人相比较,条顿人最优;以条顿人相比较,盎格鲁-撒克逊人最优,此非吾趋势利之言也"。[1]

他似乎未料及,这样的历史观其实深受19世纪维多利亚时代的英国所刻意构建、广为宣传的政治意识形态之影响。19世纪末的英国盛行所谓盎格鲁-撒克逊种族具有"特殊天分"的理论。其要义在于将生物学领域的进化论照搬至政治与经济领域,暗示英国人比其他民族的人更适合在世界上生存并壮大。他们不断称赞英帝国统治着广袤的区域,并在物质与科学领域不断进步,强调此乃彰显盎格鲁-撒克逊种族举世无双之明证。而为了在国民教育中凸显这一点,英国的统治阶级与意识形态家们充分利用各种意

---

[1] 梁启超:《新民说》,台北:文景书局,2011年,第11页。

识形态机器,在文学、教育、媒体等领域广泛宣传所谓"盎格鲁-撒克逊人格",声称这一人格特征是由爱国主义、强健身体、自制力、无私、勇敢等品质构成的。一时间,英国中产阶级多认为他们及其子弟天生就应是世界的统治者,担负着让"落后民族"臻于"文明"的重任。甚至在英国社会结构里处于被剥削地位的工人阶级,也被英国的统治阶级描绘成"对于属于一个伟大的国家而感到自豪"。他们似乎忘记了自己正受到本国统治阶级的剥削,却由衷希望英国继续维持其伟大的地位。①

与梁启超活跃于同一时期,并于19世纪末在英国生活过的日本社会主义者片山潜就一针见血地指出:"当时的英国政界在世界上是有势力的,而且,英国的社会也正是资本主义全盛时期,劳动问题和社会问题都不是很突出,大体上说仅止于社会改良的程度,社会上弥漫着资本主义社会能永久持续下去的信念。"受其影响,"伦敦的工人及一般老百姓在国内时,就像猫一样柔顺,服从阶级制度,很温和也很有礼貌。但是,当他们一朝到了国外,无不变得粗暴凶狠。他们仗着国威撒野欺人,这也是英国的工人阶级依旧摆脱不了帝国主义恶习的一个原因。他们自以为正沐浴着帝国主义的恩泽"。② 而这些现象,似乎并未被梁启超熟知。

就此而言,梁启超大概怎么也没料到20世纪历史进程的主流并非"民族帝国主义"国家之间的"大国对抗",而是轰轰烈烈的殖

---

① [英]劳伦斯·詹姆斯:《大英帝国的崛起与衰落》,张子悦等译,北京:中国友谊出版公司,2018年,第210、218—219页。
② [日]片山潜:《片山潜自传:一个践行者的足迹》,郭勇译,上海:上海人民出版社,2022年,第187页。

民地与半殖民地的民族解放运动,以及社会主义运动在世界范围内产生的巨大影响。与之相关,真正让中国摆脱近代以来困境的,既非梁启超所设想的"开明专制"与国家主义,也非后来南京国民政府所奉行的积极融入由美国主导的世界体系之中的做法,而是对内反封建、争民主,对外反帝国主义的新民主主义革命。中国问题的真正解决离不开对于世界体系的重新探索。中国革命的意义也绝非仅让中国走出危局,而是具有全球影响的政治变革,是20世纪重塑世界体系的重要环节。中国的新民主主义革命促生了中国马克思主义史学。它不再把沾染极强殖民主义与帝国主义色彩的人种学作为研究历史的主要框架,也不再"反历史"地把某种抽象的"民族精神"视为历史发展的动力,用"民族精神"来掩盖历史与现实中的各种社会矛盾,而是基于政治经济学的阶级分析,探讨一定历史时期的生产力与生产关系,强调历史研究的重要任务是揭示历史进程中的各种支配与被支配、剥削与被剥削关系,通过研究历史,思考如何能让广大的工人与农民获得名副其实的政治与经济权利。相比于此,梁启超的"新史学",以及其背后的意识形态话语,其实也只是那个奉行社会达尔文主义与殖民扩张活动的"旧世界"——19世纪以降的世界体系内的产物。

兜兜转转,世运变迁,在梁启超于清末撰文醒世的20多年后,1927年南京国民政府成立。就在这一年,鲁迅几次途经香港。他观察到,当时的香港虽被英国殖民,英国帝国主义者在政治、经济与文化上支配着香港,可是儒学在香港却颇为吃香,香港中文报纸上英国殖民政府各职能部门的名称也是古色古香。更有甚者,殖民政府的官员竟然鼓吹以儒家为代表的"国粹"的重要性,号召在香港的中国人要重视"旧道德"。当初在清末,革命党人用来宣传革命思想的杂志,在港督金文泰口中也成了记载中国旧学的重要刊物。① 与此同时,那些为港英殖民政府服务的中国人,却仗着自己与殖民者关系更近的"优势",高高在上地对本国同胞吆三喝四,全然看不出儒家的"夷夏之辨"或民胞物与思想在他们身上有何体现。鲁迅不禁感慨:

> 香港虽只一岛,却活画着中国许多地方现在和将来的小照:中央几位洋主子,手下是若干颂德的"高等华人"和一伙作伥的奴气同胞。此外即全是默默吃苦的"土人",能耐的死在洋场上,耐不住的逃入深山中,苗瑶是我们的前辈。②

通过这样的描述,鲁迅提醒人们注意,在现实的政治与社会结构中,英国殖民者绝不会允许中国人与之平起平坐,但为了更好地统治当地民众,他们会有意提拔一些希望通过得到他们赏识而在同胞面前拥有某种特权的中国人,让后者感觉到有通过为殖民者服务成为"文明人"的希望。

在这样的情形下,中国其实是一个充满负面含义的符号,与英国殖民者同好恶才是高贵而文明的表现。但另一方面,英国殖民者却时常发表些许称赞中国文化的话,告诉中国民众应遵循由儒家思想形塑的"旧道德"。这样做看似是在尊重中国传统,其实是

---

① 鲁迅:《略谈香港》,载《鲁迅全集》第 3 卷,北京:人民文学出版社,1981 年,第 427—433 页。
② 鲁迅:《再谈香港》,载《鲁迅全集》第 3 卷,第 535—541 页。

利用了中国传统当中比较负面且落后的一面,使之成为让中国民众更为服帖的工具。换言之,英国殖民者越是想彰显西方文明的优越性,就越需要中国传统来做陪衬,因为优越的西方文明只配被英国殖民者及其少数中国附庸享有,而大多数居于被统治地位的中国民众只需继续尊奉儒家思想,将过去对皇帝的服从转变为对英国殖民者的服从。当然,由于中国传统典籍在当时仅能被少数文化精英熟读,所以这样的文化政策也很容易获得他们的支持,因为这能继续让他们保持对广大普通中国民众的优越感。

在鲁迅看来,1927年的香港"活画着中国许多地方现在和将来的小照"。从南京国民政府成立之后汲汲于融入美国主导的世界秩序,并在对日交涉过程中不断退让来看,鲁迅所言未必是在危言耸听。政治经济上的依附倾向必然带来文化上的依附。1930年初,鲁迅向读者介绍去年一位美国电影明星来中国推销其作品,上海的电影团体发现该影星推销的电影内容上有对中国历史不敬之处,并且该明星来华时态度颇为高傲,于是就写了一封公开信给该影星,称其为"大艺术家",自陈中国民众对他非常欢迎,礼节上毫无怠慢,并向他介绍中国传统道德如何优秀,希望他能多向世界宣传中国文化云云。对此,鲁迅指出:

> 这正是被压服的古国人民的精神,尤其是在租界上。因为被压服了,所以自视无力,只好托人向世界去宣传,而不免有些谄;但又因为自以为是"经过四千余年历史文化训练"的,还可以托人向世界去宣传,所以仍然有些骄。骄和谄相纠结

的,是没落的古国人民的精神的特色。①

在这里,鲁迅揭示了当时一批文化人的心态:他们很热衷于强调中国传统如何有价值、中国历史如何充满着荣光,但是极力希望这些内容能被在政治与经济上处于支配地位的西洋诸国承认。在他们看来,得到这样的承认某种程度上比本国人士自己说出这些内容更有分量。这里面暗含的逻辑就是,现实里的中国是很孱弱的,在强大的帝国主义国家面前,这种孱弱的地位是难以改变的,中国的历史与文化更不能为改变中国如此这般的现状提供帮助。但作为一种文化符号,它却可以有机会得到"强者"的认可。这就让中国虽然实际上很孱弱,但看上去似乎又不那么孱弱了。实际操控中国政治与经济的外部力量称赞中国的历史文化,这是一件值得骄傲的事情。文化上的依附固然时常以依附者主动效仿被依附者的文化符号的方式表现出来,但更深层次也更为牢固的依附状态,是依附者将自己文化符号献给被依附者,希望得到后者的垂怜。由于被依附者的文化是更高贵的,因此依附者难以真正效仿。不过退而求其次,敝帚自珍,呈送品鉴,这样就让自己看上去比其他依附者更被重视。

正如相关研究所指出的,虽然南京国民政府在外交上乏善可陈,但国民党常以民族主义为号召向国内进行宣传,同时希图用民族主义来消解三民主义里的另外两个"民"——民生主义与民权主义。具体到文学领域,为了对抗影响越来越广泛的左翼文学,国民

---

① 鲁迅:《现代电影与有产阶级》,载《鲁迅全集》第4卷,第412页。

党政权炮制出民族主义文学的口号,并创作相关作品。① 1931 年,鲁迅注意到当时的一部所谓民族主义文学的作品,写的是不久前国民党新军阀之间的中原大战。其中,作者在描述军阀混战的场景时,将其比拟成法国殖民者在北非沙漠与当地反抗者之间的战斗,认为前者与后者一样惨烈而壮观。针对这样的描写,鲁迅评价道:

> 原来中国军阀的混战,从"青年军人",从"民族主义文学者"看来,是并非驱同国人民互相残杀,却是外国人在打别一外国人,两个国度,两个民族,在战地上一到夜里,自己就飘飘然觉得皮色变白,鼻梁加高,成为腊丁(拉丁)民族的战士,站在野蛮的菲洲(非洲)了。那就无怪乎看得周围的老百姓都是敌人,要一个一个的打死。法国人对于菲洲的阿剌伯(阿拉伯)人,就民族主义而论,原是不必爱惜的。仅仅这一节,大一点,则说明了中国军阀为什么做了帝国主义的爪牙,来毒害屠杀中国的人民,那是因为他们自己以为是"法国的客军"的缘故;小一点,就说明中国的"民族主义文学家"根本上只同外国主子休戚相关,为什么倒称"民族主义"来朦(蒙)混读者,那是因为他们自己觉得有时好像腊丁民族,条顿民族了的缘故。②

---

① 关于国民党政权的文学实践,参见倪伟:《民族想象与国家统制:1928—1949 年国民党的文艺政策及文学运动》,台北:人间出版社,2011 年。
② 鲁迅:《"民族主义文学"的任务和运命》,载《鲁迅全集》第 4 卷,北京:人民文学出版社,1981 年,第 313—314 页。

从世界近代史的进程来看,非西方世界的民族主义思潮固然有这样或那样的缺点,但从民族解放运动的角度来看,它还是有一定进步意义的,因为它能促使当地具有革命意识的各阶层民众团结起来抵御外侮。但在鲁迅笔下,国民党民族主义文学所透露的却是秉持民族主义的群体似乎并不将本国大多数民众视为同胞,而是把自己类比为统治殖民地的外来殖民者,把军阀之间"撒向人间都是怨"的内战看成殖民者与殖民地反抗者之间的战争。这就表明,国民党的民族主义本质上是一种用来区分统治阶层与被统治阶层的权贵民族主义,它的民族主义精英对标的对象是征服殖民地的西方帝国主义者。他们之间才是有共性的,是可以相互比拟的。这样的民族主义表面上强调要保障本国地位,实际上却高度依附于西方列强。其具体实践就是一群在文化品位上认同西方文明的本国统治阶级,以高度精英化的民族主义为号召,驱使着本国大多数一穷二白的民众。这正如今天的研究揭示的那样:"1927年以后的南京政府,无疑是中国近代最亲英美、西方化色彩的政府,但它又仍然是封建性浓厚的军阀与官僚的联合专政。"[1]这样的意识形态及其实践所极力规避的自然就是对整个社会结构进行改造与重建,特别是推翻先前的支配与被支配关系。

就此而言,纵观历史与现实,深受"旧世界"影响并一直走不出来的,又岂止梁任公一人?

---

[1] 章开沅、罗福惠主编:《比较中的审视:中国早期现代化研究》,杭州:浙江人民出版社,1993年,第770页。

"灭国新法"与近代中国知识分子对世界形势的思考

近代中国遭遇亘古未见之变局。在此背景下,为了思考振衰起微之道,中国知识分子不断尝试运用各种新学说与新概念来重新审视中国的历史与现实、更为全面地认识中国所面临的外部环境,尤其是近代以来世界政治、经济、外交与军事状况。近代各种新知在中国的传播,很大程度上都与如此这般的时代氛围息息相关。如果将启蒙视为一种不断汲取新知,不断思考人的主体意识与现代的国家形态、探索理想世界秩序的持续过程,那么在近代中国,这样的启蒙恰恰离不开时人强烈的救亡图存意识。①

---

① 今天一些论者经常强调近代中国有"救亡压倒启蒙"之倾向。但在李泽厚先生的那篇著名文章里,他一开头恰恰谈的是"启蒙与救亡的相互促进",即"启蒙的目标,文化的改造,传统的扬弃,仍是为了国家、民族,仍是为了改变中国的政局与社会面貌。它仍然没有脱离中国士大夫'以天下为己任'的固有传统,也没有脱离中国近代反抗外侮、追求富强的救亡主线"。参见李泽厚:《启蒙与救亡的双重变奏》,载《中国现代思想史论》,台北:三民书局,1996 年,第 7 页。离开这样的历史逻辑,很可能难以重建历史演进的整体样貌。

辛亥革命前十年间的思想变迁就颇为典型地体现出这一特征。戊戌变法失败后，越来越多的中国士人与留学生东渡日本，或是从事政治活动，或是进入各类学校。在那里，他们广泛地阅览经由明治时代日本学者译介的近代西方社会科学与历史学论著，对19世纪以来资本主义国家的政治、经济、外交、军事，以及启蒙运动以降的不同种类政治学说有了相较洋务运动时期追求新学之士更为完整且深入的了解。这在他们对晚近世界形势的介绍与分析上体现得尤为明显。所谓"世界形势"，在晚清的语境里，主要指的自然是列强对中国的侵略与瓜分活动的动因和方式，因为这与中国的前途和命运息息相关。正是在不断剖析中国所面临的十分险峻的外部环境过程中，时人开始反思中国传统政治与社会制度的各种弊病，并向国人介绍近代政治思想，尤其是近代民族主义、民主主义、社会主义（包括无政府主义）与国民思想，希望用这些思想来变革中国的政治、经济与社会。

既然彼时中国知识分子是在审视中国所面临的外部环境之基础上来思考中国内部变革之道的，那么要想更为全面地理解辛亥革命前十年间的思想氛围与总体趋势，包括其影响，就需要详细考察那一时期中国知识分子经常用来分析世界形势的学说与概念。其中，由梁启超阐述并传播的"灭国新法"成为晚清知识分子剖析世界形势时常用的概念。而这一概念本身，以及它所描述的内容、总结的要点，在辛亥革命之后的中国舆论场中依然时常出现。可以说，用"灭国新法"来分析世界形势贯穿着20世纪上半叶的中国历史进程。就此而言，理解"灭国新法"的本旨与传播，对于理解近代中国知识分子如何"开眼看世界"极有裨益。①

一、梁启超阐述"灭国新法"

在发表于1901年12月的《清议报》祝辞里,梁启超说他之所以要创办这份报纸,目的之一就是"厉国耻",即"务使吾国民知我国在世界上之位置,知东西列强待我国之政策。鉴观既往,熟察现在,以图将来。内其国而外诸邦,一以天演学物竞天择、优胜劣败之公例,疾呼而棒喝之,以冀同胞之一悟"。②所谓"内其国而外诸邦",就是向中国人介绍近代民族国家之特征,让国人意识到近代列强皆为国力强盛的民族国家。在此情形下,中国要想救亡图存,必须培养起近代国民意识,集全体国民之力来建设强大的民族国家。③因此,梁启超自言他撰写相关文章,"述近世政学大原,养吾人国家思想"。④而在"陈宇内之大势,唤东方之顽梦"方面,他以

---

① 笔者曾从近代中国帝国主义理论流变史的角度,分析"灭国新法"如何促使帝国主义问题在近代中国的传播。此外,笔者也曾详细分析梁启超对于"灭国新法"的阐述。参见王锐:《"帝国主义"问题与20世纪中国革命的世界视野》,《社会科学》2022年第7期。王锐:《"灭国新法":清末梁启超对世界大势的剖析》,《人文杂志》2023年第1期。
② 梁启超:《〈清议报〉一百册祝辞并论报馆之责任及本馆之经历》,载吴松等点校:《饮冰室文集点校》第2集,昆明:云南教育出版社,2001年,第755页。
③ [美]张灏:《梁启超与中国思想的过渡(1890—1907)》,崔志海、葛夫平译,北京:新星出版社,2006年,第105—114页。
④ 梁启超:《〈清议报〉一百册祝辞并论报馆之责任及本馆之经历》,载吴松等点校:《饮冰室文集点校》第2集,第755页。

《灭国新法论》为代表。[1]

"灭国新法"一词乃梁启超所创。在撰写《灭国新法论》等以分析世界形势为主题的文章之时,梁启超已经阅读了不少世界近代史方面的著作,[2]以及近代日本国家主义者——如浮田和民、加藤弘之等人的论著。这些论著虽然鼓吹日本应效法欧美列强,集聚国力进行殖民扩张,并声称此举符合社会达尔文主义,但在强调这些政治主张时,往往伴随着对于19世纪以降世界形势的分析。在他们笔下,19世纪是民族主义变为"民族帝国主义"的时代,欧美列强的对外侵略扩张活动往往得到该国绝大多数民众的支持,其外交政策也绝非仅为扩充地盘,而是有着输出商品与资本、占据原料获取地等"经济理由"。而这些行为更非仅为一二统治者的野心所致,它体现着优胜劣汰、适者生存的社会达尔文主义之铁律。

正是基于对浮田和民等人论著的熟悉,梁启超开始更为全面地分析晚近的世界形势。[3] 1901年7月至8月,他在《清议报》上发表《灭国新法论》。在文章开头,梁启超根据社会达尔文主义,指出:"灭国者,天演之公例也。凡人之在世间,必争自存,争自存则有优劣,有优劣则有胜败。劣而败者,其权利必为优而胜者所吞

---

[1] 梁启超:《〈清议报〉一百册祝辞并论报馆之责任及本馆之经历》,载吴松等点校:《饮冰室文集点校》第2集,第755页。

[2] 在发表于1902年的《东籍月旦》里,梁启超就说:"著最近世史者,往往专叙其民族争竞变迁,政策之烦扰错杂。"同时列举了多种日本学者翻译或编撰的世界近代史著作。参见梁启超:《东籍月旦》,载吴松等点校:《饮冰室文集点校》第3集,第1381—1382页。

[3] 郑匡民:《梁启超启蒙思想的东学背景》,成都:四川人民出版社,2020年,第234—259页。

并,是即灭国之理也。"随着社会的进化,"灭国之有新法也,亦由进化之公例使然也"。① 这些观点,既是梁启超本人当时分析政治问题时的哲学基础,又是在晚清思想界普遍流行的思想主张。而梁启超的这篇文章之所以能在晚清民国引起广泛影响,也离不开社会达尔文主义,以及根据此逻辑而呈现出的国际政治图景在近代中国的传播。

早在1896年,梁启超就曾谈及灭国问题。不过那时他却认为:"西人之始来也,非必欲得地也,灭国也,通商而已。"②不过随着他深入观察国际政治以及对近代政治学有了更为全面的认识,梁启超逐渐发现灭国问题并非那么简单:"昔之灭国者如虎狼,今之灭国者如狐狸;或以通商灭之,或以放债灭之,或以代练兵灭之,或以设顾问灭之,或以通道路灭之,或以煽党争灭之,或以平内乱灭之,或以助革命灭之。"③换言之,所谓灭国之"新法",即指不再单纯通过争城掠地、大肆杀戮的方式来灭掉一个国家,而是充分运用各种手段,尤其是在资本主义生产方式与生产关系日渐普及全球的背景下出现的新手段来消灭或支配一个国家。

值得注意的是,梁启超并未仅从抽象的层面谈论这一话题,他以那些与第一次鸦片战争以来的中国命运相似的国家和地区——埃及、波兰、印度、布尔、菲律宾为例,分析后者如何遭受西方列强蚕食与吞并。关于埃及,梁启超强调彼处统治者醉心于向西方列

---

① 梁启超:《灭国新法论》,载吴松等点校:《饮冰室文集点校》第2集,第723页。
② 梁启超:《〈适可斋记言记行〉序》,载吴松等点校:《饮冰室文集点校》第1集,第130页。
③ 梁启超:《灭国新法论》,载吴松等点校:《饮冰室文集点校》第2集,第723页。

强借外债,但却忽视了后者通过借债与派遣经济顾问的方式来控制埃及财政、金融与关税机构的企图,导致埃及的经济主权日渐丧失,最终让西方国家在埃及拥有广泛的治外法权,各国领事馆成为埃及各地的"太上政府"。关于波兰,梁启超认为其国内政治高度分裂,于是沙皇俄国利用这一局面,煽动波兰的政争。随后,沙皇俄国让自己庇护的政治派别不得不应允一系列损害波兰主权的事项,同时镇压波兰民众抵御外侮的活动,最终导致由沙皇俄国主导,普鲁士与奥地利等国参与其中的瓜分波兰事件。关于印度,梁启超叙述英国依靠东印度公司开辟殖民地,掌控印度各邦,随后利用印度各邦之间的矛盾,分而治之,使其彼此仇恨、自相残杀,英国人坐收渔翁之利。梁氏感慨面对英国的殖民企图,印度统治阶级非但不思团结,反而互相争斗。关于布尔,梁启超着重分析英国殖民者觊觎当地丰富的矿产资源,借修筑铁路与开采矿藏来逐渐蚕食其领地,进而提出分享参政权的要求。虽然布尔与中国远隔万里,但梁启超仍颇为沉痛地指出:"世有以授开矿权、铁路权及租界自治权于外国人为无伤大体者乎?吾愿与之一读波亚(按:即布尔)之战史也。"最后,关于菲律宾,梁启超指出其为了抵抗西班牙殖民者,轻信美国人的说辞,天真地认为美国是"文明侠义"之国,为了帮助菲律宾独立而来到东亚,于是引虎拒狼,让菲律宾沦为美国殖民地。梁启超借此强调,美国的外交政策与欧洲列强在本质上无甚区别,其门罗主义话语早已被殖民扩张企图替代。菲律宾试图借外力来实现政治独立,实为自毁长城之举。①

---

① 梁启超:《灭国新法论》,载吴松等点校:《饮冰室文集点校》第 2 集,第 723—727 页。

梁启超用简明扼要的方式,让中国人的世界视野不再局限于欧美日等国力强盛之邦,关注到那些与此刻的中国面临相似危局的国家与地区,使国人通过了解后者的灭国史,对近代西方列强的殖民扩张手段——通过金融、教育、派遣顾问等非武力方式来控制、支配非西方国家有更为全面的认识。后来各种以"亡国史"为题材的论著在清末颇为流行,极有可能就是受到梁启超这篇文章的影响。① 而对于身处内地、见闻有限的人士来说,看到这些残酷而冷峻的晚近世界历史,无疑具有深刻的政治启蒙意义。

此外,梁启超在描述列强之"灭国新法"时,已经触及19世纪下半叶对国际政治影响深远的帝国主义问题。在与《灭国新法论》发表于同一时期的《论民族竞争之大势》等文章里,梁启超借用浮田和民等人的观点,认为当时世界政治的趋势是由民族主义的流行变为"民族帝国主义"的兴起。"民族帝国主义"的特征,一是强调通过宣传与教育手段动员各国民众主动支持国家的对外扩张活动,使帝国主义成为一项"全民事业";二是凸显国与国之间的竞争和吞并不仅要在军事上决出胜负,而且要将战火延伸至经济、贸易与金融领域,"经济理由"成为帝国主义活动的重要动力;② 在政治与经济形态上,则表现为国家主义替代民主政治,垄断资本力量越来越强,并开始主导所在国的内外政策。更为重要的是,在列强不断积聚内部力量来进行殖民扩张、武力杀伐、经济侵略,将世界其余地区划入自己势力范围之际,中国要么先努力建设成具有现代

---

① 俞旦初:《中国近代爱国主义的"亡国史鉴"初考》,《世界历史》1984年第1期。
② 梁启超:《论民族竞争之大势》,载吴松等点校:《饮冰室文集点校》第2集,第787—802页。

特征的民族国家,再效法列强之所为,要么难逃亡国灭种之命运,舍此别无他途。总之,通过梁启超的阐述,"灭国新法"很大程度上成为帝国主义活动的代名词。人们在谈论到帝国主义问题时,很容易想起梁启超所描述的列强之"灭国新法"。

启蒙运动以来,"文明等级论"成为西方国家(包括明治维新之后的日本)用来彰显自己进步与强大,论证自己政治行为正当性的主要话语。它声称"文明国家"理应成为那些"半文明"或"不文明"国家和地区的效仿对象。而梁启超通过介绍印度、波兰、布尔等国家和地区遭受殖民与侵略的过程,揭示被近代文明论话语遮蔽的真实政治逻辑:

> 以上所列,略举数国,数之不遍,语之不详。虽然,近二百年来,所谓优胜人种者,其灭国之手段,略见一斑矣。莽莽五洲,被灭之国,大小无虑百数十,大率皆入此彀中,往而不返者也。由是观之,安睹所谓文明者耶?安睹所谓公法者耶?安睹所谓爱人如己、视敌如友者耶?西哲有言:"两平等者相遇,无所谓权力,道理即权力也;两不平等者相遇,无所谓道理,权力即道理也。"彼欧洲诸国与欧洲诸国相遇也,恒以道理为权力;其与欧洲以外诸国相遇也,恒以权力为道理。此乃天演所必至,物竞所固然,夫何怪焉!夫何怼焉!①

---

① 梁启超:《灭国新法论》,载吴松等点校:《饮冰室文集点校》第2集,第727页。

毋庸多言,近代国际法秩序建立在文明论话语之上。① 其实在梁启超之前,已有不少有过洋务经历的士人对西方列强所宣扬的公法、文明等说辞深表质疑,指出列强在对待中国之时,从不按照这些说辞来行事,而是以实力为依托。而梁启超在这里所指出的欧洲诸国与欧洲诸国相遇则讲"道理",和中国相遇则不顾"道理",实则洞察到了像国际法之类的"道理"的本质,即它在当时只适用于符合"文明标准"的基督教国家。那些不信教的国家和地区,在国际法的视域里多被视为"半文明"或"不文明",西方列强有充足的理由对这些地区进行殖民活动。进一步而言,这些地区要想获得国际法的承认,只能按照西方列强所设定的标准来自我改变。但关键在于,游戏规则的制定者往往也是游戏的参与者,这就让像中国那样的"半文明"国家,长期处于仿佛有机会成为"文明"国家一员,却又总是离"文明标准"还差一步的境遇。②

梁启超分析"灭国新法",最终落脚点还是放在审视中国所面临的险峻环境。中日甲午战争失败后,清廷为了支付巨额赔款,向列强大举借债。与此同时,为了进一步控制中国利源与财源,后者纷纷觊觎中国的财政主权与铁路修筑权,希图借由铺设铁路来巩固自己的势力范围。而在庚子事变后,列强的这些举措变本加厉,

---

① [澳]布雷特·鲍登:《文明的帝国:帝国观念的演化》,杜富祥等译,北京:社会科学文献出版社,2020年,第127—158页。赖骏楠:《国际法与晚清中国:文本、事件和政治》,上海:上海人民出版社,2015年,第27—42页。
② 关于这一点,参见王锐:《近代西方"文明等级论"的基本特征与话语实践——兼论其对于中国的影响》,《政治学研究》2021年第5期。

中国有遭受瓜分之险。① 或许是有感于此,梁启超在《灭国新法论》中指出:"中央政府之有外债,是举中央财权以赠他人也;各省团体之有外债,是并举地方财权以赠他人也。吾诚不忍见我京师之户部、内务府,及各省之布政使司、善后局,其大臣长官之位,皆虚左以待碧眼虬髯辈也。"此外,"夫铁路之地,中国之地也,借洋债以作铁路,非以铁路作抵不可"。最终,"凡借款所办之路,其路必至展转归外人之手而后已。路归外人,而路所经地及其附近处,岂复中国所能有耶?"②他特别强调,之所以在文中叙述埃及亡国史,就是想让中国士人引以为鉴,不要使中国重蹈覆辙。③

此外,梁启超在文中提醒国人,当时甚嚣尘上的瓜分中国之论固然可恶,但那种看似对中国友善的"保全中国"之论同样包藏祸心。梁氏指出,"保全中国"论表面上主张维护中国的主权,防止中国被列强瓜分,但实际上,让中国具有表面文章式的主权,更方便列强在中国进行政治与经济侵略。因为这可以降低其统治成本,让其无需亲自下场,大费周章,只需通过操控中国各级政府与大小官吏,便可实现自己的意图。此即"使用本国政府之力,间接而治我民"。其结果,"政府者,外国之奴隶,而人民之主人也。主人既见奴于人,而主人之奴,更何有焉?"④更有甚者,梁启超认为,与"保全中国"相关的是"门户开放"政策。其本质在于"吾中国无治

---

① 相关史事,参见丁明楠等著:《帝国主义侵华史》第2卷,北京:人民出版社,1986年,第3—153页。
② 梁启超:《灭国新法论》,载吴松等点校:《饮冰室文集点校》第2集,第728、729页。
③ 梁启超:《灭国新法论》,载吴松等点校:《饮冰室文集点校》第2集,第728、729页。
④ 梁启超:《灭国新法论》,载吴松等点校:《饮冰室文集点校》第2集,第731页。

外法权,凡西人商力所及之地,即为其国力所及之地"。长此以往,"举全国而为通商口岸,即举国而为殖民地"。① 如此一来,虽然中国拥有形式上的主权,但交通、警务、财政都逐渐落入外人之手,致使"吾民之欲谋衣食者,愈不得不仰鼻息于彼族"。② 甚至教育也会被外人控制,彼辈通过掌握教育领域的话语权,让中国人形成以受到外人宠幸为荣的心态。梁启超将此称其为"奴隶之奴隶教育"。总之,在梁氏看来,所谓"保全中国"之论,"实乃使其鱼烂而自亡"。③

《灭国新法论》除了发表在《清议报》上,还有其他的传播途径。1902年,梁启超将发表于《清议报》的《论民族竞争之大势》更名为《现今世界大势论》,交由康梁一派经营的广智书局出版。④ 梁启超将全文分成几个小节,分别加上"英国之帝国主义""德国之帝国主义""俄国之帝国主义""美国之帝国主义""殖民政略""铁路政略""传教政略""工商政略"这些标题,让帝国主义问题显得更为醒目。⑤ 此外,梁启超将《灭国新法论》作为附录收入书中。这进一步表明,在他看来,"灭国新法"与帝国主义问题紧密相连。而随着这本书的流传,"灭国新法"这一概念自然也会受到越来越多的人注意。在1904年发表于《新民丛报》上的《朝鲜亡国史略》里,梁

---

① 梁启超:《灭国新法论》,载吴松等点校:《饮冰室文集点校》第2集,第731页。
② 梁启超:《灭国新法论》,载吴松等点校:《饮冰室文集点校》第2集,第732页。
③ 梁启超:《灭国新法论》,载吴松等点校:《饮冰室文集点校》第2集,第732页。
④ 在这一年,广智书局出版了数种以"大势论"为主题的著作,比如[日]地六三郎著,赵必振译的《东亚将来大势论》,[日]林繁著,汪国屏译的《扬子江流域现势论》等。参见吴宇浩:《广智书局研究》,复旦大学历史系博士论文,2011年,第53—54页。
⑤ 梁启超:《现今世界大势论》,上海:广智书局,1902年。

启超再次提及《灭国新法论》：

> 吾于三年前曾著《灭国新法论》一篇,于近百年来已墟之社,凭吊陈迹,而追想其驯致之由,未尝不汗浃背而涕交颐也。今朝鲜又弱一个矣。①

可见,梁启超是把"灭国新法"视为一个具有广泛解释力的概念,即可以用来审视与剖析那些非西方国家和地区如何遭受东西列强的蚕食、支配与侵略。

二、晚清知识分子对"灭国新法"的借鉴与运用

戊戌变法后,一批东渡日本的中国士人受到明治时代日本文化的影响,开始效仿彼邦人士创办各类报刊,通过报刊这种新式传媒向国人鼓吹政见、介绍新知。1900年以后,国内也出现了大量报刊,将那些经由留日人士撰写与译介的新名词、新观点、新事物用更为接地气的方式在当地进行更为广泛的传播。新式报刊纷纷涌现,极大改变了中国读书人的阅读习惯、思考习惯与写作习惯,使思想的产生与传播有了新的特点,特别是形成了在传统社会里难以比拟的思想动员形式。史家吕思勉在20世纪20年代曾说:"三十年来动撼社会之力,必推杂志为最巨。凡风气将转迤时,必有一

---

① 梁启超:《朝鲜亡国史略》,载吴松等点校:《饮冰室文集点校》第3集,第1738页。

两种杂志为之唱率;而是时变动之方向,即惟此一二种杂志之马首是瞻。"①而梁启超在清末撰写的报刊文章更具有极为深远的影响力。黄遵宪曾对梁启超说后者的论著"惊心动魄,一字千金,人人笔下所无,却为人人意中所有。虽铁石人亦应感动。从古至今文字之力之大,无过于此者也"。②胡适更是认为:"二十多年来的读书人差不多没有不受他(梁启超)的文章的影响。"③具体到《灭国新法论》,任鸿隽就回忆,他青年时在重庆府中学堂读书,"有人翻印梁任公之《灭国新法论》,读之尤令吾感动"。④

在这样的历史背景下,梁启超阐述的"灭国新法"同样被不少努力探索救亡图存之道的中国知识分子关注并借鉴,成为他们论述自己政治主张,特别是分析世界形势时重要组成部分。⑤ 在创刊于1903年、政治立场偏向革命的《湖北学生界》里,就有作者运用"灭国新法"的概念来论述中国面临的危局。⑥ 李书城在刊登于

---

① 吕思勉:《三十年来之出版界》,载《吕思勉全集》第11册,上海:上海古籍出版社,2015年,第335页。
② 丁文江、赵丰田:《梁启超年谱长编》,上海:上海人民出版社,1983年,第274页。
③ 胡适:《五十年来中国之文学》,载欧阳哲生编:《胡适文集》第3册,北京:北京大学出版社,1998年,第217页。
④ 任鸿隽:《五十自述》,载樊洪业等选编:《科学救国之梦——任鸿隽文存》,上海:上海科学教育出版社,2002年,第678页。
⑤ 关于晚清知识界这样的氛围的特征及其原因,参见陶绪:《晚清民族主义思潮》,北京:人民出版社,1995年,第185—194页。
⑥ 《湖北学生界》在清末影响极大。"这个刊物除在武昌、上海和日本横滨分别设立国内外总发行所外,还在湖北、上海、北京、天津、湖南、浙江、江西、四川、江苏、广东、山西和直隶等地设立了三十多个代派处,销路很广,曾经再版发行。"参见陈大可:《湖北学生界(附汉声、旧学)》,载丁守和主编:《辛亥革命时期期刊介绍》第1集,北京:人民出版社,1982年,第240页。

该刊的《学生之竞争》一文里说：

> 不见夫各国工艺竞争之点集于中国乎？机器制造吾且弗论，而开矿山、筑铁路实为灭国之新法。矿权、路权所及之处，即其国权所及之处。盖彼有如织如林之工学生，而我独无也。则不得谓亡国者非学生也。不见夫各国商务竞争之点集于中国乎？以大资本家亡人之国者，英之东印度公司其前鉴矣。今自帝国主义之跃出，商战之烈，远倍于弹烟炮雨。①

在这里，李书城将"灭国新法"与帝国主义并列，用"灭国新法"描述列强通过开矿山、筑铁路来控制一个国家经济命脉的现象。而如此行为属于帝国主义时代列强全球扩张的组成部分。作者强调，这一新的争逐过程，将以越发激烈的"商战"为主要表现形式。可以说，李书城对梁启超相关观点的把握是比较准确的，尤其是凸显了"灭国新法"之"新"。

梁启超晚年认为自己是"思想界之陈涉"。② 如若不论其中的自谦之意，他撰于1900至1903年的不少抨击时局与介绍新知文章确实具有极强的冲击力与破坏力。虽然他自己1903年以后几乎不再谈革命，转而认为"开明专制"才是救中国的良方，但之前的文章已经形成广泛影响，致使后来不少革命党人虽与梁氏在政治立场

---

① 李书城：《学生之竞争》，载张枬、王忍之编：《辛亥革命前十年间时论选集》第1卷上册，北京：生活·读书·新知三联书店，1960年，第455页。
② 梁启超：《清代学术概论》，载朱维铮校注：《梁启超论清学史二种》，上海：复旦大学出版社，1985年，第73页。

上截然相反,却依然运用后者所创造或阐述的新概念与新学说来作为自己立论的根据。1903年杨毓麟在日本出版《新湖南》,主张"欲新中国,必新湖南",①即湖南先从清廷统治中独立,然后以此为基地来改造中国。② 之所以有此想法,是因为在他看来,列强侵略中国的手段越来越狡诈且多样,清廷却乏抵御之术。因此,不能指望后者能让中国摆脱一系列内外危机。在《新湖南》的前半部分,杨毓麟用不少篇幅来描述当时的世界形势。他认为晚近的世界大势是列强由民族主义国家变为帝国主义国家,汲汲于对外进行侵略扩张。具体言之:

> 若夫列强所以施行此帝国主义之方针,则以殖民政略为主脑,而以租界政略、铁道政略、矿产政略、传教政略、工商政略为眉目,用以组织此殖民政略,使达于周密完全之地。③

很明显,他在此处列举的几种"政略",与前文谈到的梁启超《现今世界大势论》里每一节的标题极为相似。加上《新湖南》里同样大谈"俄国之帝国主义""英国之帝国主义""德国之帝国主义""美国之帝国主义",可证明杨毓麟撰写这本小册子时,参考、挪用了梁启

---

① 湖南之湖南人(杨毓麟):《新湖南》,载张枬、王忍之编:《辛亥革命前十年间时论选集》第1卷下册,第643页。
② 关于《新湖南》在当时的影响,参见严昌洪、何广:《导言》,载严昌洪、何广编:《中国近代思想家文库·杨毓麟陈天华邹容卷》,北京:中国人民大学出版社,2014年,第4—6页。
③ 湖南之湖南人(杨毓麟):《新湖南》,载张枬、王忍之编:《辛亥革命前十年间时论选集》第1卷下册,第624页。

超作为单行本来出版的《现今世界大势论》。值得注意的是,杨毓麟撰写《新湖南》时很可能也参考了作为附录收在《现今世界大势论》里的《灭国新法论》。他重点讨论了列强"手段愈高,方法愈巧"的殖民方略,即"扶持满洲政府""开放中国门户",达到"利用我土地以为其外府"与"利用满洲政府以为守藏之胥"的效果。① 这与梁启超在《灭国新法论》里对列强的"保全中国"论的批判如出一辙。只是在杨毓麟这里,抨击清政府卖国的意思更加强烈。由此可见,"灭国新法"不仅批判东西列强意图侵略中国,而且能通过揭示"保全中国"论的危害来揭露清政府甘当帮凶、为虎作伥,进而凸显反清革命的正当性。

  清末革命党人常称自己为"中等社会"之成员。他们认为相比于由各级官吏组成的"上等社会",自己并无后者身上体现出来的昏聩与腐化,而相比于主要由农民、工人、会党、兵士构成的"下等社会",自己具备了后者所难以掌握的文化知识,尤其是近代新知。因此,"中等社会"的历史使命之一便是"提挈下等社会",向"下等社会"灌输新知,使之具有近代政治意识,成为革命的重要力量。② 基于此,晚清革命党人频繁运用白话文体撰写通俗论著,向他们眼中的"下等社会"说法。其中,陈天华的《警世钟》与《猛回头》堪称典型。而在《猛回头》里,陈天华便借鉴《灭国新法论》的内容来描述中国面临的险峻形势:

---

① 湖南之湖南人(杨毓麟):《新湖南》,载张枬、王忍之编:《辛亥革命前十年间时论选集》第 1 卷下册,第 626 页。
② 陈旭麓:《近代中国社会的新陈代谢》,上海:上海人民出版社,1992 年,第 257—276 页。

列位,你道于今灭国,仍是从前一样吗?从前灭国,不过是把那国的帝王换了坐位(座位),于民间仍是无损。于今就大大的不相同了,灭国的名词叫做民族帝国主义。这民族帝国怎么讲的?因其国的人数太多,本地不能安插,撞着某国的人民本领抵当(抵挡)他不住的,他就乘势占了。久而久之,必将其人灭尽,他方可全得一块地方。并非归服于他,就可无事的,这一国人种不灭,他们总不放手。那灭种的法子,也是不一:或先假通商,把其国的财源一手揽住,这国的人渐渐穷了,不能娶妻生子,其种自然是要灭的;或先将利债借与那国,子息积多,其国永远不能完清,拱手归他们的掌握;或修铁路于其国中,全国死命皆制在他手里;或将其国的矿产尽行霸占,本国的人倒没有份。①

不难看到,陈天华用十分通俗的方式,将梁启超关于"灭国新法"的观点——诸如控制他国财政、获取筑路权等,进行了新的表述,并且将其与"民族帝国主义"问题结合,描绘了一幅中国身处危局之中的图景。当然,与梁启超的论述略有不同的是,陈天华不但谈"灭国",而且谈"灭种",凸显列强侵略对于中国人自身的危害。而在《猛回头》的开篇,陈天华专门用一节来谈论"人种述略",不但强调"白色种最强",致使其余人种"都为白色种所压制",并且声称"满洲是通古斯种",体现了作为革命党人的他深受当时流行的反

---

① 陈天华:《猛回头》,载严昌洪、何广编:《中国近代思想家文库·杨毓麟陈天华邹容卷》,第166页。

清论述之影响。① 而这一点,恰恰是当时主张"大民族主义"的梁启超所极力反对的。②

1907年初,应清廷之托,日本政府要求孙中山离境。但为了不和后者断绝关系,日本政坛元老伊藤博文委托黑龙会头目内田良平赠予孙中山一笔资金以示慰问。孙中山接纳这笔资金后,未与同志商议如何使用,仅将少部分留给已经面临严重资金困难的革命党机关报《民报》,这让身为《民报》主编的章太炎极为不满,革命党内部出现严重裂痕。而随着孙中山将活动重心放在南洋,他让更听命于自己的汪精卫、胡汉民等人在新加坡创办《中兴日报》,将其视为新的舆论阵地,大有取《民报》而代之之势。或许是为了建立起影响力,进而更好地宣传革命思想,《中兴日报》从1908年初起,主动发起与当地偏立宪派立场的刊物的论战。③

虽然《中兴日报》希望借助论战的形式来传播革命思想,但他们在陈述自己主张之时,依然借用了不少被自己视为论敌的立宪派人物介绍或阐释过的学说或概念,其中就包括了"灭国新法"。1908年3月,该报刊登了一篇名为《革命论》的来稿,作者认为:

> 盖今日列强之灭国新法与畴昔殊,将欲夺其权利、蹋其土地、奴隶牛马其人民,而虑其民之反抗也,于是借名保护,姑留

---

① 陈天华:《猛回头》,载严昌洪、何广编:《中国近代思想家文库·杨毓麟陈天华邹容卷》,第158页。
② 梁启超:《政治学大家伯伦知理之学说》,载吴松等点校:《饮冰室文集点校》第1集,第454页。
③ 彭剑:《清季宪政大辩论——〈中兴日报〉与〈南洋总汇新报〉论战研究》,武汉:华中师范大学出版社,2011年,第17—24页。

其君主与其官吏为己作伥,其国之君主、官吏亦乐得借强国之大力压制其人民,而揭竿起事、鼎革易姓之患永绝焉。其国虽亡,其君主、官吏无恙也。所难堪者,其人民作两层之奴隶,加数倍之血税,永坠九幽地狱,无复重见天日耳。不观之埃及、印度、安南、缅甸诸国乎,诸国亡矣,而诸国之君主、官吏无恙也。前车之覆,后车之鉴,他日中国即亡,满酋之尊严、满奴之威福无恙也。①

前文谈到,在《灭国新法论》里,梁启超用了不少篇幅批判列强的"保全中国"论,并顺带指出如若后者这一企图得以实现,清廷各级官吏将成为列强实际控制中国的工具。这样的话语结构,其实也颇为严厉地批判了清廷。因此,撰写《革命论》的作者就抓住这一点来做进一步的引申,认为虽然列强的"灭国新法"让中国遭受危机,但清廷统治集团并未受损,反而能继续保持其禄位。作者或许是想以此来证明清廷统治集团早已和国家与国民的利益背道而驰,理应被推翻。就此而言,"灭国新法"不但能让人们意识到列强殖民扩张的手段之多样与狡黠,还能提醒人们注意本国内部不合理的政治状况与政治结构,使人们意识到抵御外侮与内部变革需并行。

相似的,当时在檀香山办报宣传革命的革命党人卢信,②在《革

---

① 兴黄来稿:《革命论》,载章开沅、罗福惠、严昌洪主编:《辛亥革命史资料新编》第5卷,武汉:湖北人民出版社,2006年,第315页。
② 关于卢信清末在海外宣传革命的梗概,参见黄光甫:《辛亥前后檀香山的几家宣传革命的报纸》,载《孙中山与辛亥革命史料专辑》,广州:广东人民出版社,1981年,第91—96页。

命真理》这本小册子里同样借助分析"灭国新法"来凸显推翻清政府的必要性:

> 近来灭国之新法愈出而愈巧妙,往时用自国兵力以达其侵略之目的,今则假敌人之兵以杀敌人,固不肯轻杀自国人之生命者。印度、安南、高丽之事,固彰彰可考。就中国言,外人之侵略土地者,孰非满政府为之鹰犬乎?英之占九龙也,土人赤手空拳,奋起而与英兵抗,土人死者枕藉于道,而英兵死者不过数人耳……英政府必不欲多伤英兵一人,故使清政府代为平乱,而屠杀之余,抚循自易。①

在作者的描述里,清政府不但在日常统治中偏袒外人,维护列强在华的特权,甚至还运用暴力机器来镇压中国人对列强侵略的反抗。这种"假敌人之兵以杀敌人"的行为,固然可见列强殖民手段之狠毒,但更彰显清政府早已不存保民卫国之念,理应被推翻。

清末革命党主要的论战对象自然是立宪派。但不可否认,大多数立宪派人士同样对中国所面临的内外危机忧心忡忡。尤其是清廷下诏宣布预备立宪后,不少立宪派人士之所以屡次发起请愿运动,很大程度上是因为他们认为只有迅速施行立宪,才能集大多数国民之力来抵御列强的侵略活动。② 在南洋由立宪派控制、与革

---

① 卢信:《革命真理——敬告中国人》,载章开沅、罗福惠、严昌洪主编:《辛亥革命史资料新编》第1卷,第19—20页。
② 相关史事,参见张朋园:《立宪派与辛亥革命》,上海:上海三联书店,2013年,第52—83页。

命党进行论战的《南洋总汇新报》就刊载了不少分析列强对华侵略企图与实践的文章。在刊登于1910年的一篇文章里,作者指出:

> 而今列强殆不忍见自国国民流血之惨,故以平和之手段瓜分人国之领土,今日曰门户开放、机会均等,明日曰商业经营、共通利益,此等平和之手段即为新发明之共谋以灭人国之方法,如近年日英同盟、日俄协约、日法协约即此例也。此等以条约灭人国之手段皆出于平和,而不出于激烈,出于阴鸷,而不出于暴施,盖欲使受者不觉,不起急遽之反抗。①

在这里,作者将东西列强通过门户开放政策来支配一个国家的方式称为"新发明之共谋以灭人国之方法",强调此手段看似平和,实则危害甚深。其虽未直接用"灭国新法"四字,但描述的现象与表达的意思与"灭国新法"若合符契,特别是"新发明之共谋以灭人国之方法",基本就是在用更为通俗的表述方式来指称"灭国新法"。

值得注意的是,在梁启超那里,"灭国新法"突出的是"新"字。只是在《灭国新法论》里,他主要突出与经济和财政领域相关的"新法",其他属于近代殖民史进程中被运用的方法的,比如在文教领域对被殖民国家施加影响,他虽然也讲到了一些,但基本属于点到为止。不过随着这一概念的广泛传播,人们不再完全遵循《灭国新法论》本身的文本结构与论述重点,而是以"新"为立足点,描述、总结那些在今日颇为常见,但在历史上并不多见的殖民扩张手段。

---

① 《论世界和平之险象——中国前途其为砧肉乎?》,载章开沅、罗福惠、严昌洪主编:《辛亥革命史资料新编》第5卷,第158页。

在清末预备立宪时期江苏省士绅写给江苏巡抚的一封公开信里，作者认为在推广新式教育的过程中，不应忽视"国粹"，尤其是本国文字。为了强调这一点，作者特别指出：

> 夫各国教育无不以本国文字为主位，固不第日本为然。文字者，一切道德政治精神之所寄也。近今灭国新法，尤务使其势力范围所及，悉用己国之语言文字，而不容奴隶于我者有南冠故国之思。故或谓文字亦足以灭人国，此国粹之说所由来也。①

在作者看来，晚近列强的"灭国新法"之"新"主要表现在不允许被其殖民或支配的国家使用自己的语言文字，通过禁绝其语言文字，进而使其"道德政治精神"黯而不彰。征诸近代殖民史，这样的举措的确存在。但更为常见的，是殖民者有意培养一批忠于自己的本地精英，让他们同时兼具本土特性与西方文化外观，使其既能与殖民者顺畅交流，又能在本国民众面前彰显自己的精英身份，辅佐殖民者进行统治。在殖民者的文化面前，当地文化自然是颇为"低劣"的。但这并不妨碍前者利用它作为规训与管理当地民众的工具，把因落后而甘于被殖民美化为"继承传统美德"，将当地有识之士追求进步与解放诋毁为"破坏传统美德"。较之简单粗暴地消灭当地语言文字，如此这般的手段不但更能让本地精英趋之若鹜，还能节约统治成本，更让殖民者博得"尊重当地传统"的美名。从后

---

① 《再上苏抚陈书》，载《江苏教育总会文牍纪事表》第3编，上海：中国图书公司，1908年，第148页。

见之明来看,如果非要揭示文教领域的"灭国新法",或许这才是重点所在。

三、辛亥革命后"灭国新法"的持续影响及其变种

虽然辛亥革命推翻了帝制,建立了共和,但是中国所面临的内外危机并未解除。1912年1月,孙中山发表《对外宣言书》,其中提到:"凡革命以前所有满政府与各国缔结之条约,民国均认为有效。""革命以前,满政府所借之外债及所承认之赔款,民国亦承认偿还之责,不变更其条件。"[1]这种妥协的态度不但使革命党长期宣传的三民主义中的民族主义大打折扣,而且让新政权刚建立就面临遭受列强操控的危险。因为签订贷款、索取赔款、利用不平等条约,正是列强控制清政府的常用手段。不久之后,袁世凯出任大总统。面对日趋枯竭的财政状况,为了巩固统治,袁世凯计划向列强大举借款。而后者之所以愿意向新政权借款,除了为获取高额利润,主要还是想借此来进一步控制中国的财政与金融。因此,对于以何种条件向中国借款、应由哪些国家参与其中,列强之间也矛盾重重、明争暗斗。[2]但无论怎样,从晚清的历史经验来看,向列强借款无疑会对中国的政治与经济主权造成极大损害。这是经历了晚清民族主义思潮洗礼的不少政学精英所深感焦虑的。

---

[1] 孙中山:《对外宣言书》,载《孙中山全集》第2卷,北京:中华书局,2011年,第10页。
[2] 李新、李宗一主编:《中华民国史》第二卷上,北京:中华书局,2011年,第215—234页。

在此背景下,"灭国新法"再次成为时人表达政见的重要佐助。吉林都督陈昭常在一次公开演说中就说:

> 盖吾国今日之趋势,种种事业非竭力办去不足图存。而吾国今日之情状,种种事业非另筹巨款,竟无一可办。故大借外债已迫我以再无商量之余地。第借款之险,几同孤注一掷。东西各国亡国惨祸相随属者岂特埃及,盖近世纪来,灭国新法皆依此为原则矣。①

从他一面以埃及因大举借债而遭受列强支配为例,一面直言列强向他国放债为"灭国新法"来看,陈昭常极有可能是读过梁启超的《灭国新法论》。而由此更可证明,梁启超用"灭国新法"来描述晚近列强的殖民扩张手段,已经颇为深刻地影响到不少中国人对世界形势的认识与理解。

只要近代以来中国面临的内外危局依然存在,那些解剖此局面的学说与概念就会一直受人关注,延续其宣传与动员效用。1919年4月,中国在巴黎和会上遭受极不公正的待遇,列强将先前德国在中国山东的特权转让给日本。在梁启超与林长民等人的推动下,这一消息不久就传至国内,让国人感到极为愤怒,多地爆发一系列示威游行活动。② 这些抗议之声与前些年兴起的新思潮紧密结合,促生了新的政治力量登上历史舞台。当年11月,奉梁启

----

① 《陈都督演说词》,载《农垦协会报告》第1期,出版地不详,1913年,第29页。
② 叶景莘:《巴黎和会期间我国拒签和约运动的见闻》,载全国政协文史资料委员会编:《从辛亥革命到北伐战争》,合肥:安徽人民出版社,2000年,第421—422页。

超为领袖的研究系控制的《晨报》上刊登了一篇名为《灭国术新纪元》的文章。作者认为虽然新成立不久的国际联盟表面上主张承认成员国现有之疆界与行政上的独立,但实际上,国联中的一些大国却通过与弱国签订密约来干预后者的内政,特别是支配其财政与军事。如此一来,虽然表面上弱国疆界并未遭到侵略,但其主权已落入列强手中。作者借此强调,所谓不变更疆界与保持行政独立,并不能保障弱国不被强国支配,反而在此幌子下,强国的殖民扩张手段会变得更让人难以察觉。在作者看来,此举"实开一灭国术新纪元,波斯不幸先当其冲,继波斯者,实惟中国"。① 这里所说的"灭国术新纪元",很明显是对梁启超的"灭国新法"的借用与改造。不过字词上的变动并不影响内容上的相似性。所谓"灭国术新纪元",同样是要突出列强殖民扩张手段之"新",通过揭示这些新手段来警醒国人。

1919年,美国哲学家杜威来华讲学兼旅行。在此期间,他写了不少关于中国政治、经济与文化的评论。其中一些评论文章被直接翻译成中文,或通过摘编概述的形式,在中文报刊上刊载。1921年,杜威在美国的《新共和》杂志上发表《中国是一个国家吗?》。在文中,杜威认为古代入侵与现代入侵在特征上有根本差异:

> 现代入侵以开发先前未得到利用的经济资源为核心。一个拥有中国的港口、铁路、矿藏与通讯的国家会控制中国。入侵国越聪明,它所承担的超过必要治安维持的国民管理负担

---

① 《灭国术新纪元》,《晨报》1919年11月12日,第3面。

就越少。它会像长期压榨的资本家那样,利用这个国家的自然资源与不熟练的劳动力来为自己的目的服务。此外,毫无疑问,它会试图招募当地的人力来充实军队。一般来说,当地人会像苦力那样生活,而外国人则像上层人物那样生活。①

杜威此论无疑道出了近代列强常用的殖民策略,即尽可能地节约统治成本,通过控制殖民地经济命脉来维持其统治地位。或许是意识到了这一点,杜威这番话不久就被译成中文,在一份属于在华基督教系统的刊物《兴华》上发表。而在发表这些内容时,编者所取的题目就叫《灭国新法》。② 可见,在编者看来,杜威的这番话与梁启超阐述的"灭国新法"异曲同工。

从20世纪20年代起,随着中国共产党广泛宣传列宁的帝国主义论,以及改组后的国民党将反对帝国主义作为三民主义中民族主义的重要内容,加上五卅运动掀起的全国范围内的反帝风潮,人们对帝国主义问题有了较之晚清知识分子更为深刻与直观的认识,市面上出现了许多谈论帝国主义问题的著作。在这些著作里,

---

① [美]杜威:《中国是一个国家吗?》,载顾洪亮编:《中国心灵的转化——杜威论中国》,上海:华东师范大学出版社,2017年,第197—198页。
② 《杂评·灭国新法》,《兴华》1921年第7册,第28页。该刊是这样摘编的:"日本大隈伯曾言,中国昔日之能长保其独立者,为彼未有铁路之故。此言骤闻之,颇类儿童所说人因有针,故能保其生命,因他人不敢吞噬之也。然由此语,可见古代与近世之侵略性质,乃大不相同。近世之侵略,以开发未经用过之经济力源为主,若有一国能据中国之口岸铁路矿产及交通者,即能制服中国。除必要之警务以外,决不再担负其民事行政,以自取其累。侵略之国,只须以资本家自居,利用中国人士,以开其富源,借以自利,此外或再强迫中国人为之当兵,如是即足制中国之死命。总之,即使中国人为苦力,外国人则居于上级社会是矣。"

漆树芬撰于20世纪20年代的《经济侵略下之中国》内容尤为翔实。当时已经声名远扬的郭沫若为此书作序,进一步扩大了其影响力。① 漆著先解释何谓资本主义、何谓帝国主义,然后通过各种数据资料,分析帝国主义势力如何逐步控制中国的商埠、交通、贸易、投资,并借由治外法权、设立租界、控制关税等手段维持在中国的经济统治。在分析列强通过向弱国放债来收取数额极高的利息时,漆树芬指出这类行为就是一种"灭国新法":

  此种经济行为,实从社会晦其形,而世人仅见出资者与使用者间债权授受之行为耳。是这样看来,利息之产生,全由一种商人之行为之关系而成立,而在国际投资间,这利息问题,遂占绝大位置。不单是国际间之投资而已,并至于国际间之交战议和,亦蒙此种之影响,而赔款之付利息,实为现今国际间之一最大特征。在一国之财政上,诚得一种新形式之收入,在现今之灭国新法上,实开一新纪元。②

---

① 漆树芬是日本著名社会主义者河上肇的弟子,20世纪20年代,郭沫若曾和他频繁讨论中国的政治问题。据郭沫若回忆,漆著出版后"曾轰动一时,销路十分畅达"。参见郭沫若:《学生时代》,北京:人民文学出版社,1979年,第220页。另外,这本书出版后不久,就引起了中国共产党人的注意。萧楚女专门为该书撰写评论。参见萧楚女:《评〈经济侵略下之中国〉》,载《漆南薰遗著选编》,1987年内部出版,第198—202页。
② 漆树芬:《经济侵略下之中国》,上海:光华书局,1931年,第363页。

相似的,胡蓬然在出版于1930年的《帝国主义之研究》里,①虽未直接使用"灭国新法",但却用"谋人新法"与"谋人灭国之一种巧妙新法"来描述晚近帝国主义的殖民与侵略手段：

> 帝国主义之侵略人国,其心毒,其法妙,依上所述,固可悉其梗概。惟至今日,尚有一种谋人新法而为帝国主义者所惯用而不易察知者,即外用和平亲善之名,内含阴险毒狠之剂也。此种手段,名曰连环政策,又曰软化政策……苟不详加审查,必于不知不觉之间,入彼牢笼之中,俟其软化以后,再行相机而入,借亲善援助之美名,或开办某矿,或建筑某路,或合办某种实业,或要求某种交通(电信电话等),始而双方合办,继而喧宾夺主,及至最后,则不得不全权操之于彼,而失我之主权,夺我之生命矣……此种方案,最为和平,且易行之,又不在乎威迫,亦不显其痕迹,可得于无形之中,攫获莫大之利,故为现代帝国主义谋人灭国之一种巧妙新法,而亦吾人不可不特加注意者也。②

在作为单行本出版的《现今世界大势论》里,梁启超将《灭国新法论》作为附录收入其中。其意思就是表明,"灭国新法"与帝国主义

---

① 胡蓬然在国民革命运动时期思想立场比较接近中国共产党,曾参与组织成立"西北革命同志同盟会"。参见李冠洋:《中国国民党山西省党部简述》,载中国人民政治协商会议山西委员会文史资料研究委员会编:《山西文史资料》第13辑,太原:山西人民出版社,1979年,第167—168页。

② 胡蓬然:《帝国主义之研究》,上海:启智书局,1930年,第24—25页。

问题关联紧密。很可能是受此影响,漆树芬与胡蓬然研究帝国主义问题,或是直接使用"灭国新法",或是使用与"灭国新法"表述极为相似的字词,来描述帝国主义的侵略手段,特别是通过经济与金融来支配、奴役其他国家。而揭示晚近帝国主义扩张的"经济理由",也恰恰是梁启超清末政论的主要议题。由此可见,辛亥革命前十年间与20世纪20年代以后的中国知识分子在思考世界形势时,从关注重点到分析路径,都有着比较明显的连续性。

在近代中国,随着交通工具日趋便利,越来越多的人有条件出洋游历参观,这使他们能够较为深入地考察世界各国的状况。一些人士常将出洋经历撰写成游记,一面向国人介绍域外景象,一面借此表达自己对于世局的看法。而这些作者在海外遇见与中国处境相似国家的人士,或者踏上被西方列强侵占的土地时,往往会想起中国的命运。此时,"灭国新法"就成为他们表达自己忧患意识的绝佳词语。在出版于1924年的《南洋旅行漫记》中,作者梁绍文记录自己在船上遇见一个50多岁的印度茶房。在与后者略作攀谈之后,作者发表以下想法:

> 我忽然忆起从前有人说过,英国灭了印度的国家,还想将印度的人种渐渐灭绝,所以印度人娶妻都有个限制——非过了四十岁不能结婚……这就是英国人发明的灭国新法。行之于埃及而有效,行之于印度而更收大效。于是日本人亦将他来应用于朝鲜,朝鲜虽然不愿意带这个圈套,然一时已经脱不

下来了。①

与之相似,陈以一在《墨游漫墨》里记下自己赴夏威夷旅行的感想:

> 夏威夷系孤悬于太平洋中央之岛屿,共成大小八岛。夏威夷(HAWAI)原其国名,政体君主。西历一七八二年即位之加美哈美哈一世,为著名英主,削平内乱,统一各酋,威镇八岛。历传八代,至一八九三年而革命起,组织临时政府。翌年,夏威夷共和国正式成立。一九〇三年亡于美国,改为夏威夷县。其时距美国传教队至夏威夷仅八十三年耳,灭国新法,可畏也已。②

陈以一将美国殖民夏威夷的过程称为"灭国新法",这与梁启超在《灭国新法论》与《现今世界大势论》里对美国外交政策的分析颇为一致。而梁绍文将英国在印度施行的带有种族主义色彩的政策也称为"灭国新法",则属于对这个概念进行新的阐发,即与前文谈到的一些例子相似,都在"新"字上面做文章,强调列强殖民手段的多样化。

在近代中国,要想对某些新学说与新概念进行传播,除了依托新式媒体,另一重要的渠道就是教科书。1930年,在一本出版于上海的《高等小学国文新课本》里,编者专门设置了"常识"栏目,介绍

---

① 梁绍文:《南洋旅行漫记》,上海:中华书局,1924年,第6页。
② 陈以一:《墨游漫墨》,上海:世界书局,1927年,第63—64页。

一些与当时中国的政治、经济密切相关的制度与行为,其中包括了"贸易竞争"。在相关的课文里,编者写道:

> 近世灭国新法,有不从战争而收功于市场者,英以一公司而臣属印度是也。今我之市场,洋行亦已林立。是集东西洋数十国之商人,协以谋我也。漏卮之数,岁达数万。循是以往,即不议瓜分,亦尪羸而毙矣。①

通过叙述如此这般的"灭国新法",作者认为要想振兴商业,在国际贸易竞争中立于不败之地,需依靠"大资本家"出面维持本国的商业活动。因为"资本愈大,则物价愈廉,所需之劳力愈多,由是全国社会互添活力,而幸福亦愈进"。② 很明显,这样的立场与同样谈论"灭国新法"的左翼知识分子漆树芬、胡蘧然就很不一样。这也显示出在20世纪20年代以降的中国,不同立场与派别的人虽然对列强的侵略野心同感忧虑,但所秉持的解决之道颇有差异。

而要说起政治观点上的差异,1927年南京国民政府成立后,为了凸显与中国共产党理论主张的区别,国民党政权开始修改、重释孙中山的三民主义,尤其表现在日益突出民族主义,同时想方设法淡化、稀释民权主义与民生主义。而为了巩固其统治,南京国民政府不断试图在思想文化领域宣扬遏制左翼思潮的传播。1936年,由王云五主持的商务印书馆出版沈志坚所编的《中国伟人小史》,

---

① 上海徐家汇圣教杂志社编:《高等小学国文新课本》,上海:徐家汇土山湾印书馆,1931年,第149页。
② 上海徐家汇圣教杂志社编:《高等小学国文新课本》,第150页。

这是一本面向儿童的历史通俗读物。该书收录了郭子仪、王安石、岳飞、文天祥、史可法、林则徐、孙中山的小传。从传主名单就能看出,此书主旨意在表彰历史上保家卫国、抵御外敌的代表人物。这也符合九一八事变之后全国范围内越来越强烈的爱国救亡思潮。但问题在于,在此书的岳飞传记里,编者这样运用"灭国新法":

> 金人虽是胡族,很知道现在的灭国的新法,利用汉奸,来扰乱中国。除了立刘豫为齐王,更联络江淮一般剧盗如张用、李成、杨么等使宋廷受困。岳飞知道要复国仇,非先平内寇不可,所以他先招降张用,次把李成剿灭,荡平了江西和湖北,来做进窥中原的根据地。①

在编者眼里,生活在古代的金人也深谙"灭国的新法"。如果说通过建立傀儡政权来与南宋朝廷周旋确属金朝统治者的对宋方略之一,那么把农民起义与金朝统治者建立起联系,恐怕就体现了作者的某种"时代意识"了。更为明显的是,作者说"岳飞知道要复国仇,非先平内寇不可",只要了解当时南京国民政府的内外政策,即知这番话与蒋介石宣扬的"攘外必先安内"很相似。而所谓"荡平了江西和湖北",联系不久前国民党军队对中央苏区与豫鄂皖苏区的围剿,更不难看出编者如此这般编排、解释史事的"深意"。总之,这段叙述,与其说是要凸显近代的"灭国新法",不如说在暗示古今"剧盗",心同理同,人们如果能认可岳飞的军事行动,也应理

---

① 沈志坚编:《中国伟人小史》,上海:商务印书馆,1936年,第18—19页。

278

解今天统治阶级的军事行动。在这里，虽然可见梁启超言说的持续影响力，但他用来剖析中国内外危机的"灭国新法"，却被扭曲成用来指责革命者的说辞。

四、结语

章开沅先生曾说："帝国主义是中国人民第一个和最凶恶的敌人，中华民族在19世纪受尽了帝国主义的欺凌与损害。先进的中国人在研究20世纪的时代特征时，自然首先要把目光集注于帝国主义。"①为了剖析帝国主义问题，对时代变局极为敏感的梁启超频繁撰文。在《灭国新法论》中，他借由叙述埃及、印度、波兰、布尔、菲律宾等地的亡国史来提醒国人，近代西方列强殖民扩张早已不再局限于传统的攻城略地，而是会充分运用财政、金融、教育等手段来控制非西方国家。列强可以允许后者保持表面上的政治独立，甚至可以允许其拥有一套从外观上看起来颇为现代化的政府架构，但同时经常建议该国聘请本国政治顾问来"帮助"其实现政治现代化，让本国大企业在当地投资进而控制该国经济命脉，让本国金融集团向该国发放贷款，并以监督贷款使用为名义派遣经济顾问进入该国的财经与关税部门使该国财政受本国遥控，最终使该国逐渐沦为半殖民地或殖民地。

从传播的角度来看，"灭国新法"的打动人心处在于"灭国"，因

---

① 章开沅：《时代·祖国·乡里——辛亥革命时期社会思潮试探》，《社会科学战线》1981年第4期，第19页。

为中日甲午战争以来,中国有可能因遭瓜分而亡国一直是让关心中国命运的人倍感忧虑之事。此外,"灭国新法"的落脚点在"新"字,即强调要注意近代列强殖民扩张的新手段与新策略。借着其始创者梁启超在舆论界的巨大影响力,以及它与帝国主义问题的紧密关联,"灭国新法"逐渐成为时人分析世界形势与中国危局时常用的一个概念。人们或是直接使用它,或是将其表述略作变动,用更通俗的形式再次传播,或是将"灭国新法"所强调的内容作为自己的立论基础。对"灭国新法"的借鉴与运用,从晚清持续到20世纪30年代。即便是与梁启超在政治立场上高度对立的清末革命党人,也不吝于借助这一概念来表达自己的政治主张。这表明,近代中国人"开眼看世界"有一以贯之的主线,即聚焦于中国面临的十分险峻的外部环境,剖析东西列强如何采取不同手段来侵略、支配中国,将抵御外侮视为近代中国的主要时代任务。换言之,因担心被"灭国",所以人们要不断关注世界形势;因要洞察东西列强灭人国之手段与方法,所以需考察其"新"在何处。①

对于绝大多数中国知识分子而言,怎样实现救亡图存是一个必须直面的时代问题。离开了这一点,将很难全面认识中国近代思想史的主要内容。就此而言,考察近代以来不同派别与立场的人士对"灭国新法"的借鉴与运用,可以窥见时人如何理解当时的

---

① 本文所提及的人物,除了晚清那些曾引起时人关注的革命党人,大多数人在中国近代史上的知名度其实没那么大。不过也正因为如此,才更能凸显梁启超论著"下沉"至一般读书人中间的程度,也更能体现他在近代中国持久的影响力。因为不少人借用"灭国新法"一词,并非是在有意与梁启超对话,而是颇为自然地认为这个概念有助于描述中国所面临的外部压力。若非梁启超的文字深入人心,这样的效果是不易形成的。

世界形势,特别是东西列强的对外政策与手段。比如有人强调列强在文教领域制定的相关政策也是"灭国新法";有人则从列强有意遏制被殖民国家人种繁衍的角度来理解"灭国新法";有人一面宣传"灭国新法",一面替本国大资本正名;更有人把"灭国新法"与20世纪30年代国民党的内外政策联系起来。不同的关注重点,不同的思考路径,背后往往体现着近代中国复杂的政治、经济与社会状况。这也表明,要想全面认识近代中国,外部视角固然不可或缺,但同样需要内部视角,即深入剖析那些在历史进程中真实存在过的现象、矛盾与症结。在这个意义上,将剖析"灭国新法"与展开社会调查相结合,实事求是地认识中国社会的真实面貌与主要问题,或许才是近代中国历史演进过程给予人们的重要启示之一。

重思蒋廷黻的帝国主义论

在近代中国,如果说有哪个政治概念能引起广泛的社会回响,并影响着中国历史进程的,帝国主义可算其中之一。从晚清开始,人们就运用帝国主义概念去审视中国所面临的外部环境,思考这样的外部环境会对中国造成怎样的后果,尤其是列强如何运用经济、金融、教育、派遣顾问等方式控制中国。自从中共二大运用列宁的帝国主义论分析中国的政治、经济与社会矛盾起,绝大多数进步青年都用此观点向群众宣传中国为什么会陷入内外交困的境地。[①] 虽然近代中国不同政治与文化派别对于帝国主义的理解不无歧异,但大多数派别都通过研究与宣传帝国主义,让国人意识到中国所面临的内外危机,唤起国人的救亡图存意识。在这个意义上,如果撤去帝国主义问题,那么近代中国的"开眼看世界"将变得

---

① 王锐:《"帝国主义"问题与20世纪中国革命的世界视野》,《社会科学》2022年第7期。

极不完整。

帝国主义问题不但影响着人们对于中国现状的理解,而且成为中国近代史学科中必须要处理的关键议题。这门学科的诞生与中国遭逢数千年未有之变局,迫使时人必须直面与思考中国的症结何在、世界的景象为何、时势的逻辑如何把握、未来的道路如何走等关乎中国生死存亡的问题息息相关。因此,在怎样的理论框架下来叙述、阐释晚近的历史流变,对于明确当前的政治社会特征,探索未来发展的方向至为重要。在近代中国的中国近代史研究领域,蒋廷黻的地位颇为重要。他既是一位中国近代史研究者,又是南京国民政府中的一分子,同时还是一位喜对内外问题发表意见的公共知识分子。因此,他的《中国近代史》,包括其他研究近代以来中国内外关系的文章,不能说不带有一定的学术属性,但却决不能仅从"纯学术"的角度来阅读并评价。尤其是随着晚近40年中国与世界发生了一系列新的变化,蒋廷黻的史论重新被当代文化人挖掘并阐释,他那本篇幅并不大的《中国近代史》也重新被"经典化"。凡此种种,已成为当代史学思潮的重要组成部分。就此而言,研究蒋廷黻的史论与政论,不但有助于理解20世纪30年代中国的政治与学术状况,而且有助于理解晚近中国学术界的基本特征。

虽然在政治与学术立场上与中国马克思主义史家截然相反,但在其史论里,蒋廷黻同样颇为重视帝国主义问题,并有一番自己的解释。谈论帝国主义,自然不能回避殖民地问题。在撰于晚年的回忆录里,蒋廷黻直言自从留学时代起,就对帝国主义并无太多反感:

> 作为一个中国人,我对殖民或者帝国主义并不深恨,因为我感到中国如果愿意,同样有资格能产生与欧洲相同的组织力、相同的政治、相同的经济水准以及资源。改良中国生活方式,根除无效率、涣散的习性,就能建立有效率的生活方式。我不敢肯定地说,目前所行的拓殖是有害而无利的。欧洲人在殖民到各洲时做了很多事,有些他们有意做好,有些他们有意做坏。那些日以继夜终年高喊打倒帝国主义,而不能提高自己生活水准的人,我认为他们是自戕,是怯懦。易言之,帝国主义或拓殖主义下的牺牲者,他们可以改善他们的处境,至少,可以用平等或互惠的关系来代替一方统治另一方的关系。①

蒋廷黻撰写回忆录时人在美国,而且恰逢东西阵营冷战正酣之际,因此他不必顾及近代以来大多数中国人的政治情感,可以直言不讳自己对于世界近代史上殖民问题的认识。人们不禁要问,曾担任国民政府外交官员的蒋廷黻,为何会认为列强对外殖民扩张非但不是一件坏事,反而有可能对被殖民地区产生正面影响,甚至认为高喊打倒帝国主义的人"是自戕,是怯懦"。他仅是晚年在"冷战"背景下才这样认为,还是终其一生皆如此?要想深入理解这个

---

① 蒋廷黻:《蒋廷黻回忆录》,长沙:岳麓书社,2017年,第89页。

问题,就需要仔细梳理、分析蒋廷黻对于帝国主义的看法。①

一、"抵抗帝国主义"

蒋廷黻在回忆录里自言,他在美国哥伦比亚大学读书时阅读了霍布森的名著《帝国主义》。这本书让蒋廷黻觉得"深获我心,使我对帝国主义得以明了"。② 后来蒋廷黻的博士论文重点探讨英国劳工运动与帝国主义之间的关系,他指出19世纪末以代表工人阶级利益自居的工党在帝国主义问题上是持反对态度的,并且这样

---

① 关于这个话题,学界已有一些研究。参见沈渭滨:《蒋廷黻与中国近代史研究》,《复旦学报》1999年第4期。蔡乐苏、尹媛萍:《反抗帝国主义的另一条道路——论蒋廷黻的琦善研究》,《湖南大学学报(社会科学版)》2008年第6期。蔡乐苏、岳秀坤:《蒋廷黻学术思想之理论基础初探》,《清华大学学报(哲学社会科学版)》2011年第2期。笔者不否认这些研究对于理解蒋廷黻的思想主张颇有助益,但如果对蒋廷黻本人的想法有其他的认识或判断的话,那么这个话题恐怕也有重新再研究的必要。因为这些研究基本是建立在认同由蒋廷黻开创的,在20世纪80年代以来重新为人所重视的"现代化史观"之上的。而如果我们拓宽历史的视野,不将"现代化史观"作为理解中国近代史的唯一路径,那么对蒋廷黻的相关言说就可从更为广阔的思想史背景中来理解。比如以霍布森为代表的进步自由主义(或曰"自由主义左派")之帝国主义论的影响,19世纪以来欧洲与美国的国家主义在全球范围内的流行,以及其与法西斯主义之间的关联,20世纪30年代属于"中间力量"的知识分子对南京国民政府的期待等。凡此种种,与广义的"现代化"是有一定联系的,但却难以用晚近流行的"现代化史观"来涵盖(关于晚近"现代化史观"的兴起背景与基本旨趣,参见李怀印:《重构近代中国:中国历史写作中的想象与真实》,岁有生、王传奇译,北京:中华书局,2013年,第211—243页)。本文所要做的工作,就是尝试突破从"现代化史观"的单一路径考察蒋廷黻,更为完整呈现他的思想渊源与旨趣。

② 蒋廷黻:《蒋廷黻回忆录》,第88页。

的态度会一直持续下去。① 在文中,蒋廷黻认为帝国主义体现在为了本国利益而控制、榨取别国,并且借助增强军力与采取外交手段来维持这一局面。因此,帝国主义是一种带有侵略性的民族主义,是世界主义的反面。② 联系到霍布森属于19世纪末英国政治光谱中强调国家的社会保障职能,关注劳工运动与社会福利的"进步自由主义"者,③蒋廷黻选择这一话题作为博士论文,很可能是受到霍布森的影响。

霍布斯鲍姆将1875年至1914年称为"帝国的年代"。他指出,在此期间,"地球上大约有四分之一的陆地,是在六、七个国家之间被分配或者再分配的殖民地"。而"'帝国主义'一词,是在1890年代对殖民地征伐的讨论中,首次成为政治和新闻词汇的一部分。同时它也在这个时期取得经济意涵,而且一直保持至今"。这一概念"在1870年代首次进入英国政治,1870年代晚期,尚被视为一个新词语,直到1890年代才突然变成一般用语"。④ 而如果要推举一本较早对此"全新现象"有全面而犀利剖析的著作,则非霍布森的《帝国主义》莫属。

在该书中,霍布森指出,"帝国扩张的动机并非出自国家的整体利益,而是出于特定阶级的利益,这些阶级为了自己的私利而将

---

① 杨钊:《蒋廷黻的博士论文》,《读书》2018年第10期。
② 江永振:《蒋廷黻:从史学家到联合国席次保卫战的外交官》,台北:联经出版事业公司,2021年,第57、58页。
③ [英]迈克尔·弗里登:《英国进步主义思想:社会改革的兴起》,曾一璇译,北京:商务印书馆,2018年,第306—311页。
④ [英]艾瑞克·霍布斯鲍姆:《帝国的年代》,贾士蘅译,台北:麦田出版公司,1996年,第85、86页。

扩张政策强加给国家""帝国主义的本质在于,它为了投资而不是为了贸易才去开发市场,并用外国廉价产品的经济优势取代本国的工业生产,并维持自身在政治上和经济上的阶级统治地位"。① 具体言之,英国19世纪的帝国主义政策只对金融资本家最为有利,后者为了扩大资本输出,不断鼓吹殖民扩张,要求英国政府进一步投入人力与物力去控制殖民地。要想找到英国国内帝国主义政策的经济根源,必须从金融资本积累财富的方式入手。除此之外,帝国主义并不能给大多数民众带来好处。尤有进者,霍布森强调,金融资本家为了鼓吹帝国主义而不断开动意识形态宣传机器,将自己的经济企图巧妙包装在诸如"文明等级论"与人种学这些典型19世纪殖民扩张意识形态话语之中,让本国民众觉得支持殖民扩张实为一种"文明的责任",属于爱国的表现。

霍布森与同时代的很多人,如希法亭、罗莎·卢森堡、列宁、布哈林一样,都关注到了帝国主义与金融资本之间的关系问题,但是和列宁、布哈林等布尔什维克党人致力于用无产阶级世界革命终结帝国主义秩序不同的是,霍布森并不主张立即终结欧洲列强的殖民统治,而是主张资本家群体应与工会达成妥协,重新调整国内市场的资本积累方式,以缓解国际层面由帝国主义制造的紧张状态。因此,尽管霍布森对金融资产阶级操纵宣传机器鼓吹帝国主义深为不满,可是他与后者一样,共享着那个时代西方列强对于非西方国家与地区民众的定义,即认为后者多属"低等种族"。他主张所谓"文明国家"应担负起"教化"那些"低等种族"的责任:

---

① [英]约翰·阿特金森·霍布森:《帝国主义》,卢刚译,北京:商务印书馆,2020年,第312、281页。

如果我们正在接受了照顾和教化"低等种族"的委托,那我们应当如何着手履行这个委托呢?应当研究他们本民族的宗教、政治和社会其他制度、生活习惯,努力钻研他们目前的心理和适应能力以及学习他们的语言和历史,这样我们就可以在人类自然史的发展脉络中准确定位这些民族;不要把目光只盯在他们的农业和矿产资源上,还应该密切注意他们所生活的国家,这样才能真正了解他们的生活环境。然后,谨慎地接近他们,尽可能获取他们对我们友善动机的信任,并且公开制止开发公司去开矿、获取特许权或其他有损于我们无私行为的时机不成熟的自私企图,我们应努力做好顾问该做的事。即使有必要对低等种族采取一定的强权措施,我们应该将其作为最后的手段放在幕后实行,而把理解和推动我们所能发现的所有内部进步力量的健康自由运转作为我们的首要目标。①

霍布森说,此类"致力于'低等种族'的保护、教育和自主发展"的做法属于"稳健的"帝国主义,它不同于"狂暴的"帝国主义。② 如果仅从这一点来看,蒋廷黻晚年在回忆录中说他并不反感帝国主义与殖民统治,甚至觉得殖民活动可能还有助于被殖民地区的发展,大概确是受到霍布森的影响。

整体而言,蒋廷黻对霍布森帝国主义论的汲取,虽然有,但可

---

① [英]约翰·阿特金森·霍布森:《帝国主义》,卢刚译,第213—214页。
② [英]约翰·阿特金森·霍布森:《帝国主义》,卢刚译,第216页。

能并不多。1926年,蒋廷黻在南开大学任教期间,或许是有感于之前五卅运动中声势甚大的反对帝国主义浪潮,就帝国主义问题做了演讲,演讲记录刊登在《南大周刊》上。

蒋廷黻开篇即言:"国内近来讨论帝国主义的文章,散见于报纸杂志者甚多,但有的是为苏俄宣传而作的,有的是为英日宣传而作的,有的是为爱国热忱而作的。各种著者或无暇研究,或故意的不顾事实,其文章的价值可想而知。"①可见,在蒋廷黻眼里,当时社会上不少关于帝国主义的论述都存在问题。尤其值得注意的是,中国共产党的帝国主义论主要来源于列宁的帝国主义论,而列宁的帝国主义论借鉴了不少霍布森的分析框架。蒋廷黻所说的"为苏俄宣传而作"的,大概就是指中国共产党的帝国主义论。

蒋廷黻认为帝国主义并非近代随着资本主义生产方式的发展才形成的现象,而是从古至今一直都存在的。古代的王朝扩张与城邦扩张,皆为帝国主义。不但欧洲历史上有帝国主义,亚洲历史上也有帝国主义。在他看来:"从中外古今的历史,我们可以知道所有的帝国主义,均是政治的,也均是经济的,因为均是用政治的方法(武力或外交)来达经济的目的。从经济方面看来,牧业、农业、商业、实业、航业、金融均能为帝国主义的原动力。从政治方面看来,部落制、君主专制制、贵族制、民主制,均能为帝国主义的器具。"②

或许是有感于中国共产党的帝国主义论强调列强对中国进行商品输出与资本输出所造成的危害,蒋廷黻说:"国内研究帝国主

---

① 蒋廷黻:《帝国主义的分析》,《南大周刊》1926年第31期。
② 蒋廷黻:《帝国主义的分析》,《南大周刊》1926年第31期。

289

义的人,多犯神经过敏的毛病,以为列强的商业和实业都是与帝国主义有关系的。"①在他眼里,"商业(货物的外销)与实业(原料的搜集)一部分是自然的,是于双方均有益的"。此外,"即强国与弱国间的经济关系也不全是帝国主义的。国或强或弱,一致的必须有国际的经济交换"。②其实,中国共产党的帝国主义论并未否定一切国与国之间的贸易,而是强调列强的对华贸易是建立在不平等条约之上的。在此过程中,中国罕有自主权,位于被支配的一方。尤其是随着列强对华进行商品倾销,以及控制中国的经济命脉,加上中国关税长期不自主,中国的民族资产阶级步履维艰。这是中国共产党在当时主张建立反帝的统一战线的重要背景。

或许是意识到了这一点,蒋廷黻说:"此刻我不过要诸位注意友敌的分别,以便将来讨论中国抵抗帝国主义的方法。"③可见,他也认为剖析帝国主义的目的是"抵抗帝国主义"。因此,对于霍布森与列宁都反复强调的金融资本问题,蒋廷黻也进行了颇为详尽的分析。通过梳理晚近西方列强对外进行资本输出的史事,他承认:

> 强国的资本家不但要求政府保护他们在弱国所投的资本,不但要求政府替他们索债,并且鼓动政府为他们找投资的机会。这并不是桩难事。资本家在其国内能操纵舆论,能支配政党,而外交界的人又多与资本阶级接近,因此强国的公使

---

① 蒋廷黻:《帝国主义的分析(续)》,《南大周刊》1926年第32期。
② 蒋廷黻:《帝国主义的分析(续)》,《南大周刊》1926年第32期。
③ 蒋廷黻:《帝国主义的分析(续)》,《南大周刊》1926年第32期。

派驻弱国者又加了一种职务,就是为其资本家找投资机会。①

这一观点,十分贴近霍布森在《帝国主义》中对于金融资产阶级操控本国政坛、利用宣传机器的描述,②而且置诸甲午战争以来列强在华经济活动的史事,可以说也颇为准确地道出了其行动逻辑。

关于"实业"(原料),蒋廷黻认为与帝国主义的关系更为紧密,是"近代帝国主义的一个大动力"。③ 他认为列强为了在世界范围内争夺原料来源地,不断在各地划分势力范围,并用外交手段,甚至武力手段强迫弱国为自己提供原料。为了垄断殖民地的原料,列强或是将殖民地的统治权外包给一家公司,或是把开矿特权留给本国资本家,或是只许本国国民在其殖民地购买土地。此外,他指出列强与弱国签订的借款协议中,前者往往强迫后者将本国原料产地交由其管理作为附带条件。在其中,"土耳其与中国受其毒最深"。④ 蒋廷黻进一步强调:

> 这些原料,我们自动的培植,不须外人强迫。但外人恐怕我们的实业发达以后,原料不能外输,如棉花。于是外人限制我们的关税。我们讨论关税自主的时候,我们不要忘记中国不但不能自由增加进口关税,而且不能自由增加出口关税。

---

① 蒋廷黻:《帝国主义的分析(续)》,《南大周刊》1926年第32期。
② [英]约翰·阿特金森·霍布森:《帝国主义》,卢刚译,第188、192—195页。
③ 蒋廷黻:《帝国主义的分析(续)》,《南大周刊》1926年第33期。
④ 蒋廷黻:《帝国主义的分析(续)》,《南大周刊》1926年第33期。

印度也是如此,土耳其三年以前亦是如此。①

只要对中国近代经济史稍有了解就知道,与近代其他大力发展本国工业的国家相比,中国极低的关税根本无法保护还处于弱小阶段的民族资产阶级。② 外货大量倾销至中国既是不少关心中国经济的人长期批判的一个现象,也是时人眼里国权丧失的表现之一。此外,蒋廷黻通过分析列强为控制原料供应地而采取的手段,引出了关税的问题。他说:

> 我们可以说国际贸易一部分是因普遍关系发生的,一部分是由政治势力发生的。政治势力能帮助商业,因为它有关税管理权,它能支派政府的购买,它能影响属地或弱国的文化,它能支派外债的来源及外债的条件。这种商业是帝国主义大因之一,也是帝国主义大果之一。③

很明显,虽然蒋廷黻反复声称并非所有的国际贸易都属于帝国主义,但他依然揭示了帝国主义国家如何运用经济手段输出商品,控制弱国。就此而言,他此时对帝国主义持比较明显的批判态度,并且希望通过介绍帝国主义国家的行动逻辑,让中国人知晓如

---

① 蒋廷黻:《帝国主义的分析(续)》,《南大周刊》1926年第33期。
② 关于近代完成工业化的国家在开展工业化时的关税及其产业政策,参见[法]保罗·贝罗奇:《经济学与世界史:迷思和悖论》,张群群译,载渠敬东等编:《反市场的资本主义》,香港:牛津大学出版社,2000年,第101—144页。
③ 蒋廷黻:《帝国主义的分析(续)》,《南大周刊》1926年第34期。

何"抵抗帝国主义"。对比一下后来与他基本同属一个阵营,并一起负责编辑《独立评论》的胡适在当时对于帝国主义的看法,蒋廷黻的这个态度就显得比较清晰了。① 胡适并不认为帝国主义对于中国而言是一件多么严重的事。1922年,在回应中国共产党第二次全国代表大会宣言中的"国际帝国主义宰割下之中国"时,胡适声称:"我们要知道,外国投资者的希望中国和平与统一,实在不下于中国人民的希望和平与统一。"比如说在民初,"外人所以捧袁(即袁世凯),大部分是资本主义者希望和平与治安的表示。我们可以说他短见,但不能说这全是出于恶意"。在巴黎和会之后,列强又召开了华盛顿会议,"中国的国民外交和美国的舆论竟能使华盛顿会议变成一个援助中国解决一部分中、日问题的机会"。而列强之所以干涉中国内政,是由于"国际投资所以发生问题,正因为投资所在之国不和平,无治安,不能保障投资者的利益和安全"。所以,"我们现在尽可以不必去做那怕国际侵略的恶梦。最要紧的是同心协力的把自己的国家弄上政治的轨道上去。国家的政治上了轨道,工商业可以自由发展了,投资者的正当利益有了保障了,国家的投资便不发生问题了,资本帝国主义也就不能不在轨道上

---

① 除了在学理层面汲取了霍布森的帝国主义论,蒋廷黻之所以有此态度,应该还是和五卅运动掀起的反帝风潮有关系。虽然他对当时流行的帝国主义论有自己的看法,但就批判帝国主义这一点来说,蒋廷黻应和当时知识界的绝大多数人一样,是表示认同与支持的。比如他在回忆里说,任教南开大学时,正逢抵制日货的风气盛行,蒋廷黻认为"此一运动是有利国家的爱国行动",但又觉得对于受此冲击的商人而言,有些不太公平。于是他建议向出售日货的店铺征收爱国捐,缴过捐后,可以贩卖日货,再用出售日货的钱款转购国货。参见蒋廷黻:《蒋廷黻回忆录》,第113—114页。

进行了"①。当然，用不了多久，蒋廷黻对于帝国主义的看法就变得与胡适越来越像了。

二、难分善恶的帝国主义

蒋廷黻在哥伦比亚大学留学时，海斯是他的论文指导教师。后者以研究近代民族主义而闻名，并出版《族国主义论丛》一书。蒋廷黻将此书翻译成中文。在中译本出版之前，蒋氏1927年发表了一篇关于此书的评论。在评价海斯此书的学术意义时，蒋廷黻顺带讨论了帝国主义问题。他说："十九世纪是民族国家主义的世纪。此主义不但支配了一世纪的政治，且支配了一世纪的思想。"流风所及，"此主义已成一个热烈的新宗教"。它使人相信，"自己的文化比外国的文化好，自己的种族比别国的种族好，于是乎自己的国家对于这些弱劣的国家有一个使命，此即'白人的负担'"。他指出："这就是帝国主义。"②可见，他在此处主要谈论的是近代西方民族主义思想的极度膨胀，以及所谓"白人的负担"说辞的泛滥，认为此乃滋生帝国主义的意识形态根源。这就将帝国主义问题从经济领域延展至思想与文化领域。

一年以后，在为此书撰写"译者介绍词"时，蒋廷黻强调虽然海

---

① 胡适:《国际的中国》，载欧阳哲生编:《胡适文集》，北京:北京大学出版社，1998年，第3卷第383、384、385页。
② 蒋廷黻:《介绍与批评》，《清华学报》1927年第1期。

斯在书中对民族主义持批评态度,①认为它的泛滥导致世界范围内局势动荡、烽烟不止,但当时的中国非常需要民族主义:

> 我虽明知族国主义的缺点,我确以为中国人政治精神病惟族国主义的精神药能医治。同时我愿意承受海斯教授的劝告:中国应图主权及土地的完整,确不应行反国际主义的政治、经济或教育政策。中国若欲自强,必须有国际主义的同情与协助:这是反国际主义的政策所不能谋得的。同时中国若不速受族国主义的洗礼,不但中国对国际主义的进步不能有所贡献,且中国本身反将变为波耳干半岛(按:即"巴尔干半岛")第二,反将成为列强的军国主义、帝国主义用武之地。②

在这里,蒋廷黻认为中国此刻不是民族主义过于膨胀,而是缺少民族主义,所以导致"政治精神病"流行。他希望通过在中国提倡民族主义来唤起国人的爱国之心,实现"自强",抵御列强的军国主义与帝国主义。在他的思考逻辑里,民族主义过度膨胀对于欧洲而言或许已经成为乱源之一,但在中国这样的弱国那里,民族主义堪称扭转危局的良药。这背后的前提就是他意识到了列强基于军国主义与帝国主义对中国进行侵略与掠夺,使中国面临四分五裂的危险(巴尔干化)。无独有偶,后来与蒋廷黻同属《独立评论》阵营一分子的傅斯年,在当时也认为,虽然"过量的民族主义是使欧洲

---

① 蒋廷黻在书中将今日通用的"民族主义"翻译为"族国主义"。
② [美]海斯:《族国主义论丛》,蒋廷黻译,上海:新月书店,1930年,译者介绍词第2—3页。

成巴尔干的原因",但"十九世纪欧洲之大进步,正靠其民族主义,中国此时尤非民族主义不足以锻炼国民,这是要声明的"。①

因此,分析蒋廷黻等人的思想,就不能基于某种当代政治想象简单地认为他们是在"反思"民族主义,用"去历史"的方式将他们与当时其他政治与文化派别区隔开,而是要考察他们所谓民族主义是在怎样的思考框架下提出来的,具体内涵是什么。蒋廷黻此处的言说显示,他一方面希望中国通过提倡民族主义来抵御列强的军国主义与帝国主义,另一方面又认为中国不能自外于所谓"国际主义"。他所说的"国际主义",自然不是当时风起云涌的社会主义运动所倡导的国际主义,而是顺着海斯的观点立言。海斯为自己著作的中译本写了一篇序言,向中国人建议"中国应当勉力建设一个能与世界各国维持通常国际往来的行政机关",中国人应注意"如何使中国精神的与经济的生活成为世界各国生活上合作的一个势力"。之所以提此建议,是因为在他看来,"现在西方赞成国际主义的意见已渐渐的发展,并且近世生活中根本的各种事实亦渐趋于国际化"。②他在这里言之凿凿的"国际往来""国际主义",在书中主要体现为对"一战"后成立的国际联盟的称赞。在他看来,国联的成立有助于"鼓励国际的合作",有助于"促进国际的觉悟和国际的良心"。③他觉得,有了国联,那种19世纪式的民族主义战争就会逐渐退出历史,人类的和平岁月也将有可能来到。中国要想实现发展,须遵从国联制定的规则,因为以国联为基础的国际秩

---

① 傅斯年:《法德问题一勺》,载欧阳哲生(编):《傅斯年文集》第6卷,北京:中华书局,2017年,第42页。
② [美]海斯:《族国主义论丛》,蒋廷黻译,中译本特序第3、4页。
③ [美]海斯:《族国主义论丛》,蒋廷黻译,第343—344页。

序是有利于中国的。

在这里,海斯并未进一步追问国联是否真的能遏止国际纷争;国联成立前就已经存在于国际政治中的支配与被支配、剥削与被剥削关系是否有所变化;列强为了维持其霸权地位,在非西方国家与地区的做法是否因为成立了国联而有本质上的改变;许多被殖民国家要求摆脱殖民统治的诉求,在国联里是否受到应有的重视,它们是否能名副其实地摆脱内外困境;国联成立之后出现的"委任统治制度"与19世纪的殖民统治之间有何本质上的区别,二者是否共享着作为殖民统治意识形态基础的"文明等级论";资本主义经济危机是否因国联的成立而有所缓解。其实只要深入考察国联成立后世界各地的政治与经济状况,这些问题不难找到答案,但海斯并未就此展开思考。[①] 而他这一观点对蒋廷黻影响极大。它使后者相信,中国是要有民族主义的氛围,但中国内外政策的制定应在遵循国联所代表的国际秩序下进行,尤其需要博得西方大国的同情,因为这样的秩序与这样的同情对中国是有利的。

到了20世纪30年代,尤其是九一八事变之后,反对帝国主义的呼声在中国更为猛烈。之所以如此,首先自然是因为日本吞并中国的野心越来越明显,以及南京国民政府在对日外交上不断妥协,加上由国联委派的李顿调查团的"调停"有名无实,这让人们对

[①] 今天的不少研究已经证实了海斯设想很有问题。比如[英]E.H.卡尔:《两次世界大战之间的国际关系:1919—1939》,徐蓝译,北京:商务印书馆,2010年。[加拿大]苏珊·佩德森:《守护者:国际联盟与帝国危机》,仇朝兵译,北京:社会科学文献出版社,2021年。而施米特对国际联盟的批评,也揭示了海斯所不愿直面的问题。参见[德]卡尔·施米特:《日内瓦国际联盟的两张面孔》《国际联盟与欧洲》《现代帝国主义的国际法形式》,载《论断与概念》,朱雁冰译,上海:上海人民出版社,2016年,第50—53、114—125、212—233页。

于帝国主义侵略中国有了更为直观与深切的感受。其次，随着中国社会史论战与中国社会性质论战的开展，马克思主义进一步在中国知识界扩大影响，特别是帝国主义如何控制中国政治与经济，日渐成为人们所关注的话题。在20世纪30年代，根据马克思主义撰写的有关中国历史与现实、世界历史与现实的通俗著作，成为不少青年人了解中外局势的主要参考，这也进一步传播了中国共产党的帝国主义论。

这自然是蒋廷黻极力反对的。他认为，九一八事变中国处于被动局面，一个主要原因就是之前"虚骄自负"的"革命外交"，让英美等国不愿"帮助"中国。① 可是，九一八事变之后国联派来中国的李顿调查团，团长英国人李顿曾任英国驻印度总督，团员美国人麦考益曾任美国驻菲律宾总督，法国人克劳德曾任驻印度支那法军总司令。让一群前殖民地官员来调解日本对中国的侵略，这本身就显得不伦不类。这个调查团事后发表的报告书，虽然批评了一下日本的侵略行径，但渲染日本在中国东北的所谓"特殊地位"，主张在东北实行承认日本特殊地位的"国际共管"。只要对近代殖民史稍有了解，就不难看到这一方案所主张的"国际共管"，其实就是一个让列强共同瓜分东北，共享在东北的利益的计划，只是在其中强调了日本较之其他列强，在此地更具特殊地位罢了。② 然而在蒋廷黻看来："调查团的团员均来自受过欧战洗礼，工商经验及殖民经验较富的国家。他们的思考恐非后进的日本帝国所能领会。"

---

① 蒋廷黻：《九一八的责任问题》，载邓丽兰等编：《蒋廷黻文集》，天津：南开大学出版社，2019年，第270页。
② 中国社会科学院近代史研究所编：《日本侵华七十年史》，北京：中国社会科学出版社，1992年，第360—364页。

对于中国而言,"无论我们对国联调查团所指的路是如何悲观,我们不能不竭力竭诚一试"。①

在这里,蒋廷黻认为李顿调查团的成员"殖民经验较富",如果是想表达后者比日本军国主义者更善于运用各种手段进行殖民活动的话,或许并无什么问题。但联系上下文,他似乎更想表达的是,正是因为其"殖民经验较富",所以调查团不会轻易满足日本的要求,中国也就有与之周旋的机会。但问题在于,一个国家侵略另一个国家,一群更为老牌的殖民者则出来进行调停,这究竟是对日本的制约,还是对中国的蔑视?抑或是更想借调停之机来确保本国因早先的殖民活动而得来的在华利益?对于饱受列强殖民侵略之苦的中国而言,能指望一群老牌殖民者主持公道吗?他们会将中国视为一个完整的、独立的、与之地位平等的主权国家吗?很明显,蒋廷黻之所以对国联调查团报以期待,与其说是根据各方政治力量对比而得出的结论,不如说很大程度上是由于他在立场上,甚至情感上相信那些"殖民经验较富"的国家会因其"文明"而为中国主持公道,中国不应"辜负"其苦心孤诣。②

此外,中国共产党的帝国主义论通过分析中国的政治、经济与社会矛盾,探索中国革命的动力、路线与政策。而革命是蒋廷黻极力反对的。1933年,他在《革命与专制》一文里说:

> 无论如何,西洋尚有为阶级谋利益的政治,我们连这个都没有……所谓革命家十之八九不是失意的政客,就是有野心

---

① 蒋廷黻:《国联调查团所指的路》,载邓丽兰等编:《蒋廷黻文集》,第272、274页。
② 关于蒋廷黻的相关思考与其他《独立评论》主要作者之间的异同,参见张玉龙:《蒋廷黻社会政治思想研究》,北京:中国社会科学出版社,2008年,第161—177页。

的军人;加入革命的普通人员不是无出路的青年,就是无饭吃而目不识丁的农民。这种人,如革命能改除一时的痛苦就革命,如作汉奸能解除目前的痛苦就作汉奸。拿这种材料来做建设理想社会的基础,那是不可能的。①

不用去追问蒋廷黻说这番话时是否做过详细的社会调研,是否考察过中国社会的矛盾及各阶级的状况。因为他这番话背后显现的与其说是学理分析,不如说是一种高高在上的自傲感,俨然帝制时代位于四民之首、享受各种特权的士绅阶层。② 这也与南京国民政

---

① 蒋廷黻:《革命与专制》,载邓丽兰等编:《蒋廷黻文集》,第214页。
② 在当时,蒋廷黻及其同路人颇为认同"专家政治"。在彼辈眼里,所谓"社会重心",主要指的就是具有某种专门技能的"专家"。胡适就说:"今后必须尊重专家,延请专家去顾问政治,解决难题;没有专门研究的人,不配担负国家和社会的重要责任。"(参见胡适:《思想革命与思想自由》,载欧阳哲生编:《胡适文集》第11卷,第200页)罗隆基也声称:"二十世纪政治上的行政,本身已经成为一种科学。行政是管理,我们已经说过。二十世纪行政的标准,是要适合经济的和能率的(Efficiency)两个条件。管理一切极复杂极繁难的社会的、经济的,及政治的作业,同时要适合经济与能率两个条件,管理本身,非采用科学的方法不可。"而按照他的设想,这样的"专家政治"应当采取"正当的选举和公开的考试"。(参见罗隆基:《专家政治》,载欧阳哲生编:《胡适文集》第5卷,第604页)既然他认为彼时的政治问题实属"行政问题",且"行政问题"需要大量专门化知识,那么可想而知,依据当时中国的人均识字率与受教育水准,有条件被"选举"与"录取"的人,基本仅限于占全国总人口极小一部分的高级知识分子与技术官僚。如此一来,政治参与度恐怕只会很低。曾对胡适等人影响极大的美国总统威尔逊,在其论著里就认为"民主与其说是选举过程,还不如说是知识精英统治"。他强调"以知识精英为身份的民主——受过教育和训练的人的统治——是防止无知群众的堡垒",并对带有集权色彩的普鲁士行政体制称颂有加。(参见[美]伊多·奥伦:《美国和美国的敌人:美国的对手与美国政治学的形成》,王小松等译,上海:上海人民出版社,2004年,第53—59页)很有可能的是,威尔逊的这些观点同样让曾赴美国留学的胡适等人印象深刻。

府成立后,不少留学欧美的精英逐渐成为该政权主导力量的大背景颇为匹配。① 正是基于以上感观,蒋廷黻对帝国主义的看法发生了较为明显的转变。

1933年,蒋廷黻发表《帝国主义与常识》一文。他在文章开篇就说,认为"帝国主义是资本主义的别名""资本主义的末日就是帝国主义的末日",只是用来"博民众欢心"的论调。② 很明显,他是在指责中国共产党的帝国主义论。因为列宁强调帝国主义是资本主义的最高阶段,象征着资本主义国家之间的矛盾日益激化。接下来,蒋廷黻一反先前思考如何"抵抗帝国主义"的立场,认为帝国主义究竟是善是恶,其实答案并不那么清晰:

> 印度、安南、高丽究竟是独立好呢,还是继续受外人的统治好呢;印度、安南、高丽一般人民的生活,自受外族统治以后,是日趋于穷于苦呢,还是日趋于富于乐呢。关于这些问题,现在不能有客观的、科学的答复。换句话说,就是我们承认某种现象是帝国主义的,其善恶利害还是有问题……从多数看起来,统治者是甲是乙,是本族或是外族,是不关紧要的;关紧要的是统治的成绩,如社会的或治或乱,及经济的或穷或富。③

---

① 鲁卫东:《民国中央官僚的群体结构与社会关系(1912—1949)》,北京:中国社会科学出版社,2017年,第121、125页。
② 蒋廷黻:《帝国主义与常识》,载邓丽兰等编:《蒋廷黻文集》,第327页。
③ 蒋廷黻:《帝国主义与常识》,载邓丽兰等编:《蒋廷黻文集》,第327页。

他的逻辑就是,民众总是要被人统治的,只要能带来些许"治"和"富",那么由谁来统治,大多数人其实是不在乎的。既然如此,假如帝国主义为殖民地带来了一些有着现代外观的东西,那么反帝的正当性自然也就要打折扣。所以,没必要总是高喊"打倒帝国主义"。从世界近代思想史的脉络看,蒋廷黻的这个看法与殖民者为维系其统治地位而强调的殖民统治带来现代化,以及依据"文明等级论"认为被殖民国家与地区民众需要由"文明人"进行开导与教化的论调,其实颇有相似之处。当然,放眼第三世界国家的近代史,持此论调的绝非仅限于殖民者,不少与宗主国关系紧密的、有着"西化"外观的政学精英,也经常这样认为。因为这样的观点最有助于他们维持自己在本国的精英地位。①

此外,蒋廷黻进一步引申他在1926年的演讲中的观点,即帝国主义并非近代才出现的事物,而是从古至今一直存在着的。他说,"现在世界上所有的国家都是帝国主义的产物,都是由于一个中心民族兼并其他无数民族而成的""照我们知道的,自古石器时代到现在,没有一个时代,一个民族,一种经济制度,没有行过,或者试行过帝国主义。人类的起始就是帝国主义的起始"。② 当然,与彼时不同的是,他承认英美等国是帝国主义国家,但更强调十月革命之后的苏联也是帝国主义国家,通过突出后者,来减弱人们对于前者的痛恨。在他眼里,如果苏联不肯放弃大国沙文主义,那么就没

---

① 关于这一点,参见[突尼斯]梅米:《殖民者与受殖者》,魏元良译,载许宝强、罗永生选编:《解殖与殖民主义》,北京:中央编译出版社,2004年,第41—42页。[美]保罗·巴兰:《增长的政治经济学》,蔡中兴等译,北京:商务印书馆,2014年,第325、327—328页。
② 蒋廷黻:《帝国主义与常识》,载邓丽兰等编:《蒋廷黻文集》,第328、330页。

必要对英美等国过分苛求。这就形成了一种话语暗示：不谴责苏联，就没资格批判英美。

进一步而言，蒋廷黻的这些观点是建立在他对于人类历史发展规律的理解之上的。在他看来：

> 一切有作为的、向上的民族都在那里求自己的政治、经济文化势力的膨胀。古代如此，现在亦如此。倘甲的势力膨胀与乙的相等，如日美、日俄、英美、法德等国之间，甲乙的关系就是平等的、通常的国际关系，我们不说甲乙之间有帝国主义存在。万一甲的势力膨胀过乙的，如列强与中国之间，那末（么）帝国主义自然而然的就来了。这是一种天然现象，无所谓善恶。如要谈善恶和责任，那末强者与弱者是同等的须负责。我们只能求我们的膨胀能与外来的膨胀抗衡，不能求外来的膨胀的取消。取消或限制任何民族的膨胀就是取消或限制它的生活。这是根本不可能的。①

可见，蒋廷黻认为人类历史上的侵略行为本身并无所谓善恶存焉，因为每个民族都有这样的欲望与冲动。只是有些民族成功，有些民族失败罢了。既然无所谓善恶，也就没必要基于道义的角度对其予以谴责。② 弱国被强国侵略，是因为前者没有足够的实力抵御后者。一旦弱国变为强国，它也会有侵略别的弱国的想法。蒋廷

---

① 蒋廷黻：《帝国主义与常识》，载邓丽兰等编：《蒋廷黻文集》，第330页。
② 照此逻辑，霍布森对于帝国主义的批判也就没有什么意义了。所以笔者在前文提到："整体而言，蒋廷黻对霍布森帝国主义论的汲取，虽然有，但可能并不多。"

黻的这一观点充满了现实主义的唯实力论。在提醒弱国应增强实力抵御强国这一点上,不能说它没有一定的意义。但更为重要的是,如此这般看问题,体现了明显的"慕强"心态。因为这样的观点消解了深入批判不合理国际秩序的意义,并且放弃追问这样的国际秩序是怎样形成的,以及如果不变革这样的国际秩序,弱国究竟有无改变自身命运的机会。而一旦缺少这样的追问,就极易将如此这般的强弱关系视为一种历史必然。弱国要想在此局势中自存,要么使自己成为有能力侵略别人的强国,要么就应"安分守己",遵循由强国制定的游戏规则,不去"惹恼"强国。在蒋廷黻那里,这就是国际政治中的"常识"。以此观之,批判帝国主义自然属于不合"常识"之举。所以他说:"照我看来,人类的末日才是帝国主义的末日。"①而针对九一八事变之后的李顿调查团,蒋廷黻不去剖析前者所谓调停的真实目的,反而建议中国应在李顿调查团设置的框架下寻求其帮助,并努力从善意的角度去推测其动机,可以说就是他上述观点的具体表现。毕竟一旦强弱关系表现得如此明显,看上去难以改变,那么长此以往,依附强国、迎合强国的心态很可能会胜过抵御强国、对抗强国的志愿。因为依附与迎合或许尚可苟存,抵御与对抗更可能招致灭顶之灾。

理解了这个逻辑,也就理解了蒋廷黻为何要替琦善平反,为什

---

① 蒋廷黻:《帝国主义与常识》,载邓丽兰等编:《蒋廷黻文集》,第330页。按:《帝国主义与常识》是20世纪30年代蒋廷黻专门讨论帝国主义问题的文章。此外,他在《近代中国外交史料辑要》《中国近代史大纲》等著作里也讨论过帝国主义问题,但基本观点与此文并无差异。因此,本文主要分析这篇文章,对于他在中国近代史论著里的相同观点,不再展开讨论。对此问题的讨论,参见蔡乐苏等著:《中国近代史学科的兴起》,北京:清华大学出版社,2018年,第177—263页。

么会认为"如果中国的近代史能给我们一点教训的话,其最大的就是:在中国没有现代化到一定程度以前,与外人妥协固吃亏,与外人战争更吃亏"。① 因为在他看来:"自哥伦布在15世纪末年发现美洲到现在,世界的历史几可一言以蔽之:就是白人霸占世界史。"②"自16世纪到现在,世界史最重要的方面之一是东西的合化,或者我们应该说,是全世界的欧化。"③中国应适应这样的历史大势,并在这样的历史大势下思考自救之道。

三、帝国主义与政治集权

平心而论,蒋廷黻并不反对中国追求富强。在初版于1938年的著名的《中国近代史》中,他直言:

> 近百年的中华民族根本只有一个问题,那就是:中国人能近代化吗?能赶上西洋人吗?能利用科学和机械吗?能废除我们家族和家乡观念而组织一个近代的民族国家吗?能的话,我们民族的前途是光明的;不能的话,我们这个民族是没有前途的。④

---

① 蒋廷黻:《论妥协并答天津〈益世报〉——"这一星期"之十三》,载邓丽兰等编:《蒋廷黻文集》,第319页。
② 蒋廷黻:《亚洲的门罗主义——"这一星期"之四》,载邓丽兰等编:《蒋廷黻文集》,第302页。
③ 蒋廷黻:《中国与近代世界的大变局》,载邓丽兰等编:《蒋廷黻文集》,第77页。
④ 蒋廷黻:《中国近代史大纲》,北京:东方出版社,1996年,第2页。

接下来，他认为虽然帝国主义无涉善恶，但对于中国近代史这门学科而言，"现在我们要研究我们的近代史，我们要注意帝国主义如何压迫我们"。① 在这个意义上，蒋廷黻的中国近代史研究并未自外于这门学科本身蕴含着的为中国未来发展提供历史经验教训的属性。

蒋廷黻不但认为近代史研究中"要注意帝国主义如何压迫我们"，在讨论中国现实政治问题时，也将此作为立论的基本预设。毕竟承认由列强主导的国际秩序的前提是中国作为一个现代国家能够自存。如果因国力过于衰弱而导致能否自存都成为问题，那么再谈如何在既定的国际秩序里寻求发展，就是没有意义的事情。他说："民族意识是我们应付世界大变局的利器。现在的问题是，这民族意识能否结晶，能否具体化。我们是否从此团结一致来御外侮；我们是否因为受了民族主义的洗礼而就能人人以国事为己任。这些条件会决定我们最后对这个大变局的应付的成败。"②从世界近代史的角度看，弱国的民族主义对内要求变革不合理的政治制度与社会结构，使国民成为国家的主人，让国家认同高于地缘性与血缘性小团体的认同；对外则要求国家能够抵御外侮，维持本国的主权独立与领土完整。第一次鸦片战争以来，中国无疑是一个弱国。因此，在中国提倡民族主义，即使承认晚近国际秩序的合理性，也应立足于保持中国主权独立与领土完整。而要实现这一目标，就需抵御列强对中国的侵略与掠夺。在这个意义上，思考中

---

① 蒋廷黻：《中国近代史大纲》，第4页。
② 蒋廷黻：《中国与近代世界的大变局》，载邓丽兰等编：《蒋廷黻文集》，第104页。

国内部的问题,就是为了能让中国在列强环伺的局面下自立自强。

正是在这样的逻辑下,蒋廷黻认为当时中国最为严重的问题是在清朝覆亡之后,缺少一个能够做到名副其实的统一与集权的中央政府。如果不依靠这样的政府奠定基本的政治秩序,那么其他各项经济、社会与军事建设将极难着手。更为重要的是,缺少了这样的政府,中国国内政局一旦发生动荡,就会给列强借机牟利的机会。用他自己的话来说:"现代的竞争是国与国的竞争。我们连国都没有,谈不到竞争,更谈不到胜利。我们目前的准备,很明显的,是大家同心同力的建设一个国家起来。"①在发表于1933年,堪称彼时"民主与独裁"论争中鼓吹新式独裁代表作的《革命与专制》中,蒋廷黻进一步指出:

> 满清给民国的遗产是极坏的,不够作革命的资本的。第一,我们的国家仍旧是个朝代国家,不是个民族国家。一班人民的公忠是对个人或家庭或地方的,不是对国家的。第二,我们的专制君主并没有遗留可作新政权中心的阶级。其实中国专制政体的历史使命就是摧残皇室以外一切可作政权中心的阶级和制度。结果,皇室倒了,国家就成一盘散沙了。第三,在专制政体下,我们的物质文明太落伍了。我们一起革命,外人就能渔利,我们简直无抵抗的能力。②

---

① 蒋廷黻:《国际的风云和我们的准备——"这一星期"之九》,载邓丽兰等编:《蒋廷黻文集》,第311页。
② 蒋廷黻:《革命与专制》,载邓丽兰等编:《蒋廷黻文集》,第215页。

很明显,蒋廷黻不是在"去语境"地讨论晚近中国中央政府职能缺失,而是基于意识到"我们一起革命,外人就能渔利,我们简直无抵抗的能力"的现状,才呼吁应抓紧建设能够做到名副其实的统一与集权的中央政府。所以,蒋廷黻虽然认为帝国主义无涉善恶,但在其政论里,其实并不否认帝国主义总是盘算着侵略中国的事实。而唯有能够做到统一与集权的中央政府,才能有效抵御外人在中国"渔利"的企图。①

蒋廷黻的这篇文章引起胡适的反对。后者连续发表《建国与专制》《再论建国与专制》来回应蒋氏。② 胡适认为,建设现代国家固然需要统一的政权,但其方式绝非仅有新式独裁一种路径。此外,他不相信当时的中国有哪派政治力量能够担负起蒋廷黻所期待的那种时代责任。与其将希望寄托在现实当中本不存在的政治力量之上,不如另寻他路,从别的方面思考中国的政治建设问题。面对其质疑,蒋廷黻发表《论专制并答胡适之先生》。他在文章开头即言:

> 近百年世界的一种大潮流是民族主义。未统一的国家赖此主义得着统一了,如德意志、意大利。已统一而地方分权的国家赖此主义提高中央的权力了,如日本的尊王废藩,如美国联邦政府的权威的自然长进……近代的国家每有革命,其结

---

① 在当时,不少知识分子都在鼓吹"新式独裁"。关于这一思潮的兴起背景及其基本内容,参见冯峰:《"国难"之际的思想界——1930年代中国政治出路的思想论争》,西安:三秦出版社,2007年,第199—232页。
② 关于"民主与独裁"论争中的各方观点及其文章汇编,参见智效民编著:《民主还是独裁——70年前一场关于现代化的论争》,广州:广东人民出版社,2010年。

果之一总是统一愈加巩固及中央政府权力的提高,帝俄已是一个统一集权的国家,但是现在的苏俄更加统一,更加集权。德国革命后的一九一九年宪法比毕士麦(按:即俾斯麦)一八七一年所定的宪法就统一集权的多,而今年国社党的革命又进一步,法国在十七十八世纪已成为统一集权的国家,但十八世纪末年革命的主要使命之一就是铲除各区域的差别,成立法人所谓一整个、不可分离的法国。①

前文谈过,蒋廷黻认为人类历史发展过程中,所有民族都在追求势力膨胀,然后希图宰制弱国。在这里,他认为世界近代史的趋势是不但出现了许多区别于古代王朝的民族国家,而且民族国家内部纷纷走向集权之路。当然,他仅用抽象的权力分散或集中来考察不同国家的制度形态,而忽视了不同性质的国家内部的社会结构与外部环境、政权的阶级属性与施政方针,因此将推行"新政"的美国、正在进行工业化建设的苏联、纳粹上台掌权的德国混为一谈。这也是当时知识界宣扬新式独裁与统制经济的人士所共有的倾向。② 而将蒋廷黻的这一观点与他对人类历史发展规律的认识结合起来看,就不难得出中国应厉行新式独裁的结论了。因为各国都在施行中央集权,中国如果不这样做,那么很可能难逃被侵略或瓜分的命运。当然,这也是彼时与蒋廷黻持相似政治主张的人士常用的分析方式。比如钱端升认为,对当时的中国而言,"我们第一个急务是怎样的急起急追,求为一个比较有实力的国家,庶几最

---

① 蒋廷黻:《论专制并答胡适之先生》,载邓丽兰等编:《蒋廷黻文集》,第217页。
② 如钱端升、翁文灏等皆是。

可怕、最惨烈的世界大战到临时,我们已不是一个毫不足轻重的国家"。而"欲有一强有力的政府,则提倡民主政治不但是缓不济急,更是缘木求鱼"。此外,"欲达到工业化沿海各省的目的,则国家非具有极权国家所具有的力量不可。而要使国家有这种权力,则又非赖深得民心的独裁制度不为功"。因此,"中国所需要者,也是一个有能力、有理想的独裁"。①

1934年,蒋廷黻在《民族复兴的一个条件》一文里进一步谈及这个问题:

> 我们现在所处的局势是几千年来未有之变局。美国提高银价,我们的农工商业就受重大打击,只有国家积极的政策始能挽回万一。英国要联日以制俄,我们就成了英国送给日本的礼物,这也不是靠圆滑的无为所能阻止的。日本放弃金本位,我们的幼稚工业就受压迫,这不是各工厂各自努力所能抵抗的。日本要为大和民族谋万世安全,我们就发生存亡的问题,这不是我们"独善其身"的传统哲学所能补救的。这种外来的压力,如同黄河长江的洪水,非有强力的政府、积极做事的政府,及全国的总动员,是无法抵御的。②

蒋廷黻此处所提到的那些列强对华政策及实践,包括中国因国势衰微而沦入人为刀俎,我为鱼肉的惨境,在当时由左翼知识分子所

---

① 钱端升:《民主政治乎?极权国家乎?》,载钱元强编:《政治的学问》,北京:文津出版社,2020年,第100、101页。
② 蒋廷黻:《民族复兴的一个条件》,载邓丽兰等编:《蒋廷黻文集》,第229页。

撰写的政论与著作里也时常论及,并且对之有更为详尽而生动的分析。① 所以说,蒋廷黻虽然不认同中国共产党的帝国主义论,但在对中国所面临外部压力的严峻性的认知上,其实与中国共产党的理论家或左翼知识分子并无本质上的区别。只是如何理解这样的外部压力,如何抵御这样的外部压力,蒋廷黻与后者有截然不同的想法。在蒋廷黻看来,中国此刻需要一个强有力的中央政府,这样的政府能够开展各项现代化建设,增强国家实力。此乃抵御外侮的首要条件。他说:"我们的出路,在对内对外两方面,均不能不求之于建设。所谓建设就是物质的和制度的创造与改造,就是全民生活的更换,就是国家的现代化。"② 为了说明现代化建设的重要性,他甚至一反在《帝国主义与常识》中对苏联的指责,将后者作为中国应该借鉴的样板:

> 我们以后要引起国际的同情也不在乎我们对日强硬的程度,而在乎我们建设的成绩,倘若苏俄第一个五年计划失败了,你看她的国际地位能如有今日吗?没有建设,没有提高我们自己的力量,纵使得着外援,我们还是别国的附庸,自己不能在国际上成为一个独立势力。③

和当时不少对苏联"一五"计划抱以歆羡之情的中国知识分子一

---

① 比如钱亦石、王亚南、吕振羽等人的著作,以及开明书店出版的关于国际形势与中国社会的书籍和杂志。
② 蒋廷黻:《建设的出路不可堵塞了》,载邓丽兰等编:《蒋廷黻文集》,第225页。
③ 蒋廷黻:《建设的出路不可堵塞了》,载邓丽兰等编:《蒋廷黻文集》,第226页。

样,蒋廷黻也认为中国要想彻底摆脱沦为"别国的附庸"的危险,就需要像苏联那样,通过有计划的政策,让国家的政治、经济与军事实力在短时间内得到质的提升。

当然,蒋廷黻对苏联的认可大概也仅限于此。中国共产党的帝国主义论除了分析帝国主义列强如何运用政治、外交、经济、文化等手段来侵略与掠夺中国,还强调后者的企图之所以能够实现,离不开中国国内的统治阶级与剥削阶级的依附或合作。因此,反对帝国主义,既要批判它对中国的侵略与掠夺,又要剖析中国国内的社会各阶级状况,强调改变不合理的政治制度与社会结构的必要性,推翻那些与帝国主义勾结在一起的特权集团,通过无产阶级政党的组织、动员与宣传,让占中国人口绝大多数的农民与工人成为国家名副其实的主人,依靠民众的力量来对抗帝国主义列强。而恰恰在这一点上,蒋廷黻有着很不一样的看法。他颇为藐视民众的力量,认为不能指望依靠他们来实现国家现代化。在发表于1936年的《中国近代化的问题》一文里,他说:

> 群众都是反对近代化的……无论在哪一国,群众是守旧的,创造是少数人的事业。在辛亥年,如果全国对国体问题有个总投票的机会,民众十之八九是要皇帝的,现在的民众如有全权决定要不要修汽车路,大多数会投票决定不要汽车路……在中、俄、日、土四国之中,近代化即是自上而下,并且常违反民意,改革的推动不能不依赖政权的集中。从这四国近代化的过程,我们可以得着一个共同结论:政权愈集中的国家,其推行近代化的成绩愈好。所谓好,就是改革的程度愈彻

底,愈快速。没有大彼得的横暴——不仅专制——旧莫斯科的守旧势力是不能打倒的,俄国或要保存鞑靼的、东欧的文化直到拿破仑大战的狂风暴雨,十八世纪的宝贵光阴将整个的空费了。①

在《中国近代史》里,他通过叙述历史,进一步申说此意:

> 我们近六十年来的新政都是自上而下,并非自下而上。一切新的事业都是由少数先知先觉者提倡,费尽苦心,慢慢地奋斗出来的。在甲午以前,这少数先知先觉者都是在朝的人。甲午以后,革新的领袖权慢慢地转到在野的人手里,却是这些在野的领袖都是知识分子,不是民众。严格说来,民众的迷信是我民族近代接受西洋文化大阻碍之一。②

通过叙述中国近代史,蒋廷黻给中国开出这样一个解决第一次鸦片战争以来困局与危局的药方:

> 假使我民族不是遇着帝国主义压迫的空前大难关,以一个曹操、司马懿父子之流的袁世凯当国主,树立一个新朝代,那我们也可马虎下去了。但是我们在二十世纪所需要的,是一个认识新时代而又能领导我们向近代化那条路走的伟大

---

① 蒋廷黻:《中国近代化的问题》,载邓丽兰等编:《蒋廷黻文集》,第234页。
② 蒋廷黻:《中国近代史大纲》,第55页。

领袖。[1]

作为熟悉中国近代外交史料的人,蒋廷黻明确指出近代中国遭遇的"空前大难关"源于"帝国主义的压迫",这体现了他作为史家的基本素养。但他认为一部中国近代史所昭示的是像曾国藩、李鸿章这样地位的人才是推动中国历史发展的关键。历史的更替体现在这样的精英人物你方唱罢我登场,普通民众非但不能参与到历史的进程中,反而是阻碍历史前进的罪魁。[2] 而未来中国的发展,也端赖能否出现"领导我们向近代化那条路走的伟大领袖"。所以,无论从哪个角度看,蒋廷黻的中国近代史叙事都难以和现代民主政治接上关系,反而与近代世界范围内出现的国家主义思潮颇为相似。在《中国近代史》的最后一节,蒋廷黻用了大量篇幅论述蒋介石的"功绩"。大概在他看来,自己已经找到能让中国实现现代化的"领袖"了。不过之后的历史发展,也证明蒋廷黻的观察错

---

[1] 蒋廷黻:《中国近代史大纲》,第97页。
[2] 其实在谈论中国教育问题的文章中,蒋廷黻颇为犀利地指出:"中国社会有一种极惊异的特别,即知识阶级与一般人民漠不相关。""现在中国士大夫的威风尚存在,或者以往日有过之而无不及,因为西洋科学的知识尤为社会所推重。学生几乎成了一个特殊阶级。一进中学——大学更加——他们就进了一个特殊权利的阶级。权利很多,义务则很少。有时候,他们好像全不知道民间生活是怎样;除少数例外,他们也不想对民间生活的改良有所贡献。"参见蒋廷黻:《中国的教育》,载邓丽兰等编:《蒋廷黻文集》,第365页。可见,蒋廷黻是比较清楚当时中国一部分精英阶层的弊病的。只是在分析中国的政治问题时,他并未自觉地将这样的观察贯穿于其中,而是将中国面临困境的主要责任推到了普通民众身上。

得一塌糊涂。① 这种错误除了包括对于蒋介石资质的严重误判,还应包括对于如何才能抵御"帝国主义压迫"的认识。

四、余论

在辛亥革命之后的中国知识界,蒋廷黻算是对近代西学掌握较深、对国际政治变局有较为全面了解的学者。他在美国留学期间,受到霍布森《帝国主义》的影响。从博士论文以英国劳工运动与帝国主义关系为主题始,在其文字生涯里,帝国主义一直是他颇为关注的问题。1926 年,面对五卅运动期间声势浩大的反对帝国主义风潮,蒋廷黻借鉴霍布森的观点,剖析帝国主义施行对外扩张的手段与目的,尤其是如何利用各种经济手段来控制弱国。虽然他对于帝国主义的理解不同于中国共产党所继承的列宁的帝国主义论,但至少在当时他还是站在批判帝国主义的角度来分析问题的。

到了九一八事变之后,由于蒋廷黻认为中国必须在既有的国际秩序下寻求欧美国家的帮助来解决民族危机,因此他对于中国共产党人与左翼知识分子的帝国主义论颇为不满,撰文提出了另外一套对于帝国主义的解释。他认为帝国主义无涉善恶,对弱国的影响也不可一概而论。甚至帝国主义现象也非近代才有,而是

---

① 蒋廷黻这本书初版于 1938 年,在之后的抗战岁月里,蒋介石集团的统治越来越腐化堕落。相关记载不但见诸报刊杂志,还体现在国民政府内部人士的日记里。从美国驻华外交官与军人的相关报告与文件中,也能清楚地看出来。

从古至今一直存在。这背后除了学理层面的认识,其实更和他当时对于中国外交政策的判断息息相关。他认为中国应该在国际联盟的框架下寻求帮助,而且相信这是中国所能选择的最佳方案。

但是,蒋廷黻毕竟是一位关心中国前途的人。他虽然反对中国共产党的帝国主义论,但却不能无视第一次鸦片战争以来东西列强对于中国的侵略。他认为中国内部混乱不堪,不断给列强制造侵略与掠夺中国的机会。既然这种侵略现象是客观存在的,那就必须思考如何才能抵御外侮。他想到的方案是建立名副其实的统一与集权的中央政府,然后自上而下地开展现代化建设。他认为民众是现代化的阻力而非助力,因此在中国推行新式独裁很有必要。可见,他的新式独裁论,是建立在帝国主义侵略中国的严峻性之上的。

很明显,蒋廷黻的帝国主义论与他对于中国未来发展道路的设想息息相关。与其孤立地评价其帝国主义论是否具有某种"价值",不如全面地评估蒋廷黻所设想的中国未来发展道路。首先,九一八事变之后来华的李顿调查团并未真正调解中日矛盾。该调查团背后的国际联盟非但未能改变19世纪以来在世界范围内存在的支配与被支配、剥削与被剥削关系,而且根本无法遏止德意日法西斯的膨胀,以及第二次世界大战的爆发。其次,19世纪帝国主义侵略或殖民广大的亚非拉国家的历史,在"二战"之后受到了普遍的否定。不但社会主义阵营对之进行强烈批判,就连美国也承认"二战"后亚非拉地区殖民地解放运动具有正当性。因此,至少在表面上,帝国主义已经成为国际政治中的负面之物。最后,历史证明,新式独裁不能解决中国的问题,广大的中国民众也不是现代化的阻力,蒋廷黻对蒋介石的期待更是竹篮打水。从世界近代史的角度来看,现代化的要义之一就是扩大政治参与度,让广大民众积极参与到国家的政治生活与经济建设之中,使国家的发展成果能够为大多数人所共享。国民党在大陆的失败,主要原因之一就是在这些方面少有建树。以上内容,对于人们在今天评价蒋廷黻的帝国主义论,或许不无参考价值。

现代的辉格史学及其政治想象散论

20世纪70年代以降,以哈耶克、米塞斯为代表的,强调经济领域去政府、去监管、大规模私有化、减少社会基本福利保障、凸出金融资本地位的新自由主义思潮开始在世界范围内流行,并且极为深刻地影响着许多国家的政治、经济与金融政策。可以说,今日世界范围内出现的许多问题与症结,都与新自由主义的过度泛滥有关系。① 具体言之,新自由主义主导下的经济全球化造成各国普遍出现贫富差距不断扩大,实体经济不断萎缩,金融资本过度膨胀,失业人口不断增多的现象。在不少原苏联加盟国与原东欧社会主义国家,由于其领导层大多奉行新自由主义政策,进行激进的私有化运动,因此国有资产大量流失,民众生活质量严重下降,出现不少掠取国有资产的经济与金融寡头,国内的政治、经济与社会秩序

---

① 何增科编写:《法国学者布迪厄谈新自由主义的本质》,《国外理论动态》1999年第4期,第14—16页。

较之先前非但罕有进步,反而急剧倒退。而随着全球经济不平等现象的蔓延,一些国家和地区出现了宗教极端主义与极右翼思潮,将政治结构与经济发展方式的问题转换为种族问题与信仰问题,造成严重的地区安全危机。虽然中国在基本政治制度层面未受此思潮的影响,但在思想文化领域,许多旨在宣扬与传播新自由主义的著作被大规模译介到中国来,中国本土衍生品更是层出不穷,哈耶克、米塞斯、波普尔等人的著作在大众传媒与学术生产机制的作用下不断地被"经典化",甚至被赋予某种正面意义的道德标签。总之,如果愿意实事求是、直面真实,那么就得意识到,从学术研究到大众传播,在过去30余年间,新自由主义实际上占据着非常重要的地位,是梳理当代中国思想与学术流变时不能忽视的内容。①

由于哈耶克等人的著作里并没有使用什么新档案与未刊史料,所以它们或许未被史学界业内人士广泛披览。但作为一种颇具传播力的意识形态,新自由主义依然极为深刻地影响着当代中国的历史学。② 值得注意的是,它在该领域的传播主要并非通过研究者大量阅读这些人自己的著作,而是依靠其在大陆拥有众多学术簇拥的港台服膺者的现身说法,以及在大陆出版的旨在宣扬其学说的小册子与公共写作,所以就导致这种影响更为广泛且牢固,也很难被从文化政治的角度予以反思,尤其是一旦这样的学术风格与学术生产机制和学界内部等级秩序相结合,那就更是如此了。

---

① 汪晖:《中国"新自由主义"的历史根源——再论当代中国大陆的思想状况与现代性问题》,载《去政治化的政治:短20世纪的终结与90年代》,北京:生活·读书·新知三联书店,2008年,第98—160页。
② 关于这一点,参见李怀印:《重构近代中国——中国历史写作中的想象与真实》,岁有生、王传奇译,北京:中华书局,2013年,第244—256页。

因此，如果想建立起能够准确描述中国历史与现实，并将其做理论化总结的学术话语体系，就必须对这一流行于世数十年之久的意识形态之基本内涵与表现形式有较为深入的剖析。剖析不是简单的喊口号式的批判或否定，也不是有名无实的文献回顾，而是要从学理上揭示其理论来源与基本观点，分析其传播路径与之所以能够影响甚广的社会和经济基础。本文拟从历史学的角度，对此问题略作探讨。

一、历史与政治：哈耶克论历史学

从学理上来说，历史学在哈耶克的思想体系中应当占据颇为重要的地位。为了从各方面反对社会主义经济体制，哈耶克强调文明的秩序是一种自发的产物，它并非由政治权力人为塑造而生，而是在漫长的历史进程中借由人们的交往，特别是经济交往而逐渐演化形成的。社会在不断的调适过程中出现各种规则，并被生活于此秩序中的人根据其适应力而不断改进。因此，这种自发的秩序非常重视传统的权威性，反对根据某种外在的社会蓝图而有意规划其进程。① 按照这样的逻辑，历史学就显得尤为重要，毕竟，所谓传统的权威，所谓逐渐演进的过程，离不开历史记录与历史编撰。

但正如近代以来许多史学家所注意到的那样，随着启蒙运动

---

① ［英］哈耶克:《致命的自负》，冯克利等译，北京：中国社会科学出版社，2000年，第7—27页。

以来各种意识形态呈现彼此竞逐之势,历史学很难摆脱不同意识形态的影响。而从人类史学史上来看,那种完全与广义的政治脱离的历史学更是缥缈难寻。因此,与其故作高调地宣称自己的历史研究完全超脱于政治而呈现"纯学术"的特征,不如直截了当地承认由于近代以来的历史学受到这些因素的或显或隐的影响,所以要自觉认识到那些意识形态话语的基本特征与核心诉求,这样才能在研究过程中对自己所使用的概念工具与分析框架有自觉而清醒的认识,以及在思考历史问题时尽可能地按照历史学自身的规范与逻辑,以求在一定的现实环境下对历史问题提出较为全面且自洽的观点。

作为长期在意识形态领域搞斗争的人,哈耶克自然很了解历史学的作用与影响。在一篇宣读于1944年"二战"结束前夕的名曰《历史学家与欧洲的未来》的论文中,他认为要想挽救在战争中堕落的欧洲文明,就必须关注德国的情势,努力让德国回到欧洲的怀抱。其中,给德国的社会意识形态进行大换血至为重要。他分析了假如德国战败,其国内可能会呈现出除了在反对纳粹这一点上颇显一致,在其他方面很难形成共识的充满着怀疑与消极的思想氛围,因此对于战后德国的思想改造就应更为细致。应该采取怎样的办法?哈耶克强调:"毋庸置疑,在那种所谓的'对德国人的再教育'的过程中,从长远的角度来看,历史学家将发挥一种决定性的作用。"[①]因为在他看来,德国之所以走到如此地步,该国的历

---

① [英]哈耶克:《历史学家与欧洲的未来》,邓正来译,载《作为一种发现过程的竞争——哈耶克经济学、历史学论文集》,北京:首都经济贸易大学出版社,2014年,第105页。

史学家要负重要责任:"19世纪的德国政治史家在推动人们崇拜强权国家并传播那些扩张主义思想的方面所起到的那种作用,几乎不论怎么评估都不会过头。而我们知道,正是人们对强权国家的崇拜以及那些扩张主义的思想造就了现代德国。"他甚至断言:"即使是纳粹意识形态中某些最令人憎恨的特点,也可以追溯到德国历史学家那里去。因为一如我们所知,尽管希特勒本人很可能从来就没有读过那些历史学家的论著,但是他却是在那些历史学家所支配的氛围中成长起来的。各种种族学说的情况尤其如此;尽管我相信这些种族学说最初是德国历史学家从法国学者那里继受而来的,但是它们却主要是在德国得到发展的。"①哈耶克的这番话,不禁让人想起顾炎武在《日知录》里将西晋灭亡归咎于正始玄学,将明代灭亡归咎于姚江之学。如果今人认为亭林此论实乃苛责古代知识分子,让其担负起"政治的重担",那么对于哈耶克如此这般地深挖现代德国人行为的"思想根源",不知又将作何感想。毕竟如果按照哈耶克的标准,德国从兰克以来的史学传统都将成为被批判对象。因为兰克在著名的《论列强》一文里声称历史研究要善于"考察研究整个欧洲范围内所有民族国家的民族精神之复兴",并强调法国大革命之后,"最主要的事件是国民性得以重建、复兴和全面发展。国民性自觉地进驻到这些国家,而国家没有国民性则是无法存在的"。②

---

① [英]哈耶克:《历史学家与欧洲的未来》,邓正来译,载《作为一种发现过程的竞争——哈耶克经济学、历史学论文集》,第106、107页。
② [德]兰克:《论列强》,易兰译,载《世界历史的秘密:关于历史艺术与历史科学的著作选》,上海:复旦大学出版社,2012年,第197页。

既然哈耶克相信历史学对形塑现代德国的大众意识形态起到如此重要的作用,那么他就必须重视历史研究的价值观与解释权。哈耶克强调:

> 毋庸置疑的是,历史学家本身的影响却是最为重要的。此外,人们也有种种理由相信,历史学在未来的影响,不论好坏,都会大于它在过去的影响。大多数传统在延续过程中的完全断裂,本身就可能促使人们重新诉诸历史以探寻那些能够为未来的发展提供基本基础的传统。一如我们所知,历史发展过程中所发生的所有不幸事件的前因后果或发生方式,以及那些会引起公众热切关注而且还几乎肯定会成为政治分歧之焦点的疑难问题,都将成为历史学家在书写历史时所需要探讨的问题。①

可见,哈耶克从政治发展的角度,将历史学置于极为重要的地位。他相信,历史学的功效不在于解释过去,而在于影响未来,不同的历史解释很大程度上就是现实中存在的不同政治观点冲突的折射。因此,为了让未来的发展符合他所期望的样子,就必须牢牢掌握历史学的话语权,使历史学从理论前提、研究方法、研究领域、价值立场等方面,都能在新自由主义的框架之下进行。就德国而言,哈耶克断言,关于那些极可能影响未来政治走向的史学讨论,"这些讨论所造成的结果究竟是新的政治神话还是某种近似于真相的

---

① [英]哈耶克:《历史学家与欧洲的未来》,邓正来译,载《作为一种发现过程的竞争——哈耶克经济学、历史学论文集》,第107页。

东西,将在很大程度上取决于德国人民会听取其意见的那个历史学家群体的所作所为"。①

当然,哈耶克向来宣扬应减少政府部门在社会领域中的作用,以此来保证所谓"自发秩序"能够有效地运转,那么在分析历史学时,他自然不会直截了当地强调要从现实政治的需求出发去研究历史,毕竟这样太"政治不正确"了。所以他声称:"我们所能够希望的最好情况(以及我们在德国以外所能够做的唯一有助益的工作),就是历史学家们在书写那种会影响到德国人思想方式的历史的时候,会诉诸一种探寻真相的真诚,而不会屈从于任何权力机构、民族、种族和阶级等因素的影响。由此可见,历史绝不能成为国家政策的一项工具。"②这番说辞乍看之下,很可能会给不少人士一种大义凛然之感,并将其与"独立之精神,自由之思想"这样的格言联系起来。但正如哈耶克自己在分析政治体制问题时所说的,"一个民主的政府有可能是一个全权主义的政府,而一个独裁的政府则有可能按照自由原则行事",③那么极有可能的情形是,他并非反对一切权力机构与阶级因素对历史研究的影响,而只是反对他

---

① [英]哈耶克:《历史学家与欧洲的未来》,邓正来译,载《作为一种发现过程的竞争——哈耶克经济学、历史学论文集》,第 109 页。
② [英]哈耶克:《历史学家与欧洲的未来》,邓正来译,载《作为一种发现过程的竞争——哈耶克经济学、历史学论文集》,第 109 页。
③ [英]哈耶克:《自由社会秩序的若干原则》,邓正来译,载《民主向何处去?——哈耶克政治学、法学论文集》,北京:首都经济贸易大学出版社,2014 年,第 205 页。

不认同的权力机构与阶级因素。① 因此,他一面声称要让历史研究摆脱国家政策的影响,一面又希望通过"恢复德国历史学家和其他国家历史学家的联系"来使后者不断地影响前者。② 因为在他看来:"如果历史教育不传达某些默会的或明确的判断,那么它就不可能有效;因此,它的效用很大程度上将取决于它所适用的道德标准。"③

既然如此,不禁令人生疑,那些在历史与现实当中存在的"道德标准",难道不是诞生于一定的权力机构、民族与阶级之中吗?其实哈耶克似乎也并不否认这一点。他强调在今日研究历史,需要借鉴以19世纪英国史学家阿克顿为代表的辉格主义史学,特别是继承发扬后者的道德理想与政治主张。而正如其名字(辉格主

---

① 从实际的政治与经济过程来看,宣称各种个体性权利重要性的群体,往往并不只是抽象地反对政治权力,而是希望政治权力能够为他们服务,能保障他们已经获得的利益并防止其他社会阶层分割他们的利益,并且将他们的利益不断正当化,同时将有可能妨碍他们利益的诉求与行为非法化、污名化。在这一过程里,政治权力并没有消失,而是被"掩盖"起来,成为替既得利益保驾护航的重要凭借,将资产阶级通过掠夺与兼并的所有用法权的形式固定下来,使资本的运作看起来具有所谓"自发性"的特征。正因为政治权力是为他们服务的,所以他们就不会觉得政治权力"干涉"了个体生活,而一旦政治权力想在分配领域或者社会平等问题上有所作为,特别是要改变政治与经济资源的分布现状,这就成了政治权力"干涉"个体生活了。所谓法律、制度,也并非存在于抽象的空间之中,而是在具体的历史进程中,特别是在社会矛盾与冲突中产生的。立法的过程,时常就是处于政治支配地位的群体用法律的形式将自身的诉求与主张固定下来,用抽象的名词来表达具体的利益,使之具有法权的形式。就此而言,理解法律的意义,不能仅从形式上的条文出发,而是要从这些被赋予法律效应的条文背后真实的社会关系入手。
② [英]哈耶克:《历史学家与欧洲的未来》,邓正来译,载《作为一种发现过程的竞争——哈耶克经济学、历史学论文集》,第110页。
③ [英]哈耶克:《历史学家与欧洲的未来》,邓正来译,载《作为一种发现过程的竞争——哈耶克经济学、历史学论文集》,第111页。

义源自英国政治当中的辉格党)所揭示的那样,辉格主义史学其实与近代英国政治有着千丝万缕的联系,根本没有自外于国家政策。而如果熟悉史家巴特菲尔德在《历史的辉格解释》中认为辉格主义为了彰显某种道德目的与政治主张而有将复杂的历史现象简单化的倾向(关于辉格主义史学的分析详见下文)的观点,①就不会认为哈耶克重拾辉格主义史学旗号,是意在避免国家政策影响历史研究。他反而希望通过重新对这些概念进行界定,来在历史研究中注入他所强调的那些政治意识形态。所以他认为:"对真相的最高尊重无论如何都不会与那种在我们判断历史事件的时候适用极为严格的道德标准的做法相冲突的。"②他甚至强调:"正是由于历史学家——不论他是否情愿——都在形塑未来的政治理想,所以他本人就必须接受那些最高理想的指导并且不受当下政治纷争的影响。"③在别的文章里,哈耶克在梳理自由主义发展史时特别强调:"在18世纪的进程中,辉格党关于政府要受到普遍性法律的限制,以及执行权要受到严格制约的学说,成为典型的英国学说。"拿破仑战争之后,"纯正的辉格党学说以史学家麦考利采用的方式得到重申,对欧洲大陆的思想产生了广泛影响,他在19世纪所发挥的作用,同休谟的史学著作在18世纪的作用一样"。④ 可见,哈耶

---

① [英]赫伯特·巴特菲尔德:《历史的辉格解释》,张岳明、刘北成译,北京:商务印书馆,2019年,第64—78页。
② [英]哈耶克:《历史学家与欧洲的未来》,邓正来译,载《作为一种发现过程的竞争——哈耶克经济学、历史学论文集》,第111页。
③ [英]哈耶克:《历史学家与欧洲的未来》,邓正来译,载《作为一种发现过程的竞争——哈耶克经济学、历史学论文集》,第121页。
④ [英]哈耶克:《什么是自由主义》,载冯克利译:《哈耶克文选》,郑州:河南大学出版社,2015年,第429、431页。

克其实从不讳言历史学与广义的政治之间的紧密联系,否则他也不会主张研究者在展开学术工作时必须接受所谓"最高理想"的指导,至于这些"最高理想"究竟属于"真谛"还是"俗谛",那就要以他所服膺的辉格主义为标准来做判断了。而把"最高理想"与"当下政治纷争"做切割,其实也是一种颇为高明的话术,即将那些他反对的政治主张都视为不具有规范意义的"当下政治纷争",同时却将辉格主义视为"最高理想"。但只要对光荣革命之后的英国政治史有所了解的话,就会发现辉格主义在具体的政治场域里也只是"当下政治纷争"的一种表现形式,并且辉格党人长期由土地贵族与富有的商人组成,阶级立场颇为明显,以至于作为著名的辉格主义史学代表的麦考莱直接声称普选权的实现乃文明的终结。① 所以,随着英国自由主义者汲取越来越多社会主义的要素而成为"进步自由主义",辉格主义在政治上的影响其实是在不断减弱的。② 总之,从这篇论文可以看到,哈耶克是如何颇具匠心地运用一系列概念工具与话语手段去论证历史学与政治之间关系的。

有论者认为,哈耶克在这篇论文里首次提出要成立一个旨在宣扬新自由主义的学术团体。不久之后,著名的朝圣山学社宣告开张。③ 1954 年,该学社组织出版了一本名曰《资本主义与历史学

---

① 裴亚琴:《17—19 世纪英国辉格主义与宪政传统》,北京:中国社会科学出版社,2014 年,第 155 页。
② 关于 19 世纪下半叶在英国劳工运动风起云涌的背景下,英国自由主义者如何汲取社会主义思想,参见[英]迈克尔·弗里登:《英国进步主义思想:社会改革的兴起》,曾一璇译,北京:商务印书馆,2018 年,第 58—125 页。
③ [美]阿兰·艾伯斯坦:《哈耶克传》,秋风译,北京:中信出版社,2014 年,第 139—145 页。

家》的论文集(关于此书的分析详见下文),在此书的导论当中,哈耶克进一步阐述了他心目中历史学应当起到的作用。

哈耶克认为:"政治舆论一向、并将永远与人们对历史事件的看法紧密相连。"因此"历史记录者对于民意的影响,很可能比那些创造新理念的政治理论家的影响更持久、也更深刻。而那些获得社会广泛认可的新理念,似乎也通常不是比较抽象的理论,而是对具体事件的解释。就此而言,历史学家比起理论家来,对于民意的影响要更直接一些"。① 既然如此,哈耶克就提醒以历史学为业者,切不可天真地以为自己的研究是脱离社会的"纯学术",而应有意识地介入当代的意识形态论争当中:

> 从一开始,在决定什么样的问题值得回答的时候,就已经涉入了个人的价值判断。面对一个时期的历史或一系列的历史事件,如果没有关于社会过程的复杂关系的种种理论,如果没有一定的价值观,能否写出这段历史,实在是大可怀疑的。历史编撰,是与历史研究有所区别的,我们起码可以说,它是一门具有强烈艺术色彩的科学;如果试图编纂历史的学者没有明确意识到,他的任务就是按照一定的价值观对历史进行解释,那么,他即使获得了成功,也就只能是自欺欺人,成为他没有明确意识到的偏见的牺牲品。②

---

① [英]哈耶克:《导论——历史学与政治》,秋风译,载《资本主义与历史学家》,长春:吉林人民出版社,2003年,第1、2页。
② [英]哈耶克:《导论——历史学与政治》,秋风译,载《资本主义与历史学家》,第2页。

在这里,哈耶克很明确地强调,如果在写历史的过程中没有"按照一定的价值观对历史进行解释",那么就很难被视为一位合格的史学家。这样一来,评价某一历史著作是否优秀,就要看其是否能符合一定的价值观。如此直白的宣示,倒也颇为难得。因此,哈耶克再次抬出以阿克顿为代表的辉格主义史学,甚至认为即便后者在研究水准上有缺陷,那也只是"大醇小疵"而已:

"辉格党人的历史学"从某些角度看是否确实是"错误的"历史学,这个问题恐怕还不到盖棺论定的时候。不过,我们这里无法进行探讨了。但它创造了 19 世纪那种有利于自由主义的氛围,这种正面效应是无可置疑的……它或许没有在所有方面都达到现代历史研究的水平,但它让几代人从小就真切地感受到了他们祖先为他们争取到的政治自由的价值所在,并且成为他们维护这一伟大成就的指南。①

很明显,哈耶克认为一部好的历史著作只要能起到向大众传递特定的政治意识形态与价值立场的功能就足够了。在这个意义上,他确实是洞察到了历史学对于社会的影响。而且说得如此直白,可见其毫不"虚伪"。但也正因为如此,人们对那些基于哈耶克式的自由主义立场来进行的历史研究恐怕要有足够的警惕。虽然其人总是凸显自己的所谓"学人属性",但谁晓得他们是在搞历史,还

---

① [英]哈耶克:《导论——历史学与政治》,秋风译,载《资本主义与历史学家》,第 3 页。

是在搞政治。

二、辉格史学及其私淑

哈耶克反复强调历史研究要充分继承辉格史学的传统,这一点十分值得注意。因为在20世纪的史学理论当中,辉格史学要么被认为由于过度浓烈的古典自由主义立场而对历史的认识有失单薄,要么被批评带有比较明显的西方中心主义。在被哈耶克称颂的阿克顿那里,历史学本来就要与政治保持较为紧密的联系,要通过写历史来让读者建立政治信仰。① 阿克顿认为:"政治科学就像河沙里的金子一样,是一门在历史川流中积淀而成的科学。历史知识记录经验所揭示的真理,作为一种指导行动的工具和创造未来的力量也是极为实用的。"② 换言之,没有政治意识的历史研究,很难被称为好的研究。特别是在近代史领域,阿克顿长期致力于此,他声称:"近代史的每一部分都包含许多无价的教训,在一个与我们的生活环境极为相似的社会里,如果我们不知道如何从榜样和先辈的教导中获益,就必须花很大的代价从经验中得到教训。"③

正是秉持这样的观点,在著名的《近代史讲稿》中,阿克顿从古典自由主义立场出发,不断从中世纪以来的历史里寻找能彰显这

---

① [英]古奇:《十九世纪历史学与历史学家》下册,耿淡如译,北京:商务印书馆,2014年,第617—618页。
② [英]阿克顿:《就职演说——谈历史研究》,孙逸凡译,载《近代史讲稿》,北京:商务印书馆,2021年,第1页。
③ [英]阿克顿:《就职演说——谈历史研究》,孙逸凡译,载《近代史讲稿》,第7页。

一意识形态的要素,同时以此为标准来臧否古今人物。他认为13世纪晚期出现的"良知心理"有助于让个体产生对抗外在权力的诉求,面对国家力量的日渐强盛,西欧各个利益团体开始寻求抵抗之道,以此保护各自的自由。对于西欧资本主义国家的早期海外殖民活动,他称此乃向外传播"文明"的重要时刻。对于西班牙殖民中美洲的头目科尔特斯,阿克顿赞赏其"不仅在征服者中最具英雄色彩(因为其中不乏优秀的士兵),也是一位有教养的人,细心地将文明所需的动植物引入殖民地。同时,他还是一位有能力在不用宗主国帮助的情况下统治各个种族的政治家"。[1] 而西方列强对中南美洲的殖民,阿克顿认为使得"受到传教士教导与规训的土著是一套精致法律的保护目标,这就解释了他们对宗主国的依附"。[2]

当然,更让阿克顿极力表彰的自然是英国革命。他强调英国清教徒的指导思想向世界传递了巨大的思想财富,并深刻影响着后来的美国革命与法国革命,甚至"作为普遍真理而非英国的出口产品,征服并传遍万国"。[3] 而作为英国革命产物的辉格党,更是被阿克顿赋予许多正面评价。他指出,"这个党派最为关键的内核是妥协""他们与英国社会中庞大的利益团体,与商界、银行界和城市联系在一起,与进步但排他的、致力于私人而非国家目标的力量相联合"。[4] 英国革命本身,则被他视为"这是英语民族最伟大的成就","它根据契约建立国家,确立破坏契约要被剥夺王位的原则"。

---

[1] [英]阿克顿:《近代史讲稿》,孙逸凡译,第37页。
[2] [英]阿克顿:《近代史讲稿》,孙逸凡译,第38页。
[3] [英]阿克顿:《近代史讲稿》,孙逸凡译,第166页。
[4] [英]阿克顿:《近代史讲稿》,孙逸凡译,第178页。

如此这般之后,"有条件的服从与反抗的权利成为新的法则。权威得到了限制、规训和控制"。①而美国革命虽然表面上是在反抗英国,但同样被阿克顿编织进这一自由主义蓬勃壮大史的叙事里。他认为美国革命之后出现的联邦主义,"创造出了目前世界上最强大、最繁荣、最智慧、最自由的共同体"。② 与之相反,他声称普鲁士与俄罗斯的兴起,尤其是在这两个国家盛行的理念——"政府是民族思想的主导,是财富的推动者、知识的导师、道德的守护者,是人上升运动的主要动力",将成为"盎格鲁-撒克逊种族要面对的最大危险"。③

由此可见,以阿克顿为代表的辉格史学,基本上就是将古典自由主义作为核心立场而展开的历史叙事。它着眼于挖掘能够支撑起论证古典自由主义之普世性与光辉性的史事,将中世纪以来的欧洲历史进程描绘成自由主义不断发扬光大的历史,并用以史为鉴的方式提醒人们对那些威胁自由主义的力量必须予以警惕,还通过评价不同时期的不同政权,凸显英国式的政治精英之间搞妥协、避免大规模革命运动的历史遗产实为人类政治文明高峰。

到了20世纪,面对全球范围内风起云涌的社会主义运动,尤其是欧洲许多自由主义政治势力为了回应时代变局,不断从社会主义理论中汲取资源,对社会主义向来不抱好感的哈耶克等人心急如焚,不断著书立说宣传自己的主张。如果说在阿克顿生活的时代自由主义的声势还足够大,因此只需从正面表彰即可,那么到

---

① [英]阿克顿:《近代史讲稿》,孙逸凡译,第192页。
② [英]阿克顿:《近代史讲稿》,孙逸凡译,第270页。
③ [英]阿克顿:《近代史讲稿》,孙逸凡译,第247页。

了20世纪,特别是"一战"之后,包括哈耶克在内的奥地利学派就开始反复强调社会主义政治经济体制是危害自由主义的祸首,而那些吸纳了不少社会主义内容的进步自由主义不能再被视为正统。奥地利学派的学者们需要以经济学(主要是表彰私有制)为中心,旁及政治、历史、文化领域,对社会主义与进步自由主义展开全方位的批判和攻击。

比哈耶克成名更早的米塞斯虽然并未专门撰文讨论历史学,但其论著当中也透露出不少对历史的看法。在其代表作《人的行为》一书里,为了强调私有制的重要性,米塞斯认为:"直到现在,一切文明都是基于生产手段的私有。"具体到西方历史,"自中世纪以来,在西方文明的轨道上,大体上有一个总趋势,趋向于废除那些妨碍市场运作的法制"。而经济学家的重要使命就是揭示"市场经济是个长期的历史过程的产物"。因此,"一位历史学家或人种学家,如果在他的工作中,不知道充分利用经济学的成果,他的工作一定是很粗劣的"。① 毋庸多言,这番话等于为历史学的基本立场与研究内容设置了范围。

进一步而言,米塞斯相信:"西方文明的优越,是得之于对自由的关切,这是东方人生疏的一个社会理想。西方的社会哲学,本质上是自由哲学。欧洲以及欧洲移民和其子孙在世界别处所建立的社会,其历史的主要内容是争取自由的斗争。"② 当然,他所谓"自由",指的是基于私有制的经济自由,甚至就是有产者的自由。毕

---

① [奥地利]路德维希·冯·米塞斯:《人的行为》,夏道平译,上海:上海社会科学院出版社,2015年,第258、259、260、261页。
② [奥地利]路德维希·冯·米塞斯:《人的行为》,夏道平译,第272页。

竟在他看来,"在自由市场上,失业总是自愿的",而由国家制定政策保障就业,"这就等于消灭所有的自由"。①

基于此,米塞斯就如是总结近代西方实力增长的原因:

> 西方人的累积资本比别国人发动在先,这是因为他们很早就在政治和法制方面创立了一些有利于大规模储蓄、有利于资本累积和投资的环境。因此,到了十九世纪中期,他们所享受的福利,已经大大超过那些较穷的民族和国家,这些民族和国家未能以谋利的资本主义观念完全代替掠夺的黩武主义观念。②

阿克顿的历史叙事,还承认近代西方海外殖民扩张对资本主义发展的重要性,虽然他是以正面的评价去叙述的。而到了米塞斯,反而宣称近代西方的发展主要是因为建立了适合资本积累的投资环境,完全不提通过殖民扩张来赚取原始积累,也不提殖民地经济对资本主义发展的重要性。甚至在他看来,不是西方列强在搞扩张,而是"较穷的民族和国家"在搞"黩武主义"式的掠夺。从历史进程来看,这真不知该从何说起。但是,如果从奥地利学派旨在对抗社会主义这一点来看,就完全可以理解了。毕竟在马克思主义的著作中,分析近代列强从资本主义到帝国主义的发展史是重要组成部分。相似的,既然马克思主义强调帝国主义对殖民地与半殖民地的支配、掠夺与榨取,那么米塞斯自然要极力反对。在他看来:

---

① [奥地利]路德维希·冯·米塞斯:《人的行为》,夏道平译,第554页。
② [奥地利]路德维希·冯·米塞斯:《人的行为》,夏道平译,第462页。

"那些落后地区的人们,如果没有外国资本的帮助,让他们自作自受,他们将需要很多很多的时间来改善他们的生产、运输和交通方法。"他还认为没有近代西方势力遍及世界其他地区,那些地区将难以实现发展:"西方给予东方的,不仅是工艺的和医学的知识,也给予一些可以直接应用这些知识的资本财。东欧、亚洲和非洲的这些国家,由于外国资本的输入,也就能够提早收获现代化工业的成果。"①照此观点,马克思主义中基于政治经济学分析而形成的反帝反殖论述,自然就显得无中生有、多此一举。②

对于米塞斯而言,社会主义思想中对他所极力维护的资本主义生产秩序"危害"更大的,莫过于剖析资本主义体制下资本家对劳动者的剥削,揭示后者在资本主义生产关系中的惨状。为了回应这样的论述,米塞斯就强调工业革命之后的资本主义生产秩序非但没有剥削与压迫,反而让工人获益匪浅。他声称:"工厂的老板没有力量强迫任何人来做工。他们只能雇用那些愿意在现行工资率下做工的人们。这些工资率虽然是低的,可是比这些贫民在任何其他途径所可赚得的要多得多。"③因此,他认为工人阶级应该安于在资本主义体制下的工厂里工作,国家也不要过分强调劳资矛盾,更不应采取劳动立法的方式来提高工人待遇。因为如果工

---

① [奥地利]路德维希·冯·米塞斯:《人的行为》,夏道平译,第462页。
② 当然,在米塞斯早期的著作里,他对依靠坚船利炮大搞殖民扩张的做法是反对的,并且认为帝国主义政策无助于振兴本国经济,并与自由主义精神违背。必须承认,他的这些观点是值得肯定的。参见[奥地利]路德维希·冯·米塞斯:《民族、国家与经济》,蒋豪译,北京:商务印书馆,2023年,第88—95页。[奥地利]路德维希·冯·米塞斯:《自由与繁荣的国度》,韩光明等译,北京:中国社会科学出版社,1995年,第150—157页。
③ [奥地利]路德维希·冯·米塞斯:《人的行为》,夏道平译,第569页。

人的工资提得过高,就会造成"资本的积累延缓",进而导致"对某些工资收入者赋予特权而以其他一些工资收入者作牺牲"。① 当然,如果把老板也视为领工资的一分子,那么工人待遇得到改善,老板"工资"自然就少了。可是只要稍有社会经验,大概就会明白米塞斯这番用学术语言包装的话语究竟想表达什么。而关于在资本主义社会里让大多数人都颇感焦虑的失业问题,米塞斯在另一本著作里却说:"问题不在于'失业者'找不到工作,而是他们不愿意以他们能在劳动力市场上得到的工资去工作。"只要劳动者"降低自己的要求,按照劳动力市场的要求改变自己的住地和职业,他们终究会找到一份工作"。② 这一观点的通俗表述就是,劳动者找不到工作,千万别抱怨经济形势或经济生产方式,而是应该检讨是不是自己所期望得到的工资太高了。只要愿意接受低收入,只要对生活条件没什么要求,总能找到一份活干。"打工人"要学会"感恩"。问题是,话都讲到这个份上了,还能让人说啥呢?

米塞斯还认为,劳动者不但应接受收入菲薄的现实,而且应该意识到自己在对社会问题的见解上也是不及有钱人的:

> 个人在劳动分工中的地位影响到他的整个生活方式、他的思想以及他对世界的态度。个人在社会生产中的处境的差异在某些方面也是如此。企业家和工人的思考方式是不同的,因为他们的日常工作习惯使他们有不同的观点。企业家

---

① [奥地利]路德维希·冯·米塞斯:《人的行为》,夏道平译,第569、570页。
② [奥地利]路德维希·冯·米塞斯:《社会主义:经济学与社会学的分析》,王建民等译,北京:商务印书馆,2017年,第553页。

心里想的总是大事和全局,而工人们只想身边的小事。前者学着在更大范围内思考和行动,后者总是囿于小事不能自拔。①

相似的,工人也很难认识到经济生产过程中的所谓"本质问题":

> 大中型资本主义企业的工人看不到也不知道把劳动的每个部分同整个经济体系结合起来的种种联系。作为工人和生产者,他的视野超不出自己的作业过程……工人从自己的立场出发,看不到事物是如何结合在一起的。他也许能够通过深思熟虑和阅读书籍、但绝不能通过自己工作中环境的事实发现这一点。就像普通人从日常经历的事实中只能得出地球静止不动、太阳东升西落的结论一样,工人从他自己的经历中,永远不能对经济生活的性质和功能有一个正确的了解。②

这番话的潜台词大概就是说,因为社会地位低,所以工人没资格对经济问题说三道四,应该服服帖帖地听从包括"企业家"在内的"肉食者"的安排。这一观点,难道不是一种新型的"君子劳心,小人劳力,劳心者治人,劳力者治于人"吗?

问题不在于辨别米塞斯的这些观点是否正确,而是要注意到

---

① [奥地利]路德维希·冯·米塞斯:《社会主义:经济学与社会学的分析》,王建民等译,第398页。
② [奥地利]路德维希·冯·米塞斯:《社会主义:经济学与社会学的分析》,王建民等译,第407页。

为了抵御他眼中妨碍"自由秩序"的社会主义,他主要从哪些角度来进行论辩,这对于历史研究会产生怎样的影响。或许是对米塞斯的回应方式心有戚戚焉,1954年,在前文提到的由哈耶克主编的《资本主义与历史学家》一书里,那些作者旨在继承发扬辉格史学的传统,替他们心目中的"自由秩序"做辩护,从各个角度出发去论证由资产阶级主导的第一次工业革命并未造成工人阶级生活质量严重下降,反而提高了工人阶级的人均寿命;丰富了工人阶级可以享用的商品;与农业社会相比,工人的收入其实是在增多;总而言之,在资本主义体制下,资本家固然获利甚丰,但工人阶级的整体生活状况也水涨船高。因此,其中一位作者甚至强调:"现代历史著作,从来没有直接面对工厂立法对生产活动的影响这一问题。这些法律显然付出了牺牲生产力的代价。毫无疑问,从社会的角度看,这种代价可能是可以接受的,但经济上的损失也是不能忽视的。对于童工,其影响则不仅仅限于他们失去了工作,他们还失去了培训,因而也就失去了成年时需要的技能。"[1]值得一提的是,关于早期资本主义生产中大量使用童工,作者为其辩护的角度颇为清奇:"在工厂制度使物质财富能够实现普遍增长之前,限制童工的做法只能给工人阶级家庭更添一层苦难。据我所知,从来没有人认真地考虑形形色色的工厂立法使童工失去工作后给他家庭带来的损失。"[2]可见,作者基本上只从生产力的角度来分析资本主

---

[1] [英]哈特:《19世纪初期的工厂制度》,秋风译,载《资本主义与历史学家》,第122页。
[2] [英]哈特:《19世纪初期的工厂制度》,秋风译,载《资本主义与历史学家》,第120页。

义,认为只要生产力提高了,工人阶级自然也能分到更多的羹。更有甚者,从纯生产力的角度来看,使用童工也没什么不当之处,况且童工趁着年纪轻,还能边干边学,使劳动技能提高得比成年工人更快,这样将成为更有效率的劳动力,既能为生产力的发展做贡献,又能赚钱补贴家用,何乐而不为？在这样的分析框架里,那些资本主义生产关系当中显而易见的剥削与不平等,自然就不会受到任何关注。当然,这样的历史观折射的是新自由主义者们的政治与经济"蓝图"。他们认为工会力量过大使私人投资者的利益受到损害,资本主义国家也不得不将很大一部分财政开支用于保障劳动者的基本福利,这样做损害了所谓"生产效率"。更有甚者,他们宣称为了保持资本主义体制的活力,必须保证自然失业率,使劳动力市场始终存在一支颇为庞大的"雇佣劳动后备军",让工人们为了争夺饭碗而内斗,这样就能削弱工会的号召力。①

在这里,或许可以重温一下马克斯·韦伯对资本主义体制与自由劳动力之间关系的分析。韦伯说,要想维持资本主义体制,"必须有不但在法律上容许,而且在经济上被迫到市场上不受限制地出卖自己劳动的人们的存在。这虽然和资本主义的实质相矛盾,但是如果没有这样一个无产阶级,没有以出卖自己的劳务为生的一个阶级,资本主义就不能发展；纵使仅仅劳动是不自由的,也还是同样不可能。合理的资本主义的测算,只有在自由劳动的基础上方有可能。只有在这种场合,由于存在形式上愿意而事实上

---

① 张慧君编写:《新自由主义的历史和教训》,《国外理论动态》2000 年第 8 期,第 6 页。按:本文源于对佩里·安德森 1999 年在布宜诺斯艾利斯做的一场学术报告的内容摘编。

迫于饥饿的鞭策而去出卖劳动的工人,方有可能在事前通过协议明确规定产品的成本"。① 也正因为如此,所谓资本主义经济伦理,不但激励着资本家拼命赚钱,而且也给出卖自己劳动力的工人某种慰藉。韦伯认为,肇始自新教教义的资本主义的"天命观念"——"所谓的合理活动就是根据合理的资本主义原则作为履行天降的任务所进行的活动",不但让资本家很受用,"也给了勤勉的工人——一个完全问心无愧的感觉,企业主给他的雇工以永远得救的希望作为他们用苦行的精神专心致志于天命,以及同他通过资本主义而对他们进行无情剥削的合作所给的工资"。就此而言,"经济伦理是在禁欲苦行主义的背景下勃兴起来的,现在它已经丧失了它的宗教意义。只要它还能给工人阶级以永世幸福的希望,他们就有可能接受他们的命运"。② 胡萝卜——天命观念,大棒——工资与雇佣关系,二者交相为用,让工人阶级在资本主义生产链条中变得服服帖帖、兢兢业业、勤勤恳恳。

回到《资本主义与历史学家》。这本论文集的作者除了为资本主义体制辩护,还以许多篇幅来批判当时的知识分子对资本主义的厌弃态度。在这些作者看来,正是由于这些不明就里的知识分子不断鼓吹,资本主义的形象才越来越负面化,以至于让人们看不到工业革命之后的资本主义经济其实也使工人的生活得到许多"改善"。此外,这些作者还指责那些批判资本主义的知识分子对资本家缺少足够的同情,声称:"他们一直在记录那些成功企业所

---

① [德]马克斯·韦伯:《经济通史》,姚曾廙译,北京:商务印书馆,2021年,第245页。
② [德]马克斯·韦伯:《经济通史》,姚曾廙译,第322、324页。

获得的利润,而没有相应地记录那些失败的企业所蒙受的损失。"①他们质问那些批判资本主义的知识分子:"过去一百年间工人生活条件的巨大改善,被人们普遍地归功为工会的压力和善良法律矫正邪恶的资本主义体制的结果。然而我们倒想问,如果没有这一邪恶的体制所取得的成就,是否照样也会有这些改进?"②所以,对资本主义进行批判,显然是太不厚道了。这些作者甚至认为,之所以会有批判资本主义的知识分子,主要是因为他们羡慕商人在社会当中的重要性,"知识分子所曾享有的优先地位却被'经理'阶层抢走了,知识分子目前的心态在某种程度上可以用他们的自卑情结来解释"。③还有作者不忘提醒世人,在像英国这样的西方资本主义国家,"不少知识分子在共产主义的狂热及反资本主义精神的推动下,成了叛国者"。当然,他们蚍蜉撼大树,"没有能够打破劳动阶级的爱国精神"。对此,作者颇为不屑地说道:"知识分子批评家已经向世人证明了,他们是群精英主义者,同样是自私自利之徒,而一旦他们掌权,他们在管理社会方面并不比别人能干。"④可见,为了替资本主义与私有制辩护,进而达到抵御社会主义思想传播的目的,辉格史学的私淑弟子们可谓绞尽脑汁。他们

---

① [美]哈克尔:《美国历史学家的反资本主义成见》,秋风译,载《资本主义与历史学家》,第58页。
② [英]伯兰特·儒弗内尔:《欧陆知识分子对资本主义的态度》,秋风译,载《资本主义与历史学家》,第66页。
③ [英]伯兰特·儒弗内尔:《欧陆知识分子对资本主义的态度》,秋风译,载《资本主义与历史学家》,第79页。
④ [英]R. M. 哈特威尔:《反资本主义精神:对一种意识形态的事后分析》,秋风译,载《资本主义与历史学家》,第145、146页。

对与自己立场相左的知识分子的批判(甚至可称之为谩骂),用词粗鄙,大扣帽子,岂有丝毫"学人风骨"存焉?但是人们不禁要问,如果说批判资本主义的知识分子是出于对商人(其实应该是"大商人"才对)的嫉妒,那么为资本主义极力辩护的知识分子又是出于什么动机呢?联系到"二战"之后右翼思想与美国富豪阶层操控的保守主义智库之间的紧密关系,或许答案也就不那么难找到了。①

三、哈耶克与当代中国史学话语

近代中国第一位较为系统地接受哈耶克思想的人当属改组派大将顾孟余的亲信周德伟。20世纪30年代留学英国期间,周德伟听过不少哈耶克讲授的课程,后者指导其阅读西方经济学著作,同时介绍他与米塞斯等人认识。② 但周德伟的论著长期以来并不太流行,因此他对于当代中国思想与学术的影响是比较有限的。

真正在当代中国思想与学术界产生一定影响的,是20世纪60

---

① 关于这一点,参见[英]约翰·米克尔思韦特、[英]阿德里安·伍尔德里奇:《右派国家:美国为什么独一无二》,王传兴译,北京:中信出版社,2014年。[美]简·迈耶:《金钱暗流:美国激进右翼崛起背后的隐秘富豪》,黎爱译,北京:新星出版社,2018年。
② 周德伟:《落笔惊风雨——我的一生与国民党的点滴》,台北:远流出版事业股份有限公司,2011年,第349—351页。

年代赴美留学期间与哈耶克有过不少交往的林毓生先生。① 早在那一时期,他就开始向中文世界介绍哈耶克的学说。比如在与其师殷海光的通信中,他反复表彰哈耶克的学说,将其描绘成自由主义的翘楚,这让困处台岛的殷海光觉得"彼之思想除把握着正统的英吉利 Liberalism 以外,实兼有海洋与大陆学派两方面的长处",②虽然殷海光可能并不太清楚哈耶克对以法国为代表的欧洲大陆理性主义思潮长期持批判态度,认为此乃造成社会主义思想蔓延之先导。③ 而殷海光继承"五四"以来批判中国传统的风气,更是与哈耶克强调重视传统、重视由传统而生的自发秩序的观点颇有歧异。而更让殷海光始料未及的是,对于自己眼中因一己之私心而厉行"白色恐怖"的中国台湾蒋氏政权,哈耶克竟然称之为"发展之楷模,政策之典范",鼓吹应将中国台湾的体制与发展模式向其他东南亚国家进行宣传。④

1965 年,哈耶克造访中国台湾。为了替此次活动做宣传,林毓生在当时影响极广的《文星杂志》上撰文介绍哈耶克。他说:"二十世纪是西方文明的基础——自由的价值与自由的制度,受到左右两方面严重威胁与挑战的时代。"在此背景下,"从横逆中挺拔出来

---

① 需要说明的是,本文主要是对林毓生教授的学术观点展开分析,并非刻意针对其人。从当代学术流变来看,林毓生教授在中国近代思想史研究领域有着不容忽视的贡献。他批评现代史学研究往往将繁琐考据视为主流,笔者也深以为然。笔者相信,对待一位前辈学者最大的尊重,就是基于学理严肃地评析他的学术著作。
② 殷海光、林毓生:《殷海光·林毓生书信录(重校增补本)》,长春:吉林出版集团有限公司,2008 年,第 137 页。
③ 参见[英]哈耶克:《理性主义的类型》,载冯克利译:《哈耶克文选》,第 762—783 页。
④ [英]哈耶克:《发展之楷模,政策之典范:台湾印象》,黄冰源译,载王建民、姚中秋主编:《经济周期与宪政秩序》,杭州:浙江大学出版社,2010 年,第 1—9 页。

以保卫并更新自由主义思想和制度的,大有人在。哈耶克教授是其中的杰出代表"。林毓生这样称赞:"哈耶克教授的思想,博通深邃,一以贯之,'气象笼罩着整个自由世界的存亡,思域概括着整个自由制度的经纬'。他是一个着眼于整个人类的前程,并有极坚定理知勇气的思想家。"①

到了 20 世纪 80 年代,林毓生的著作开始在中国大陆流行起来。特别是《中国意识的危机》与《中国传统思想的创造性转化》两本书,对包括史学界在内的中国大陆学术界产生了不小的影响。如果说哈耶克等人从历史研究的角度批判社会主义,主要着眼于论证资本主义与私有制对普通劳动者的正面影响,进而强调社会主义思想当中对资本主义的批判实属欲加之罪,那么在林毓生那里,他主要继承了哈耶克在知识论方面的观点,以及对于社会演化、自发秩序与传统之间复杂关系的分析。在《自由宪章》一书里,②哈耶克认为:"一个自由社会之所以能够起到有益的作用,很大程度上是依靠那些自由生长起来的制度。倘若我们对已经形成的社会制度、风俗习惯以及源自长期规定和古代传统的那些对自由的保障,不是怀有一种真正的敬畏之情,那么便谈不上对自由的

---

① 林毓生:《哈耶克教授》,载《中国传统思想的创造性转化(增订本)》,北京:生活·读书·新知三联书店,2011 年,第 372 页。
② 林毓生在 1962 年 4 月 25 日写给殷海光的信中说:"前几天学校的 Press 已把它送到,当即与我买来送您的海耶克先生的 Constitution of Liberty(按:即《自由宪章》)一起挂号投邮了……海氏这本大著,是他毕生研究自由主义的精华……立论之谨严,思之周密,包罗之广博,与辨析之有力,恐怕自洛克以来无任何人能出其右。"参见殷海光、林毓生:《殷海光·林毓生书信录(重校增补本)》,第 82 页。可见,林毓生本人是颇为推崇此书的。

真正信仰,也不会成功地使一个自由社会运作起来。"①他以此区别所谓"理性主义",后者过于"迷信"个人主观的判断,对以个人理性来改造社会过于乐观,为了实现理性所设计的蓝图而使用强制手段。哈耶克认为这很容易导致滥用理性、毁灭理性。当然,其最终目的是借此来批判和否定社会主义国家的国有企业与计划经济。

林毓生很大程度上继承了哈耶克的这些观点。他认为所谓"中国意识的危机"就体现在近代以来不少人有一种"借思想文化以解决问题"的习惯,他们坚信"要振兴腐败没落的中国,只能从彻底转变中国人的世界观和完全重建中国人的思想意识着手。如果没有能适应现代化的新的世界观和新的思想意识,以前所实行的全部改革终将徒劳无益"。②而这样的思路,很容易形成一种"整体观思想模式",即认为"中国的传统社会和文化应该作为一个有机式整体而予以全部拒绝"。③这样的思维模式,成为五四新文化运动以降一部分知识分子思考中国问题时常用的套路。以此为分析框架,作者以五四新文化运动期间的陈独秀、胡适与鲁迅的思想为例,揭示其激烈反对中国传统的思想特征。

当然,如果作者只是对五四新文化运动进行专题研究的话,《中国意识的危机》一书的影响恐怕不会这样广。在绪论中,作者认为:"二十世纪中国思想史的最显著特征之一,是对中国传统文化遗产坚决地全盘否定态度的出现与持续。虽然共产主义革命在

---

① [英]哈耶克:《自由宪章》,杨玉生等译,北京:中国社会科学出版社,1999年,第95页。
② 林毓生:《中国意识的危机》,穆善培译,贵阳:贵州人民出版社,1986年,第43页。
③ 林毓生:《中国意识的危机》,穆善培译,第49页。

改造国家和社会方面取得了成就,但新秩序与传统文化遗产的关系,仍然悬而未决,暧昧不明。"而"这种当代的文化暧昧性(或当代的文化危机)的直接历史根源,可以追溯到本世纪初产生中国现代知识分子根源的特定性质,尤其可以追溯到1915—1927年五四时代知识分子所具有的特殊倾向。在中华人民共和国的历史中,又重新出现五四时代盛极一时的'文化革命'的口号而且发展成非常激烈的1966—1976年间的'文化大革命',这绝非偶然"。①

既然在哈耶克式的自由主义方案中需要重视传统、反对基于理性的整体观,那么这样来解释五四新文化运动,当然也就可以看成是在解释为何哈耶克式的自由主义在中国难以"落地生根"——因为从"五四"时期开始,中国人已经走在"错误"的道路上了。这就给在那个年代里试图"重新反思"近代以来中国历史进程的人士提供了一个可操作性极强的思路。而关于历史的发展,作者揭示的"正确"路径是:"自由、理性、法治与民主不能经由打倒传统而获得,只能在传统经由创造的转化而逐渐建立起一个新的、有机的传统的时候才能逐渐获得。"②在这样的观点下,中国传统之所以重要,只是因为按照哈耶克的政治方案,搞自由主义不能简单否定传统,否则就会使由传统的演进而"自发"形成的权威遭到破坏,容易让以"借思想文化解决问题"之形式出现的理性主义整体观来填补空白。

在《中国传统思想的创造性转化》一书里,林毓生反复向中文世界的读者介绍哈耶克的思想。例如他强调:"自由的秩序是自动

---

① 林毓生:《中国意识的危机》,穆善培译,第2页。
② 林毓生:《自序》,载《中国传统思想的创造性转化(增订本)》,第6页。

自发地演化而得的,不是任何人设计出来的。"①具体说来,这样的秩序需要一种长期形成并具有普遍性与抽象性的权威。权威需要传统的架构来支撑。人们服膺这种权威,并非出于被迫,而是心甘情愿。对这种权威的主要威胁,则是那种强调整体性与具有乌托邦性质的思想。因此,作者认为要想在中国实现自由主义秩序,需要将中国传统当中能为自由主义思想提供支撑的部分进行创造性转化,以此来夯实自由主义的思想基础,避免那些主张整体性变革的思潮再次流行起来。②

此外,在实践层面,作者说:"自由主义,由于本身的特性使然,只能以渐进的积累方式进步。它不像革命,可以使历史发生(至少是表面上的)急遽的变迁。"具体到现代中国,"革命必须集中权力,统一指挥,如果能够成功,也只能产生新的政权与新的统治阶级,但却不能建立法治。在没有法治与民主传统的中国,以渐进的方式利用前所未有的社会力量建立法治的基础或有成功的希望;但法治绝不能由急遽的革命方式产生。没有法治,当然绝不可能有实质的民主和自由"。③ 毋庸多言,20 世纪中国是一个革命的世

---

① 林毓生:《论自由与权威的关系》,载《中国传统思想的创造性转化(增订本)》,第 87 页。
② 当然,正如研究者指出的,"哈耶克只是为了让他的市场秩序具有合法性,才工具性地对传统大加赞赏。在哈耶克看来,传统只有在支持市场是非人为的秩序时,在传统构成一种'前理性规则'时,才具有真正的价值"。参见[美]阿兰·伯努瓦:《哈耶克批判》,祝灵君摘译,载李其庆主编:《全球化与新自由主义》,桂林:广西师范大学出版社,2003 年,第 85 页。因此,中国传统思想当中对于土地兼并与社会不平等的批判,大概很难成为服膺哈耶克思想的人士眼中值得被强调的"传统"。
③ 林毓生:《两种关于如何构成政治秩序的观念——兼论容忍与自由》,载《中国传统思想的创造性转化(增订本)》,第 163 页。

纪,革命需要有阶级基础,需要对当时社会状况进行深入的剖析,需要制定正确的政治路线。因此,仅就历史研究而言,现代中国史学强调宏观分析社会形态与社会基本矛盾,强调从近代以来全球秩序变迁的角度论述中国所面临的境遇,这些特征其实深受现代革命思想的影响,即希望通过研究历史来为当下的革命提供一个清晰且客观的时空坐标。因此,如果把所谓"渐进的积累"视为革命的替代品,那么这样的宏观思考与宏观叙事,以及其背后的理论基础,自然也就难以获得足够的支撑。[1] 更有甚者,一旦将革命与法治、民主切割,甚至对立起来(虽然在历史进程中并非如此),那么革命就极易被形塑为一个面目可憎、脱离具体历史时空的"他者"。相应的,革命所要推翻的对象,哪怕在当时的历史现场也是被大多数人视为落后且腐朽的,也越来越被赋予某种"同情"(虽然这种"同情"往往是反历史的)。这就进一步促使与革命实践息息相关的革命史范式被污名化。并且其替代品——或是冷战时期滥觞于美国的现代化范式,或是放弃了宏观思考的微观个案研究,或

---

[1] 从学术流变的角度看,这样的观点很可能受到同样属于新自由主义谱系的波普尔的影响。在《历史决定论的贫困》一书里,波普尔由历史哲学起,至政治立场终,花了不少篇幅去批判所谓"乌托邦工程",同时强调"渐进的修补"的重要性。参见[英]卡尔·波普尔:《历史决定论的贫困》,杜汝楫、邱仁宗译,上海:上海人民出版社,2015年,第90—142页。这本书经过各类宣扬新自由主义的科普短文或通俗类小册子的传播,成为影响晚近以来史学研究的重要著作。

是旨在寻找传统的权威的保守主义叙事,就会越来越有市场。① 一些论著不断地从中国近代史上寻找那些渐进的、"稳健的"、体现某种"商业准则"的政治集团或文化派别,将其以"发潜德之幽光"的方式描绘成近代中国历史发展的"另一种可能性";与此同时,面对实际的历史进程,自然也就充满了惋惜、喟叹,甚至怨恨。在这个意义上,以林毓生的著作为中介,哈耶克思想开始在中国史学研究领域日渐兴盛起来。当然,整个过程与其说是符合新自由主义式的"自发秩序"自下而上地进行,不如说是借助特定历史时期的知识生产机制及其权力运作逻辑自上而下推进的。此中因缘,恐非久居海外的林先生所能熟知。

值得注意的是,虽然林毓生在给殷海光的信中称胡适为"长袖善舞"之徒,并感叹为何像胡适这样水平的人都能"领袖群伦数十年",②但至少就推崇哈耶克而言,胡适似乎并不落后于林毓生。在

---

① "二战"之后的东亚右翼政权往往运用国家机器来发展资本主义。所谓"亚洲四小龙",本质不外乎此。为了便于管理工厂里的工人,为了最大程度地利用不计报酬的家庭劳动力,东亚右翼政权的意识形态宣传家们经常提倡所谓"纪律性"与"家庭美德",并将之诠释为"儒家美德"。当然,用提倡这样的"儒家美德"的方式,还可以从宣传上对抗旨在批判东亚资本主义的左翼力量。关于这个问题,参见庄立勇编写:《战后亚洲与"儒家思想"和新自由主义》,《国外理论动态》1999年第12期,第9—11页。比如韩国的朴正熙政权,在20世纪60—70年代厉行军事独裁之际,一面运用国家权力培植财阀,压榨工人,使韩国的贫富差距十分明显,政治腐败之风屡禁不绝,另一面却在学校教育中加强带有极强儒家色彩的"传统伦理"教育,将其打造为"国家伦理",号召民众要"对国家尽忠",使"忠孝思想"成为韩国国民的"共同体意识"。参见王恩美:《学校教育中对"传统伦理"的继承与改良——以1970年代韩国中等学校"道德教育"为中心的探讨》,《台湾东亚文明研究学刊》2018年第1期,第134—149页。
② 殷海光、林毓生:《殷海光·林毓生书信录(重校增补本)》,第173页。

冷战时期,不断攻击社会主义新中国的胡适开始阅读哈耶克的《通往奴役之路》,并认为"此是自由主义的现代名著,以其最不合时宜,是故对症最良之药"。[1] 1954年,胡适专门撰文评介此书。哈耶克在这本书中认为只要在经济生产领域涉及计划,那么就开启了通往"奴役之路"的洪水闸门。因此要坚持资本主义体制下的私有制,这样方能保证"个人自由"。对此胡适颇能心领神会。他认为:"这本名著的用意,就是根本反对一切计划经济,反对一切社会主义。一切计划经济都是与自由不两立的,都是反自由的。"他甚至主动忏悔早年间曾相信吸纳了不少社会主义思想的进步自由主义:"我今天对诸位忏悔的,是我在那时与许多知识分子所同犯的错误;在当时,一班知识分子总以为社会主义这个潮流是将来的一个趋势。我自己现在引述自己的证据来做忏悔。"[2] 此外,或许是为了进一步表示自己的"忏悔"态度,胡适这样论述资本主义:

> 什么叫资本主义?资本主义不过是"勤俭起家"而已。我国的先哲孟子说:老百姓的勤苦工作是要"仰足以事父母,俯足以畜妻子,乐岁终身饱,凶年免于死亡"。老百姓的辛勤终岁,只是希望在年成好的时候能吃得饱,年成不好的时候可以不至于饿死。这怎能算是过分的要求?但这个要求可以说是资本主义的起点。我们再看美国立国到今天,是以什么为根

---

[1] 万丽娟编:《万山不许一溪奔——胡适雷震来往书信选集》,台北:"中研院"近代史研究所,2001年,第64页。
[2] 胡适:《从〈到奴役之路〉说起》,载潘光哲主编:《胡适全集:胡适时论集》第7卷,台北:"中研院"近代史研究所,2018年,第269、271页。

据的?他们所根据的"圣经"是《佛兰克林自传》(《富兰克林自传》)——一部资本主义的圣经。这里边所述说的,一个是"勤",一个是"俭"。"勤俭为起家之本"。老百姓辛苦血汗的所得,若说他们没有所有权是讲不通的。从这一个做起点,使人人能自食其力,"帝力何有于我哉!"这是资本主义的哲学,个人主义、自由主义的哲学。①

就算是为资本主义辩护,至少在米塞斯的《人的行为》与哈耶克主编的《资本主义与历史学家》里还有一些经济学层面的分析,以及要将资本主义生产方式与农业社会进行区分的意识,而胡适把孟子所描述的农业社会里的生活状况等同于资本主义,这一操作着实令人感到错愕。进一步而言,早在20世纪之初,赴美游历的梁启超就十分敏锐地观察到美国已经进入垄断资本主义时期,生产资料不断集中,托拉斯、辛迪加、卡特尔这样的垄断组织纷纷出现,许多小企业要么被兼并,要么遭破产。②可是把美国当成第二故乡的胡适却似乎对此视而不见,偏要把资本主义说成"老百姓辛苦血汗的所得",不知是否在他看来,当时那些美国著名的资本大鳄都只是普通老百姓而已。所谓"人人自食其力",只需对资本主义生产方式下的经济危机稍有涉猎,大概也就不会如此乐观了。可见,

---

① 胡适:《从〈到奴役之路〉说起》,载潘光哲主编:《胡适全集:胡适时论集》第7卷,第273—274页。
② 梁启超:《新大陆游记节录》,载吴松等点校:《饮冰室文集点校》,昆明:云南教育出版社,2001年,第1843—1848页。

胡适是在用一种十分庸俗的方式来传播哈耶克的思想。或者说，为了传播便利，他选择将看起来还比较高深的哈耶克思想庸俗化。① 当然，更有可能的情况是，就像《资本主义与历史学家》一书的作者们极力证明资本主义生产关系下不存在剥削与压迫，胡适也要用类似的方式向中国人宣扬同样的思想，以此来为其政治主张添砖加瓦。如果真是这样的话，他某种程度上可以说取得了一定的功效。因为胡适的这种政治意识，包括他对资本主义的理解

---

① 唐德刚曾回忆："胡先生（胡适）告诉我，他在康乃尔读大学本科时，对经济学就没有兴趣，未尝选修有关经济的科目，因而他一辈子对各种经济学说也很少涉猎。"对此，唐德刚评价："这便是他老人家（胡适）晚年谈政治问题的致命伤。""一个学者如对新兴的经济学基本的概念也不清楚，那他对现代的政治问题本来也就无置喙余地！"参见唐德刚：《胡适杂忆（增订本）》，上海：华东师范大学出版社，1999年，第27—28页。

(如果这能称为"理解"的话),已经深深地嵌入了晚近的历史研究当中。①

四、结语

在那本被林毓生先生极力称赞的《自由宪章》一书里,哈耶克开宗明义地说道:

---

① 之所以如此,从学理层面看,大概有两个原因。首先,20世纪80年代,学界常认为"二战"后西方资本主义国家在国家治理层面吸收了不少社会主义的因素,因此社会主义国家也可以吸收一些资本主义国家的好的经验。这一观点如果是在描述20世纪50—60年代的西方资本主义国家,或许比较合适,毕竟那时凯恩斯主义与社会民主主义对政治精英影响颇深。但到了20世纪70年代以降,新自由主义开始在各国实践,进入20世纪80年代,激进私有化已经开始在全球范围内出现,而那种调和资本主义与社会主义的声音,此时则成为受批判对象。因此,我国理论界在论述这一问题时,有着比较明显的"时间差"。其次,由于新自由主义里有"自由"二字,因此人们往往由此而产生各种政治想象,以为新自由主义会如何如何。但实际情况是,哈耶克等人固然倡导经济上的"自由"——私有化,但在政治制度层面,他却并不欣赏让广大劳动者都有参与权与选举权的民主政治,而是对寡头政治与独裁政治颇有好感。因此,当皮诺切特通过军事政变夺取智利政权后,一群在芝加哥大学读书的新自由主义者立即赴该国参与经济私有化的政策设计。而面对皮诺切特政权在国际上声誉不佳的局面,智利的新自由主义者们着手建立一个跨学科的新自由主义智库——公共研究中心,并提名哈耶克来担任名誉主席。关于这些史事,参见[智]塞巴斯蒂安·爱德华兹:《智利计划:芝加哥小子与新自由主义的兴衰》,郭金兴译,北京:中信出版社,2024年,第81—125、149—151页。而在韩国,20世纪80年代的经济私有化主要由通过军事政变上台的全斗焕政权来主导。参见曹中屏、张琏瑰等编著:《当代韩国史(1945—2000)》,天津:南开大学出版社,2005年,第350—359页。这些内容,由于各种各样的原因,往往是我国理论界比较疏于讨论,甚至有意回避的。

在争取世界各民族的道德支持的竞争中,谁缺少一个强有力的信念,谁就会处于劣势。怀疑自己的理想和所获成就的价值,只考虑如何创造一个"更美好的世界",这长期以来就是西方知识分子的态度。然而,这种情绪无助于赢得追随者。我们若想在这场大竞争中获胜,就必须首先自己搞清楚,我们的信仰是什么。我们还必须清楚我们想维护什么,如果我们不想让自己误入歧途的话。我们同其他民族的交往同样要求我们必须阐明我们的理想。今天,对外政策的问题在很大程度上是哪种政治哲学将取得胜利的问题。我们的文化能否存在下去可能取决于我们能否在世界上将一股足够强大的力量团结在一个共同的理想之下。①

哈耶克认为哪一种政治力量能够胜利的背后是"哪种政治哲学将取得胜利",不知按照林先生的观点,这算不算另一种形式的"借思想文化解决问题"。但不管怎样,哈耶克在这里已经说得很清楚了,要想在冷战时代的政治斗争中取得胜利,就必须不断地完善自身的政治哲学。哈耶克的大部分著作其实都可以从这个角度来理解。而以晚近30余年来人们对当代自由主义的想象,乍看哈耶克这段充满敌我对立思维的话或许会感到十分错愕——用斗争思维对待意识形态歧异,这哪有半点尊重思想自由的影子?但在同样信奉辉格史学的当代美国保守主义政论家米德眼里,以英国与美国为代表的盎格鲁-撒克逊文明的特征之一就是善于分辨敌

---

① [英]哈耶克:《自由宪章》,杨玉生等译,第15页。

我,并将敌我之别上升到善恶之争的高度,同时盛情称赞20世纪英美两国在对抗不同"邪恶帝国"时的丰功伟绩。而其所谓"善",自然离不开资本主义、私有产权、自由市场等早已如顺口溜一般流行的内容。① 以此为尺度,哈耶克如此这般地对待意识形态问题,着实与其心向往之的英美政治传统一脉相承。

就此而言,关键不在于意识到哈耶克主张历史学要与特定的政治主张建立紧密联系,而在于要分析他以及与他立场相似的人是如何在不同的具体情境与具体领域中贯穿这一点的,这对于理解当代史学的基本特征尤为重要。哈耶克推崇阿克顿,后者身处大英帝国称霸全球之日,因此能够较为自信从容地从正面表彰古典自由主义。到了米塞斯生活的时代,面对社会主义思想影响越来越广的现状,他必须不断回应社会主义所主张的内容,这体现在他对西方文明基本特征做判定以及替资本主义生产方式做辩护。而到了哈耶克活跃的时代,"冷战"格局已经形成,因此需要进一步批判已经存在并一度蒸蒸日上的社会主义阵营,同时更为详细地论证资本主义的优越性。所谓继承以阿克顿为代表的辉格史学,最终目的不外乎此。随着20世纪80年代中国内部发生许多变化,以哈耶克门人自居的林毓生将分析重点转向中国近代思想史,并把五四新文化运动时期的反传统思潮与他眼里的现代中国"乌托邦"实践相联系,将所谓渐进式改革上升到与革命运动迥然有别的另一种历史可能性,形成了一套极具影响的历史叙事。其中,当然也少不了胡适思想的再度流行。正是由于这些因素的多层次影

---

① [美]沃尔特·拉塞尔·米德:《上帝与黄金:英国、美国与现代世界的形成》,涂怡超等译,北京:社会科学文献出版社,2017年,第23—52页。

响,当代的史学话语呈现出那些带有极强时代思想印记的特征。其实人们似乎不必过于从史学内部的规范出发去评判这些特征,毕竟在哈耶克眼里,搞历史也就是广义的搞政治。如果对晚近数十年的各种政治意识形态不甚了解,那么能在多大程度上识别并分析这些物什,实在令人不容乐观。进一步而言,东欧剧变之后,苏联的加盟国以及一些东欧国家以新自由主义为指导原则进行私有化改革,结果却是当地经济严重衰退,越来越多的民众生活在贫困状态之中。[①] 2008年以来,随着全球金融危机爆发,不少国家的理论界已经在反思新自由主义式的发展模式的弊病,并探索能够有效替代这一发展模式的方案。除非人们真的相信公共资源私有化能够有助于让普通老百姓的生活变得更美好,否则就需要严肃地剖析这一意识形态话语在不同领域的表现形式。

即便是从自由主义内部的流变来看,在近代中国,大多数被归类为自由主义者的人士,在政治制度上确实对英美体制心有戚戚焉,但在经济领域主张国家进行积极干预,避免19世纪资本主义发展过程中出现的贫富差距在中国再次上演。因此,他们常从正面的角度看待苏联的经济政策与英国工党、美国罗斯福新政时期的经济主张。从"二战"后期开始,那些自居于"中间派"的知识分子,也主张在政治上效法英美(这个英美很大程度上也是奉行凯恩斯主义的英国与延续罗斯福新政时期政经路线的美国),在经济上效法苏联,形成一种能集社会主义国家与资本主义国家之长的政治与经济政策,为中国奠定工业化与民主化的基础,并积极改善民

---

① [匈牙利]伊万·拜伦德:《20世纪欧洲经济史:从自由放任到全球化》,徐昂译,上海:格致出版社,2020年,第270页。

生,防止阀阅与富豪专政。被视为中国近代自由主义谱系里重要人物的傅斯年就说:"百多年来,自由主义虽为人们造成了法律的平等,却帮助资本主义更形成了经济的不平等,这是极可恨的。没有经济的平等,其他的平等是假的,自由也每不是真的。"①"我平生的理想国,是社会主义与自由并发达的国土,有社会主义而无自由,我住不下去,有自由而无社会主义,我也不要住。"②深谙西洋政治思潮的萧公权也认为:"二十世纪的可能贡献不是创造一个崭新的主义或政治运动,而是调和十八、十九世纪的特殊贡献,使之成为一个集成合美、为人类造福的生活体系。因为这个体系要兼采自由主义和社会主义之长,我们似乎可以称它做'自由的社会主义'。"具体而言,"我们应当努力尽量用共有、共营、共享的制度去满足社会生产的物质条件,而用自主、自动、自择、自进的方法去达成个人生活的精神目的。'大家有饭吃'和'各人选路走'并行而不悖。一切经济生产分配的工作都依照社会的计划而进行,一切信仰思想言论的活动都依据个人的自决而表现"③。积极参与政治活动的张东荪则强调:"中国必须于内政上建立一个资本主义与共产主义中间的政治制度,虽名为政治制度当然亦包括经济教育以及全体文化在内,自不待言。这个中间性的政制在实际上就是调和他们两者。亦就是:在政治方面比较上多采取英美式的自由主义与民主主义,同时在经济方面比较上多采取苏联式的计划经济与

---

① 傅斯年:《罗斯福与新自由主义》,载欧阳哲生编:《傅斯年文集》第6卷,北京:中华书局,2017年,第316页。
② 傅斯年:《评英国大选》,载欧阳哲生编:《傅斯年文集》第6卷,第322页。
③ 萧公权:《二十世纪的历史任务》,载《迹园文录》,北京:中国人民大学出版社,2014年,第182、183页。

社会主义"。① 而放眼世界,正如研究者指出的,作为一种政治思想,自由主义包含了对于健全的财富分配机制与社会和谐的重视,并主张国家应采取行动来消除贫困,改善穷人的生活。把自由主义窄化为以哈耶克为代表的新自由主义,在认识上是存在偏颇的。② 而在同属自由主义阵营的雷蒙·阿隆看来,按照哈耶克对自由的定义,"作为对自由的这种定义的典范的具体自由是什么呢?显然,这就是企业家的自由或消费者的自由,企业家能自由地采取措施,把生产资料组合在一起,消费者则能自由地使用其购买力,而这种购买力是由他的货币收入保证的"。就此而言,"只要辉格党人的指责把一个方面等同于所有的自由,没有认识到平等要求的力量,就只能说服少数人",毕竟"企业家的自由仅仅对某些人来说有一种意义"。③ 凡此种种,或许值得今日以自由主义者自居的人士深思。

---

① 张东荪:《一个中间性的政治路线》,载蔡尚思主编:《中国现代思想史资料简编》第5卷,杭州:浙江人民出版社,1983年,第204页。
② 参见[美]海伦娜·罗森布拉特:《自由主义被遗忘的历史——从古罗马到21世纪》,徐曦白译,北京:社会科学文献出版社,2020年。
③ [法]雷蒙·阿隆:《论自由》,姜志辉译,上海:上海译文出版社,2009年,第79、81页。

附录:"以中国为方法"何以可能? ——重思"作为方法的中国"

在当前的学术文化领域,"中国"的内涵与外延是一个备受关注的问题,并衍生出不少相关议题,如中国历史的整体特征是怎样的、中国历史上的几次重要转折点是什么、中国古代与周边地区的关系具有怎样的特征等。而要想真正厘清这些问题,窃以为有必要秉持"先因后创"的立场,重新审视一下先前那些予人启发的理论主张。在最近 20 余年的中国研究当中,日本学者沟口雄三提出的"作为方法的中国"影响极大。他主张要摆脱近代以来的知识束缚,做到"以中国为方法,就是以世界为目的",强调在研究中国问题的同时,将中国的历史经验与传统思想作为一种审视世界的"方法",进而在认识论层面实现"把中国作为构成要素之一,把欧洲也作为构成要素之一的多元的世界",最终"在被相对化了的多元性原理之上,创造出更高层次的世界图景"。① 这个论述一方面有助于系统地检讨近代以来各种基于特定外部视角与域外经验而进行的中国历史和现实研究,启发人们从中国自身的历史逻辑出发去思考中国问题;另一方面彰显了中国历史变迁及其现代转型的世界意义,避免仅从所谓"特殊性"的角度来认识和理解中国,如此一来,中国的历史经验与文化传统也就能成为人们审视全球各种现象的理论资源。用沟口雄三自己的话来说,就是要重视中国历史的"基体",探索如果顺着中国历史自身演进脉络来看的话,中国的近代将呈现出怎样的面貌。在强调自己如何审视洋务运动时期的兴革之时,他将洋务运动比作往一片特定的泥土的打桩,他关注的并非桩子的形状,而是泥土本身的特征。②

如果仅仅从彰显中国自身历史经验与文化传统重要性的角度而言,沟口雄三的这些思考或许并非独一无二。近代以来,面对西学冲击,不少中国士人基于强烈的国家与文化认同,对社会上的唯西是尊之风深表不满,担忧长此以往,中国之所以为中国的基本特征将越来越淡化,进而导致民众的爱国心与文化认同感也越来越稀薄,最终难以让中国在列强环伺的世局之下立足。从康有为、章太炎到钱穆、熊十力,虽然在具体观点上颇有差异,但思考问题的起点基本立足于这样的时代意识。

进一步而言,中国近代士人对近代西方资本主义文明所表现

---

① [日]沟口雄三:《作为方法的中国》,孙军悦译,载《作为方法的中国》,北京:生活·读书·新知三联书店,2011年,第130、131、132页。
② [日]沟口雄三:《被扭曲的近代中国像——洋务与民权、中体西用与儒教》,孙军悦译,载《作为方法的中国》,第199页。

出来的种种特征,比如优胜劣汰的社会达尔文主义、视私有财产为天经地义以及由此而生的强烈渴求经济利益最大化的思维方式、把殖民扩张作为积累财富的重要手段,以及人与人之间盛行以个人为目的、以他人为手段的社会风气等,皆表现出比较明显的批评态度。在此基础上,那些强调中国传统重要性的近代士人,或是希望重建中国基层的乡里共同体(包括经过些许改良之后的礼教共同体),或是对于推翻帝国主义列强对中国的支配之举深表认同,或是对19世纪下半叶开始在世界范围内流行的各种社会主义流派抱以好感,试图将其嫁接到儒学传统之中。与之相反,真正认同那种基于私有制之上的古典自由主义的人其实并不多见。

这些思想史上的陈迹可以作为理解沟口雄三相关思考的重要背景。就此而言,沟口雄三相关思考的重要意义或许不在于他提出了中国历史经验与中国传统的重要性,而是他对于中国历史与中国传统的认识,并不是在"率由旧章"——拒绝理解现代中国政治与经济变革,而是将思考的起点置于承认那场改变了中国与世界面貌的革命运动的历史合理性之上。在一篇名为《两种近代化道路——日本与中国》的文章里,沟口提醒人们:

> 我认为社会主义的土壤在中国,作为民间的社会机制、生活伦理以及政治上的统治理念本来就是存在的⋯⋯如果我们把目光从十九世纪以降的这种世界性马克思主义运动上面转移开来,去注视十七世纪以降在中国大陆展开的历史过程的话,我们就会发现:正是在中国强有力伸展着的相互扶助的社会网络、生活伦理以及政治理念,才是中国的所谓社会主义革

命的基础。就是说，社会主义机制对于中国来讲，它不是什么外来的东西，而是土生土长之物；马克思主义不过是在使这些土生土长之物得以理论化的过程中，或在所谓阶级斗争理论指导下进行革命实践的过程中，起了极大刺激作用的媒介而已。①

这番话讲得简明扼要、意思清楚，不需再做过多解释。而要想理解沟口此论，则需要对日本知识界的整体状况有所认识。

"二战"之后的日本，除了少数右翼文化人，知识界大多数人开始反思为何日本的现代化建设会一步一步走向对外侵略扩张之路，最终导致战败，并让日本变成美国全球冷战布局下的一颗棋子。在这样的知识氛围里，不少以研究中国历史与现实为业的日本学者也开始反思过去日本对于中国的认识是否具有明显的偏颇与错误，是否沦为日本侵华的组成部分。比如在中国古代史领域，一些学者开始检讨"二战"前日本学界对于中国古代国家形态与社会组织形态的认识，尤其批判那种简单粗暴地用"停滞""落后""家族主义"等词来描述中国社会的做法。在中国近代史领域，一些学者借鉴参考中国马克思主义史学的研究成果，或是通过宏观描述，或是借由微观研究，思考近代中国的历史变迁为何不同于日本，中国寻求民族独立与阶级翻身的过程是否具有正面的启示意义，中国自身的变化对于东亚地区，乃至世界格局有着怎样的影响。更为明显的是，在当代中国问题研究当中，不少日本学者一反

---

① ［日］沟口雄三：《两种近代化道路——日本与中国》，载《中国的冲击》，王瑞根译，北京：生活·读书·新知三联书店，2011年，第124页。

近代以来各种"中国通"之所为,开始从理解的角度来看待新中国的建设,并将毛泽东思想作为当代世界重要的政治理论来进行研究。这样的知识氛围一直持续到中国改革开放之初。比如说研究中国近代史的小岛晋治就回忆:

> 当时的日本学生生活相当贫困,在那个时代,能吃上一顿面包蘸果酱的午饭就是享受,再加上处于1950年代朝鲜战争开始前后的那段时间里,本来日本在战败后,通过改革,言论、集会、结社的自由等得到了保证,但在这个时期又受到了压制,给人以又返回过去黑暗时代的感觉。而同日本相比,中国则靠自己的力量恢复独立,迎来了光明的未来,这是当时学习、研究中国的我们这一代人共有的实感。这期间,在东京大学包括留学生在内,成立了中国研究会……笔者是在受到中国现代革命的触动下,开始研究中国史的。中国革命与西欧的近代革命不同,其特色是以农村为基础,革命的主体是农民。看一下当时的日本,战败证明了近代日本的失败,因此我对中国抱有一种期待,希望中国能够创出与日本不同的近代。[①]

又比如说研究法制史的著名学者仁井田陞在其代表作《中国法制史》的"补章"里分析新中国成立之后颁布的婚姻法与土地改革运动时指出:

---

① [日]小岛晋治:《太平天国运动与现代中国》,徐曼译,北京:社会科学文献出版社,2017年,第1—2页。

  贯穿于土地所有、经营以及劳动的组合和生产的分工等各个层面的合理性,就使得旧血缘主义、旧集体主义以及它们所赖以产生的最后依据最终消失,围绕着管制劳动力而建立起来的家父长支配——父权、夫权,其存在的余地也终于荡然无存了。如果现在人民公社集体所有制有得到进一步的推进,将来达到贯彻国家所有也就是全民所有的阶段,那就更不待言了。①

因此,沟口雄三的这个判断,除了其自身的思想特征,可以说也属于"二战"后日本知识界整体氛围的产物。

  就此而言,沟口雄三所主张的"作为方法的中国"就具有了强烈的现实感。这一"现实感"就是对中国共产党领导的革命运动与社会主义建设抱有一种"了解之同情"的态度,承认中国的实践经验具有某种普遍性的意义,至少可以让世人意识到人类未来的发展,除了肇始于启蒙运动并在"二战"后由美国来主导的资本主义道路,还有其他值得人们去探索与实践的可能性。在这样的问题意识作用下,中国的历史经验与传统思想就被赋予了生动而丰富的意向,成为具有生命力的思想资源。这就和那种将中国传统"东方学"化,或者将中国仅仅作为一种不同于西方的研究对象的"中国中心观"之间,有着十分明显的不同。

  当然,必须注意到,沟口雄三其实和战后的日本主流左派学术

---

① [日]仁井田陞:《中国法制史》,牟发松译,上海:上海古籍出版社,2018年,第318页。

附录:"以中国为方法"何以可能?——重思"作为方法的中国"

并不完全一致。在《作为方法的中国》一书里,有一篇文章尤为重要,是理解沟口雄三在战后日本的思想与学术光谱的重要文献,即《关于近代中国像的探讨》。在这篇文章里,沟口雄三针对一度在战后日本思想界颇为流行的"竹内好——西顺藏"式的中国论述进行了商榷。说起竹内好,他的鲁迅研究引人瞩目。他将鲁迅思想作为一种思想资源,一方面来形成认识近代中国的视角与立场,另一方面检讨日本自己的思想状况。当然,关于竹内好的解读既可以得出偏左派的结论,也可以得出偏右派的结论(尤其是竹内好对近代日本亚洲主义与超克论的分析),但与本文所述内容相关的是竹内好那篇分析中国近代史的名篇——《何谓近代——以日本和中国为例》。在这篇文章里,他认为日本的近代是顺着近代西方所开启的道路展开的,而中国的近代处在不断的"抵抗"之中。相比于日本,中国表面上的"落后"恰恰成为中国的"抵抗"——革命的契机,使中国能突破西方所设定的近代道路。竹内好用"转向"与"回心"来说明中日不同的近代化之路。日本是转向,中国是回心,转向是顺着被人标识好的道路走下去,是没有"自我"的表现,回心则指的是转向自己的内心,坚持"我"的存在,由此产生出抵抗。[1]

沟口并没有直接回应竹内好,而是将在他看来与竹内好思想极为相似的西顺藏作为辩论对象。沟口认为,虽然西顺藏(包括竹内好)在政治与文化立场上不同于西方中心论者,但两者都共享了一个前提,即假设西欧资本主义是先进的,并以此为尺度,认为中国是落后的,只是革命使中国超越了落后。这就带来一个认识逻

---

[1] [日]竹内好:《何谓近代——以日本和中国为例》,李冬木等译,载孙歌编:《近代的超克》,北京:生活·读书·新知三联书店,2016年,第255—296页。

辑上的困境,即需要将由欧洲所定义的落后的中国作为分析问题的起点,将中国的落后视为某种不证自明的前提。然后再去论证革命运动如何让中国摆脱了落后,即将由欧洲定义的中国形象反转过来。但这样的反转,本身就是把前者作为思考前提的。在这样的论述框架里,中国依然是"特殊"的。①

沟口雄三除了方法论上有独到之处,更具有极强的理论深度。他在《中国的思维世界》一书里收录的文章,如《中国的天》《中国的道》《中国的理》《中国的理气论》等,将哲学层面的阐发与对中国历史进程的思考相结合,论证了中国之所以为中国的原理,并揭示中国思想观念当中的关键点,如宋代以降天人关系呈现出将人的道德属性与对天理的探寻相结合,中国的"道"具有极强的共同体特征,中国的"理"如何一步一步将人伦日用与人欲的合理部分纳于其中等。

在他的视域里,中国历史上那些具有原创性与生命力的要素大体包括了以下几点:首先,重视"公""共""均"的政治思想,以及将这些政治思想上升到形而上层面的哲学思考;其次,不同于近代民族国家的天下观念;复次,较之现代民族国家里的"国民"意识更具理想性格的,以"大同"理想为旨归的"生民"意识;最后,明末以来的地方乡治传统以及在此基础上出现的各种经济与社会实践。这些因素的综合作用,形塑了近代中国的历史走向,中国的历史传统也极大影响着近代革命家与思想家对于包括社会主义在内的域外学说的基本理解,比如让社会主义与中国传统之间具有极强的

---

① [日]沟口雄三:《关于近代中国像的探讨》,孙军悦译,载《作为方法的中国》,第35—45页。

契合性,让近代中国在追求民权的过程中主要聚焦于全体国民的生存权与国家延续的维度,让近代中国知识分子在寻求救亡之道时常从天下大同的逻辑出发思考问题。

不过问题在于,在中国历史的流变过程中固然形成了一些具有原理性质的要素,从而显示出中国历史的连续性与中国传统的固定形态,但要想更为完整地理解中国历史,则不能不注意到不同历史时期的政治、经济与社会矛盾,尤其是建立在小农经济基础上的政治与社会组织内部的剥削特征,以及近代中国历史变迁过程中为了实现救亡目标而与中国传统之间的断裂性(或曰对传统的扬弃)。唯有将这些内容纳入对中国整体形象的思考之中,或许方能更好地形成思考中国历史与现实的理论话语。

犹有进者,对于支配中国社会两千余年的儒学也应从这个角度来展开审视。姑且不论历史上不同时期儒学话语的侧重点与概念厘定各有不同,大体来看,在中国历史的变迁过程中,对于特定时期的政治与社会形态,儒学有时呈现出对其维系、辩护的一面,有时却呈现出对其展开批判的一面。这其实源于儒学本身所蕴含的复杂性,它既有大量论证政治与社会应如何保持稳定、内部等级秩序应如何建立并维持下去的内容,又有以一种理想状态为旨归,由此出发对现实当中的各种不合理现象进行激烈批判,并憧憬某种理想政治与社会状态的一面(比如革命论与井田论)。也正是因为儒学内部具有这样的张力,儒学才能在古代社会体现极强的生命力。但这就要求人们在认识历史上的儒学时,不能仅着眼于某一方面,却忽视另一方面。

这些因素在中国历史流变中的一个明显例子,也是沟口雄三在不同论著里经常提及的内容,就是宋代以来的绅权。毋庸置疑,在古代社会,由于识字率与文化话语权使然,传承儒家思想主要依靠士绅群体,而历代也确有不少秉承儒学义理践行修齐治平之道,为天下苍生奔走呼号的士人,这是民族历史文化的宝贵遗产,使中华文明能够延绵不断。但是,若从社会经济结构与由此而生的政治秩序来看,士绅阶层的存在与延续建立在对土地占有的基础上。宋代执行放任土地开垦与占有,对土地兼并行为采取较为宽松的政策。这固然一定程度上适应了生产力的发展,但却造成大量拥有政治权力、经济资源与社会地位的人热衷于占有土地,贫富之间的差距不断扩大,不少破产农民沦为替士绅地主耕种土地的佃农。当时出现的所谓"义田""义庄",若撇去那些加于其上的华美修辞,主要目的也不外乎借此缓和宗族内部的矛盾,维护已经形成的社会等级秩序与土地所有制。① 理学的兴起,以及其旨趣在乡约、家训里的广泛体现,也正是建立在如此这般的社会经济结构之上的。

及至明代中叶,由于里甲制在基层难以为继,为了维持政治秩序,明王朝试图借助士绅阶层的力量来管理社会。由此而生的是士绅阶层基于自身利益而展开新的对于政治秩序与道德准则的论述,包含扩大由士绅主导的地方自主性,剖析明代皇帝制度所出现的弊病,并由此引申而出对"公"与"私"、"理"与"欲"的重新定义等。关于这些内容,沟口雄三在不少论著里都着重分析过。② 不过

---

① 漆侠:《宋代经济史(上)》,《漆侠全集》第 3 卷,保定:河北大学出版社,2008 年,第 224—260 页。
② 参见[日]沟口雄三:《中国前近代思想的屈折与展开》,龚颖译,北京:生活·读书·新知三联书店,2011 年;[日]沟口雄三:《中国的历史脉动》,乔志航等译,北京:生活·读书·新知三联书店,2014 年。

附录:"以中国为方法"何以可能？——重思"作为方法的中国"

另一方面,明代士绅阶层主体性意识的加强往往伴随着对被他们支配群体的剥削与控制。清人赵翼在《廿二史札记》中认为:"前明一代风气,不特地方有司私派横征,民不堪命。而缙绅居乡者,亦多倚势恃强,视细民为弱肉,上下相护,民无所控诉也。"① 酒井忠夫通过梳理明末各类地方文献,指出:

> 根据上述各种记载,可以明确乡绅是属于有财势的阶层,是地主,其生产劳动是通过佃户雇工来进行的。他们依靠其财势来侵占他人的田园,谋买他人的产业来兼并土地。乡绅拥有子弟、仆从,恃势欺人,使乡邻受苦。或者以奴婢许配给匪类残疾以贪暴利。他们蓄养了仆从、姬妾、宠童。他们是地主,同时还收取商业利益,进行赊购商品货物、强借他人财物、使用假钱等。从这种功德例的记述来看,可以明白被认为乡中大蠹的翼虎的乡绅,以经济之外的非法手段兼并土地,追求奸富利得。②

相似的,在盛行于明代中后期的"功过格"里有大量旨在维护社会等级秩序的内容,如劝诫奴仆和佃户要安分守己、恭顺服帖,不得抱怨自身地位低下,否则就会遭受"报应",宣称他们即便受到主人的残暴对待,也要耐心隐忍,因为此乃"前世不修"所致,以此进一

---

① 赵翼著,王树民校正:《廿二史札记校正》,北京:中华书局,2013 年,第 825 页。
② [日]酒井忠夫:《中国善书研究》上卷,刘岳兵等译,南京:江苏人民出版社,2010 年,第 139—140 页。

步从精神上控制那些已经在社会结构中处于被支配地位的群体。①

清王朝建立之后,虽然洗刷了一些明代存在的政治与经济弊病,但社会等级依然存在。以士阶层为主体的"官僚缙绅",对于普通民众而言不但是国家机器的具体象征,而且有着许多社会经济特权,比如被赋予法律上的特殊保护,置之高于百姓的地位;在司法过程当中亦享受各种优待条件,即缙绅受到凡人侵害,后者要被处以重刑,缙绅与凡人发生诉讼,即便败诉也可被从轻处理。在赋税徭役方面,缙绅有着各种优免特权。而那些有功名但并未出仕的士人,虽然在特权的享用范围上有所缩小,但相比于平民同样是特权集团的组成部分。②

在社会日常实践中,正如瞿同祖在《清代地方政府》一书里所揭示的,清代的士绅在地方上拥有不少政治与经济上的特权。这一方面来自彼辈与皇权的合作关系,另一方面更来自他们将许多赋税与劳役负担转嫁到普通民众身上,并利用司法与身份的因素不断为自己的家族捞取更多的权益。虽然绅权与皇权之间偶有冲突,但不能将此理解为所谓"社会"对抗"国家",而是应注意到此乃同一权力集团内部的冲突,在多数情况下,官绅之间需要互相依赖来维持统治,他们有着共同的政治、经济与文化利益。③ 此外,萧公权认为,士绅阶层在清代常常打着为"民"的旗号,利用儒家民本思想谋取个人私利,同时却不挑战清王朝的权威。他们把自己的利

---

① [美]包筠雅:《功过格:明清时期的社会变迁与道德秩序》,杜正贞、张林译,上海:上海人民出版社,2021年,第204—214页。
② 经君健:《清代社会的贱民等级》,成都:四川人民出版社,2021年,第11—21页。
③ 瞿同祖:《清代地方政府》,范忠信等译,北京:法律出版社,2011年,第265—311页。

益同清王朝的利益等同起来,并时常扮演着"民"之代言人的角色。总之,在皇权与绅权互相绑定的情形下,真正在地方上获利的仍然是士绅阶层,民众最多只能分一杯残羹而已。①

之所以强调这些内容,是想说明儒学传统中对"公""共""均"的重视固然有极高的理想性与犀利的批判性,但在现实当中要想实现这些内容,必须着眼于社会经济结构,尤其是要意识到宋代以降绅权的性质与表现形式。而对肇始于明清之际的新公私观与乡里自治主张,不能仅看到其对君权的制约与批判,还需意识到乡里空间内部长期存在着的等级制与剥削情形。换言之,要想更好地实现"以中国为方法",窃以为不能将中国历史与中国传统思想"本质主义化",尤其不能忽视中国历史进程当中政治、经济与社会的张力与矛盾,应对儒学义理与社会现实有清晰的区隔,对历史流变中的皇权与绅权之间的合作与冲突情形有完整的把握。

进一步而言,如果具备了这样的历史意识,那么对于近代以来中国的变迁或许会有更为立体的认识,即一方面承认中国传统对于近代中国知识分子接受马克思主义起到至为重要的作用,同时促生马克思主义中国化,另一方面同样意识到现代中国与古代中国之间的本质差异,并在此基础上思考为何虽然有这样的差异存在,但中国历史的延续性能够保留下来。其中的辩证关系,或许才是"以中国为方法"的重要组成部分。

在这个意义上,在沟口雄三的近代中国论述里,最值得重新探讨的或许就是他对于辛亥革命的分析。沟口指出,要想理解为何

---

① 萧公权:《中国乡村:19世纪的帝国控制》,张皓、张升译,北京:九州出版社,2018年,第608页。

武昌起义之后各省纷纷独立(所谓"各省之力"),要从清代以来乡里空间与乡里自治的脉络入手。在他看来:

> 贯穿于整个清代的"封建=乡治"模式,是"以地方之手理地方之公事"意义上的地方自治;此时,财政是否自立于体制之外并非关键。即使是"民间"主导,其内面实质上更多也是官、绅、民共同运营;在明末清初,这一类善会活动作为地方精英的个人性劝善活动,其所及范围也大致限于一县之内,至清末其运营则被组织化,其联合则常广及全省。总之,传统中国的地方自治与欧洲的语境迥然有异(并非关于权利层面而是关于道德层面),它是完全作为善举(指道德行为,亦即梁启超所说的"互助")的公益活动。这是我们称之为"乡治"的理由。乡治的各种各样的实践正是我们所说的"各省之力"的构成体。①

沟口认为,辛亥革命前后中国政治经济的演变形态就是建立在这样的历史背景之中,甚至在太平天国起义期间与之对抗的湘军淮军,也与清代以来乡里空间和乡里自治的形态息息相关。

毋庸多言,在古代的社会条件下,由于朝廷赋税长期处于比较低的水准(相比于现代西方民族国家而言),为了节约治理成本、保证基层秩序,士绅阶层就被赋予了一定的自主权,帮助朝廷治理地方,这便是人们经常提及的"皇权不下县"。但鸦片战争以降的情

---

① [日]沟口雄三:《辛亥革命新论》,林少阳译,载《中国历史的脉动》,第315页。

形固然与这样的治理传统有些关系,但却不能仅从这个角度来审视。晚清地方势力的兴起与镇压太平天国起义直接相关,湘淮军创建之初或许以乡里关系为纽带,但当其势力做大之后,就必须突破清廷既有的制度框架来维持运作,比如在地方上征收厘金、截留军饷,并在此基础上设置"局""所"这样的新机构来管理税收、经略军务。而这样的新机构吸纳了不少很难通过正常铨选途径获得官职的读书人,这便使由军功而崛起的地方大员具有了一定程度上自主的用人权与财政权。① 与之相应的就是随着财权与用人权的旁落,清廷对地方的控制也在不断减弱。凡此种种,恰恰不是延续了清初以降的政治特征,而是对清朝中央集权体制的背离。因此,不少学术研究将民初"军绅政权"的兴起溯源于太平天国运动中地方军事力量的膨胀,道理就在于此。

此外,清末的地方自治运动除了与中国传统的乡里自治有联系,其实更受到晚清流行于中国的各类介绍近代西方地方自治的论著影响,加之这些论著大多为日本知识界译介,遂导致中国士人对这一现象的认识,又夹杂了不少的"东洋风"。当然,认为地方自治可以扭转中国的颓势是一回事,在实践中由哪些群体来主导地方自治又是另一回事。正如论者指出的,地方谘议局议员的选举资格十分苛刻,要求中学以上学校毕业或举贡生员以上出身,曾任文官七品、武官五品以上且未被参革,在本省有5000元以上营业资本或不动产。实际上能满足这些要求的只有非富即贵的上层士绅,许多省份符合这些条件的"合格选举人"只占全省人口的0.5%

---

① 关于这些史事的详情与细节,参见刘增合:《白银与战争:晚清战时财政运筹研究》,北京:社会科学文献出版社,2021年。

左右,这就导致占人口99%以上的人并无参与其事的资格。① 总体而言,清末的地方自治运动主要由各省士绅主导。为了配合地方自治而建立的地方谘议局,与其说是一个代表整体民意的机关,不如说更有助于使士绅长期以来对地方的支配地位合法化。② 也正因为如此,章太炎在发表于1908年的《代议然否论》一文里强调:"选举法行,则上品无寒门,而下品无膏粱。名曰国会,实为奸府。徒为有力者傅其羽翼,使得媵腊齐民甚无谓也。"③如此这般,反而与儒学传统中对"公"与"均"的重视背道而驰。

正是在这样的政治经济背景下,辛亥革命之后地方士绅与原清廷各级官吏迅速成为新政权的主导者,不少革命党人反而被逐渐排斥于主流政治网络之外。而控制了地方政权的士绅阶层便开始利用公共权力来为自己扩充利益。④ 具体到不同省份,在湖南,辛亥革命之后,士绅阶层迅速占据了主要的权力机构,并在经济上

---

① 高放等著:《清末立宪史》,北京:华文出版社,2012年,第255页。
② 野村浩一以张謇为例,分析了辛亥革命前夕士绅阶层的政治立场与政治主张。他认为:"在王朝体制衰败的过程中,它的内部确实会有一部分人结构性地认识并把握这一'大变局',然后孕育出结构性的应对措施……当我们将其放在更为广域的历史、社会的层面去观察的时候,就会发现在那个时代,给国家准备并提供这种类型人才的,除了基本上在'地方经营'或者拥有这种经验以及历史传统的乡绅阶层之外别无其他……一般而言,在一个政治体制动摇与解体期,什么样的阶层才有可能为改革乃至变革准备能够担任策划者作用的旗手,与旧体制下社会资源的分配状况有很大关系。"参见[日]野村浩一:《近代中国的政治文化》,文婧译,北京:生活·读书·新知三联书店,2023年,第68—69页。
③ 章太炎:《代议然否论》,《章太炎全集》第4册,上海:上海人民出版社,2014年,第313页。
④ 魏光奇:《清末民初地方自治下的"绅权"膨胀》,《河北学刊》2005年第6期,第146—148页。

附录:"以中国为方法"何以可能?——重思"作为方法的中国"

加紧对农村的搜刮,使大多数农民并未在这场革命中获得实质的益处。① 在广东,经历了短暂的动荡之后,原来的士绅阶层卷土重来,再次控制基层权力机关,一些曾参加革命的革命党人,也如法炮制,成为新的士绅。他们利用原来就普遍存在的社会关系网络,继续支配地方。② 在江苏,革命之后,士绅阶层逐渐掌握了政权,他们对下层民众力图改变经济地位的活动深为反感,不断运用政治权力去镇压,并排挤、抓捕彼辈眼中不利于维系自己统治地位的革命党人。③ 在亲历了辛亥革命的蒙文通眼里,"满清统治推翻以后,出现所谓民权之说。这个民权,实际上就是绅权"。④

在这个意义上,清末民初的中国一直难以实现名副其实的主权完整与政治统一,或许并非政治参与者们在用天下观念来制约民族国家体制,而是那些主导地方政治的群体希望用某种类似于半割据的形式保持其政治权力与经济利益。这也从反面说明了如果没有经历社会经济结构的重大变化,没有在革命的过程中打碎旧有的国家机器与等级制度,那么这场革命极有可能是不完整的,广大平民难以从这场革命中获得更多的益处,革命之后也难以建立新的政治秩序来发展生产力,保障主权与领土完整。而辛亥革

---

① [美]周锡瑞:《改良与革命:辛亥革命在两湖》,杨慎之译,南京:江苏人民出版社,2007年,第310—314页。
② 邱捷:《民国初年广东乡村的基层权力机构》,载《晚清民国初年广东的士绅与商人》,桂林:广西师范大学出版社,2012年,第96—97页。
③ 汪荣祖:《论辛亥革命的三股主要动力》,载《读史三编》,上海:上海人民出版社,2019年,第252—258页。
④ 蒙文通:《中国封建社会地主与佃农关系初探》,载蒙默编:《蒙文通全集》第3册,成都:巴蜀书社,2015年,第292页。

375

命所未能完成的事情在下一次革命——中国共产党所领导的新民主主义革命里却完成了。而从中国传统的角度来看，这场革命的参与者身上更能体现儒学当中以天下为己任、为苍生谋福利的道德境界，其政治经济举措也更接近于"天下为公"的政治理想。但是，恰恰是这场革命改变了宋代以来中国的社会经济结构，推翻了长期作为政治、经济与文化主导者（同时也是特权者）的士绅阶层。就此而言，正是由于在这些内容上有这样的历史"断裂性"，那些更为重要的历史遗产的延续与升华才得以可能。因此，"延续性"与"断裂性"的辩证关系是理解近代中国的重要维度。从这个角度出发，"作为方法的中国"或许才更有普遍性意义，并能为人类未来发展道路提供更多的可能性。

最后必须指出的是，虽然沟口雄三在检讨"竹内好—西顺藏"式的中国论述，认为他们过分执着于将一个革命的中国视为历史的终点，但回到历史语境里，笔者认为沟口雄三之所以能够有这样的中国论述，同样是因为他生活的时代所面对的中国和西顺藏等人看到的中国是同一性质的。这样的中国某种程度上打开了他思考中国历史丰富性内涵的契机。如果没有这种契机，那么是否还有可能顺着中国历史自身逻辑来理解中国，挖掘中国历史当中具有普遍性特质的内容，其实是令人怀疑的。对历史丰富性的探讨，从思想的起点来说，离不开对现实现代化道路多重可能性的认识。否则，我们假设一下，生活在后冷战时代里，当金融资本、原子化的个体主义、消费主义、社会达尔文主义已经成为常态，在此背景下，我们又有多少契机去思考与想象过往的丰富性场景呢？会不会仅将当下如此这般的场景视为唯一常态，视为日常生活中不可或缺的一部分呢？

后　记

　　本书是我近两三年来关于相关主题的文章结集。近代以来，中国人一方面从不同角度回顾、剖析、检讨、阐述中国的历史与传统，在此基础上分析中国的政治、社会与经济状况；一方面通过汲取新知来审视晚近的世界大势，思索中国在这样的世界局势下应何去何从。而这两个方面的共同指向，则是讨论中国未来的发展道路。许多思想论争、意见分歧、利益纠葛、爱恨情仇，基本上皆围绕着这一主题展开。本书打算讨论的，就是在此历史过程中，时人对于这两个方面的一些探索与思考。

　　我觉得这些都是中国近代思想史上的关键问题。当然，在今日的某种氛围下，何谓"关键"，是否有必要讨论"关键问题"，恐怕又是一个言人人殊、分歧极大的事情。尽管如此，在我看来，思想史的魅力之一就是不断审视、检讨历史进程中出现的关于历史发展、文明存续与理想秩序的"大哉问"，在回顾前人思考历程的基础上，深入思考未来那些关系到国家、社会、人民的重要事项。这项工作并不轻松,但应该很重要吧。

由于工作关系,我这几年阅读了一些近代以来中外的史学史,逐渐意识到,从知识社会学的角度来看,19世纪以来这门学科的发展史,也许很大程度上是一个时期实际上(而非表面上)占主导地位的文化氛围与思想意识的聚焦、凝结与放大,即将其以集中的、彻底的、固化的、高浓度的形式表现出来。而对于相关的知识生产与传播之特征、内部身份秩序与支配形式,以及由此而生的职业文化,或可顺势理解。

本书所收文章,较之发表时的版本,基本都有或多或少的修订,有些内容甚至有比较大幅度的改写。特此说明。

感谢隆进兄接纳本书,感谢佳睿兄的精心编校。衷心祝愿家乡的出版社能越办越好!

王锐
2024年5月于南宁民歌湖畔

大学问,广西师范大学出版社学术图书出版品牌,以"始于问而终于明"为理念,以"守望学术的视界"为宗旨,致力于以文史哲为主体的学术图书出版,倡导以问题意识为核心,弘扬学术情怀与人文精神。品牌名取自王阳明的作品《〈大学〉问》,亦以展现学术研究与大学出版社的初心使命。我们希望:以学术出版推进学术研究,关怀历史与现实;以营销宣传推广学术研究,沟通中国与世界。

截至目前,大学问品牌已推出《现代中国的形成(1600—1949)》《中华帝国晚期的性、法律与社会》等100余种图书,涵盖思想、文化、历史、政治、法学、社会、经济等人文社会科学领域的学术作品,力图在普及大众的同时,保证其文化内蕴。

"大学问"品牌书目

大学问·学术名家作品系列
朱孝远　《学史之道》
朱孝远　《宗教改革与德国近代化道路》
池田知久　《问道:〈老子〉思想细读》
赵冬梅　《大宋之变,1063—1086》
黄宗智　《中国的新型正义体系:实践与理论》
黄宗智　《中国的新型小农经济:实践与理论》
黄宗智　《中国的新型非正规经济:实践与理论》
夏明方　《文明的"双相":灾害与历史的缠绕》
王向远　《宏观比较文学19讲》
张闻玉　《铜器历日研究》
张闻玉　《西周王年论稿》
谢天佑　《专制主义统治下的臣民心理》
王向远　《比较文学系谱学》
王向远　《比较文学构造论》
刘彦君　廖奔　《中外戏剧史(第三版)》
干春松　《儒学的近代转型》
王瑞来　《士人走向民间:宋元变革与社会转型》
罗家祥　《朋党之争与北宋政治》

大学问·国文名师课系列
龚鹏程　《文心雕龙讲记》

张闻玉　《古代天文历法讲座》
刘　强　《四书通讲》
刘　强　《论语新识》
王兆鹏　《唐宋词小讲》
徐晋如　《国文课:中国文脉十五讲》
胡大雷　《岁月忽已晚:古诗十九首里的东汉世情》
龚　斌　《魏晋清谈史》

大学问·明清以来文史研究系列
周绚隆　《易代:侯岐曾和他的亲友们(修订本)》
巫仁恕　《劫后"天堂":抗战沦陷后的苏州城市生活》
台静农　《亡明讲史》
张艺曦　《结社的艺术:16—18世纪东亚世界的文人社集》
何冠彪　《生与死:明季士大夫的抉择》
李孝悌　《恋恋红尘:明清江南的城市、欲望和生活》
李孝悌　《琐言赘语:明清以来的文化、城市与启蒙》
孙竞昊　《经营地方:明清时期济宁的士绅与社会》
范金民　《明清江南商业的发展》
方志远　《明代国家权力结构及运行机制》
严志雄　《钱谦益的诗文、生命与身后名》
严志雄　《钱谦益〈病榻消寒杂咏〉论释》
全汉昇　《明清经济史讲稿》

大学问·哲思系列
罗伯特·S. 韦斯特曼　《哥白尼问题:占星预言、怀疑主义与天体秩序》
罗伯特·斯特恩　《黑格尔的〈精神现象学〉》
A. D. 史密斯　《胡塞尔与〈笛卡尔式的沉思〉》
约翰·利皮特　《克尔凯郭尔的〈恐惧与颤栗〉》
迈克尔·莫里斯　《维特根斯坦与〈逻辑哲学论〉》
M. 麦金　《维特根斯坦的〈哲学研究〉》
G·哈特费尔德　《笛卡尔的〈第一哲学的沉思〉》
罗杰·F. 库克　《后电影视觉:运动影像媒介与观众的共同进化》
苏珊·沃尔夫　《生活中的意义》
王　浩　《从数学到哲学》
布鲁诺·拉图尔　尼古拉·张　《栖居于大地之上》

罗伯特·凯恩　《当代自由意志导论》
维克多·库马尔　里奇蒙·坎贝尔　《超越猿类:人类道德心理进化史》

大学问·名人传记与思想系列
孙德鹏　《乡下人:沈从文与近代中国(1902—1947)》
黄克武　《笔醒山河:中国近代启蒙人严复》
黄克武　《文字奇功:梁启超与中国学术思想的现代诠释》
王　锐　《革命儒生:章太炎传》
保罗·约翰逊　《苏格拉底:我们的同时代人》
方志远　《何处不归鸿:苏轼传》
章开沅　《凡人琐事:我的回忆》

大学问·实践社会科学系列
胡宗绮　《意欲何为:清代以来刑事法律中的意图谱系》
黄宗智　《实践社会科学研究指南》
黄宗智　《国家与社会的二元合一》
黄宗智　《华北的小农经济与社会变迁》
黄宗智　《长江三角洲的小农家庭与乡村发展》
白德瑞　《爪牙:清代县衙的书吏与差役》
赵刘洋　《妇女、家庭与法律实践:清代以来的法律社会史》
李怀印　《现代中国的形成(1600—1949)》
苏成捷　《中华帝国晚期的性、法律与社会》
黄宗智　《实践社会科学的方法、理论与前瞻》
黄宗智　周黎安　《黄宗智对话周黎安:实践社会科学》
黄宗智　《实践与理论:中国社会经济史与法律史研究》
黄宗智　《经验与理论:中国社会经济与法律的实践历史研究》
黄宗智　《清代的法律、社会与文化:民法的表达与实践》
黄宗智　《法典、习俗与司法实践:清代与民国的比较》
黄宗智　《过去和现在:中国民事法律实践的探索》
黄宗智　《超越左右:实践历史与中国农村的发展》
白　凯　《中国的妇女与财产(960—1949)》

大学问·法律史系列
田　雷　《继往以为序章:中国宪法的制度展开》
北鬼三郎　《大清宪法案》

寺田浩明 《清代传统法秩序》
蔡　斐　《1903：上海苏报案与清末司法转型》
秦　涛　《洞穴公案：中华法系的思想实验》
柯　岚　《命若朝霜：〈红楼梦〉里的法律、社会与女性》

大学问·桂子山史学丛书
张固也　《先秦诸子与简帛研究》
田　彤　《生产关系、社会结构与阶级：民国时期劳资关系研究》
承红磊　《"社会"的发现：晚清民初"社会"概念研究》

大学问·中国女性史研究系列
游鉴明　《运动场内外：近代江南的女子体育（1895—1937）》

其他重点单品
郑荣华　《城市的兴衰：基于经济、社会、制度的逻辑》
郑荣华　《经济的兴衰：基于地缘经济、城市增长、产业转型的研究》
拉里·西登托普　《发明个体：人在古典时代与中世纪的地位》
玛吉·伯格等　《慢教授》
菲利普·范·帕里斯等　《全民基本收入：实现自由社会与健全经济的方案》
王　锐　《中国现代思想史十讲》
简·赫斯菲尔德　《十扇窗：伟大的诗歌如何改变世界》
屈小玲　《晚清西南社会与近代变迁：法国人来华考察笔记研究（1892—1910）》
徐鼎鼎　《春秋时期齐、卫、晋、秦交通路线考论》
苏俊林　《身份与秩序：走马楼吴简中的孙吴基层社会》
周玉波　《庶民之声：近现代民歌与社会文化嬗递》
蔡万进等　《里耶秦简编年考证（第一卷）》
张　城　《文明与革命：中国道路的内生性逻辑》
洪朝辉　《适度经济学导论》
李竞恒　《爱有差等：先秦儒家与华夏制度文明的构建》
傅　正　《从东方到中亚——19世纪的英俄"冷战"（1821—1907）》
俞　江　《〈周官〉与周制：东亚早期的疆域国家》
马嘉鸿　《批判的武器：罗莎·卢森堡与同时代思想者的论争》
李怀印　《中国的现代化：1850年以来的历史轨迹》